北京地铁新草区间隧道群近接施工关键技术研究

肖毅　何继华　著

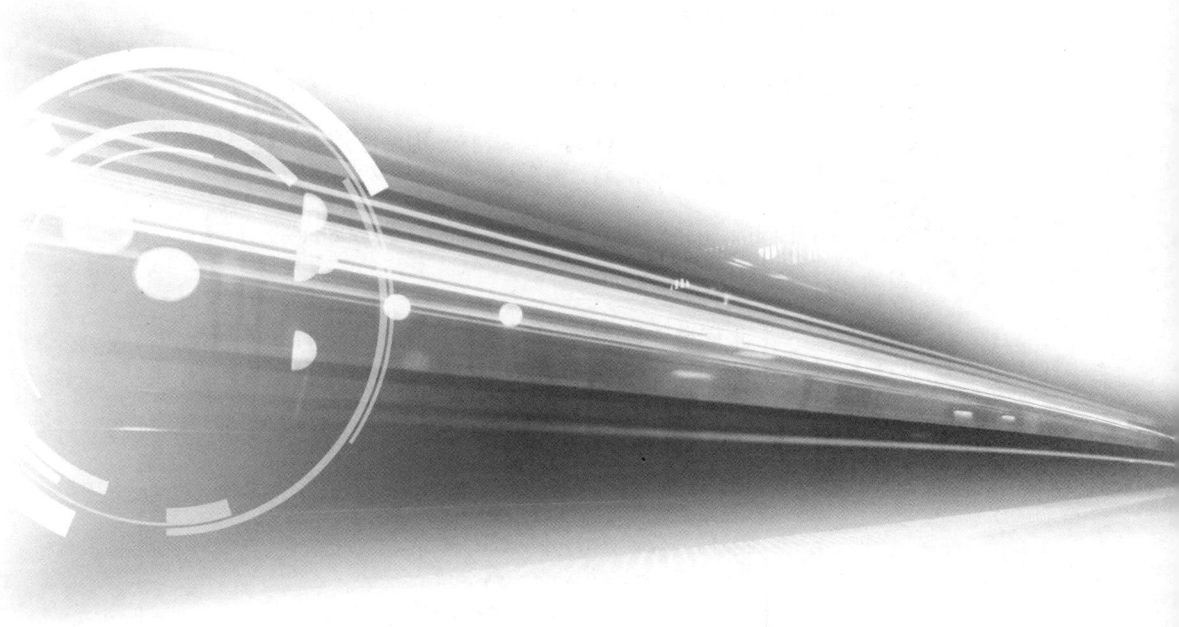

中国水利水电出版社
www.waterpub.com.cn
·北京·

内 容 提 要

本书依托北京地铁新草区间暗挖隧道群工程，对地铁隧道群近接施工关键技术进行了系统研究。采用数值仿真、工程类比及现场监测等研究方法，提出了上跨既有线路浅埋暗挖隧道群近接施工加固方案、施工工法及工序优化、地面沉降预测等系列技术，总结了现有隧道群近接工程的建设经验。

本书为特大城市复杂环境类似地铁工程的建设提供了宝贵借鉴，可供城市地下工程、铁道工程、公路工程等专业的管理、设计、科研人员学习参考。

图书在版编目（CIP）数据

北京地铁新草区间隧道群近接施工关键技术研究 / 肖毅，何继华著. -- 北京 : 中国水利水电出版社，2021.2

ISBN 978-7-5170-9433-3

Ⅰ. ①北… Ⅱ. ①肖… ②何… Ⅲ. ①地下铁道－隧道施工－研究－北京 Ⅳ. ①U231.3

中国版本图书馆CIP数据核字(2021)第030884号

书　　名	**北京地铁新草区间隧道群近接施工关键技术研究** BEIJING DITIE XIN－CAO QUJIAN SUIDAOQUN JINJIESHIGONG GUANJIAN JISHU YANJIU
作　　者	肖毅　何继华　著
出版发行	中国水利水电出版社 （北京市海淀区玉渊潭南路1号D座　100038） 网址：www.waterpub.com.cn E－mail：sales@waterpub.com.cn 电话：(010) 68367658（营销中心）
经　　售	北京科水图书销售中心（零售） 电话：(010) 88383994、63202643、68545874 全国各地新华书店和相关出版物销售网点
排　　版	中国水利水电出版社微机排版中心
印　　刷	清淞永业（天津）印刷有限公司
规　　格	184mm×260mm　16开本　10.5印张　249千字
版　　次	2021年2月第1版　2021年2月第1次印刷
定　　价	**60.00**元

前　言

我国城市轨道交通建设正面临着史无前例的高潮，截至2019年年底，我国31个省（自治区、直辖市）中共有40个城市开通城市轨道交通，运营线路208条，运营线路总长度6736.2km。拥有4条及以上运营线路且换乘站3座及以上，实现网络化运营的城市19个，占已开通城轨交通运营城市总数的47.5%。地铁运营线路长度为5180.6km，占比为76.9%；其他制式城轨交通运营线路长度为1555.6km，占比为23.1%。当年新增运营线路长度974.8km。进入“十三五”4年来，累计新增运营线路长度为3118.2km，年均新增运营线路长度为779.6km。

随着城市地下空间的利用率不断提高，地下轨道交通的可用空间逐渐趋于饱和，故在地铁隧道施工过程中常出现近接既有线路、多条隧道或管线等交叉纵横的现象，为确保隧道群近接施工的安全稳定性，亟需总结现有隧道群近接工程的建设经验。本书依托北京地铁新草区间段暗挖隧道群（五隧）工程，对地铁隧道群近接施工关键技术进行了系统研究。

本书采用数值仿真、工程类比及现场监测等研究方法，依托北京地铁新草区间暗挖隧道群（五隧）工程，提出了上跨既有线路浅埋暗挖隧道群近接施工加固方案、施工工法及工序优化、地面沉降预测等系列技术，成功克服了该段工程近接施工的技术难题，构建了北京地铁新草区间隧道群近接施工关键技术，该技术可为特大城市复杂环境类似地铁工程的建设提供借鉴。

本书由肖毅撰写第1章、第4章、第5章、第6章及第2.4节，由何继华撰写第2章（第2.4节除外）及第3章，全书由肖毅统稿。

本书撰写过程中，北方工业大学研究生孟令翰、宋博涵、纪磊、王李斌等在文字整理方面付出了辛勤的劳动，在此表示感谢！

本书是工程建设一线的管理、设计和科研技术人员的经验总结。限于作者水平和能力，本书有些问题研究还不深入、不全面，阐述也不一定适当，书中难免有欠妥之处，恳请专家和读者不吝批评指正。

著者

2020年10月

目　　录

第1章 绪 论

1.1 研究背景及意义

近年来，随着我国经济实力和生产技术水平的飞速提高，城市轨道交通行业也随之蓬勃发展起来，为人们的日常出行带来极大便利，同时为绿色城市的建设做出巨大贡献。而随着我国地下工程的迅猛发展，地下空间随之紧张，城市轨道近接隧道施工项目不断涌现，各线路交叉重叠施工工程层出不穷，从而使得轨道交通隧道的近接施工技术逐渐成为安全施工的研究重点。

目前城市地下轨道交通隧道多采用盾构掘进开挖的方式。盾构法施工不仅掘进速度快、施工劳动强度较低，而且施工安全性高，可实现自动化、智能化和施工远程控制信息化。但其受限于隧道开挖施工成本问题，在距离短于750m时无经济性，且在埋深较浅或曲率半径过小时，施工难度较大，不宜施行。在北京的地铁建设中，受经济、文化、安全、政治等多方面因素的限制，部分线路区间不允许采用盾构隧道的施工方案，且地下轨道交通隧道及管线错综复杂，不可避免地经常会出现隧道交叉、并行或重叠等近接施工的区间，而这恰恰是构成城市完整的地下轨道交通的关键环节，所以近接隧道的施工方案、加固措施及施工安全性与稳定性便成为人们研究的重中之重。

根据隧道近接位置的不同，近接隧道可分为四种型式，即左右并列型、上下重叠型、斜向交错型和空间交叉扭转型[1-3]。在隧道的近接施工中，开挖新隧道对既有线的扰动是通过周围土体而传递的，即开挖时对周围土体的扰动便是对既有线的影响，所以对土体位移场与应力场的改变是研究隧道近接施工的重点。了解了土体的影响分区，便可更为经济有效地采取相应的加固措施，从而保证近接施工的安全与结构的稳定[4-10]。土体影响分区的合理划分是近接施工研究的理论依据，也是亟待解决的主要问题。现今国内外专家学者对隧道近接桩基施工的影响分区，平行、交叉等近接隧道的力学行为等研究较多[11-13]，而对同时近接交叉隧道和重叠既有隧道的研究较少，故急需通过施工环境复杂的实际工程案例，对浅埋暗挖隧道群的近接施工的力学行为进行深入探究，为今后城市地下隧道施工安全提供有力的技术支持。

1.2 国内外研究现状

1.2.1 隧道近接既有结构施工影响研究现状

随着社会建设的不断完善，建筑空间越来越紧张，近接施工成为不可避免的工程问题。在保证质量的同时如何更为安全有效地进行施工，是近接隧道工程的关键。近接施工的设计与施工难点往往在于如何合理有效且经济地保证施工沉降要求和结构的稳定，对结构或围岩进行合理加固也是工程中的重点、难点，专家学者们的研究也主要从近接施工的影响分区出发，对隧道的近接分区进行了理论分析，近年来的研究方向逐渐转向不同近接方式的近接分区[14-16]。

目前在近接施工的研究上，多采用模型试验或数值模拟与理论推导相结合的方法，根据近接施工的影响程度，对隧道近接施工进行影响范围区域划分，而分区研究往往又根据近接形式的不同，分为水平平行、上下重叠、垂直交叉、斜交叉等，又在不同近接形式中有不同的影响分区。国内外专家学者在隧道近接施工影响分区及影响规律理论推导等方面的研究主要有：王明年等[17]通过模型试验对盾构隧道近接既有线施工进行了研究，提出根据屈服准则将隧道重叠段横向近接施工影响分区分为 F（加载面）$<F_{\alpha}$ 的无影响区、大于 0 的强影响区和介于两者之间的弱影响区；根据位移加速度与横向分区结果将重叠隧道纵向分区分为位移变化速率小于 0.3 的无影响区、大于 1.5 的强影响区和介于两者之间的弱影响区。卢岱岳等[18]根据 Mindlin 解和 Longanathan 公式求解，提出近接施工对既有隧道轴线位置土体竖向及侧向自由位移场影响的计算表达式。王明年等[19]通过现场监控量测、数值模拟及理论推导相结合的方法，提出按桩基与隧道的位置关系，将隧道近接施工分为 A、B、C、D 等 4 个不同影响分区，分别为危险状态区、允许状态区、需加固区和安全区，以便在实际工程中对于不同分区采取不同的加固措施；并根据量测结果，按桩基沉降速度不同，提出在 A 区时掌子面前 2.0D 至后 3.0D 范围内为沉降集中区，在 B 区时掌子面前 1.0D 至后 3.0D 范围内为沉降集中区，在 C 区时掌子面前 5.0D 至后 2.0D 范围内为沉降集中区；且对不同区域提出不同的加固方案。李辉[20]根据基坑与基坑支护的变形及内力的规律，研究了基坑支护结构设计、土体回弹变形及坑外地表沉降的计算方法。主要利用 ABAQUS 建立模型，研究了桩锚基坑近接既有盾构地铁隧道的安全施工影响范围。吉小明等[21]对管幕法顶管顶进过程中管—土—润滑浆的接触方式顶进力影响因素进行了研究，对近接管幕施工顶管引起的地表沉降规律进行了分析。张志勇[22]通过实际工程现场案例，分析了洞桩法近接导洞施工产生的上导洞沉降、地面沉降加大及近接既有隧道拱顶产生连续裂缝的原因，并利用有限元数值模拟技术，验证了不同开挖顺序对近接施工质量的影响规律。

1.2.2　交叉隧道近接施工研究现状

在城市轨道交通的建设中，地下隧道的交叉、平行与重叠是构成完整地下交通管线的必然结果。而受限于隧道埋深、错综复杂地下管线和地下结构等，使得地铁隧道的建设空间极其有限，常常出现近接施工的工程案例，大大增加了施工难度，对隧道施工的安全性与稳定性的要求极高。

目前国内外专家学者在近接施工模型试验及理论推导等方面的研究主要有：张晓清等[23]通过室内模型试验，提出多线重叠交叉盾构隧道对地表沉降和既有隧道变形的影响规律。垂直上穿隧道施工较垂直下穿隧道施工对地表沉降的影响大得多；在卸荷与地层损失共同作用下，上穿隧道施工会引起既有线上浮，下穿隧道施工会引起既有线下沉，且上穿影响较大。郭宏博[24]研究了交叉隧道近接施工的一般力学特性及近接施工扰动影响度等概念。在近接施工的影响区分准则里，提出了对于周围土体围岩的应力准则、塑性区准则、位移准则，对于既有构筑物的强度准则和刚度准则，以及以上准则的自由组合准则。刘新荣等[25]通过模型试验提出近接施工新建隧道的拱顶与两拱腰的最终变形量 H（mm）与隧道交错间距 L（mm）成函数关系，发现 H（mm）与 $-\ln L$ 成二次多项式关系，且相关系数均大于 0.995。任高峰等[26]提出了近接既有隧道施工的实时智能监控系统，并设计了交叉隧道施工的智能监测方案，运用数据平台对施工现场进行实时监测及预警，实现了施工及既有线的运行安全。韩煊等[27]根据实际工程施工量测数据，提出了交叉既有隧道沉降曲线的刚度修正法，并指出交叉既有隧道施工时，既有隧道的刚度对其沉降影响较小，而其埋深对沉降的影响较大。1969 年，R. B. Peck 对隧道施工引起的地表沉降问题进行了研究，利用高斯分布巧妙拟合了隧道施工过程中的地表横向沉降槽位移变化规律，随后，计算隧道开挖地表沉降的著名 Peck 公式被 P. B. Attewell 等在 1986 年提出[28-30]。王剑晨等[31]根据实际施工现场量测数据及理论推导，提出在近接施工过程中既有隧道变形缝以转动与沉降为主，地层损失率与新建隧道支护结构施作时机及其刚度密切相关，隧道沉降槽宽度系数与开挖面积基本呈线性关系。

在结合实际工程的数值模拟方面的研究主要有：郑保才等[32]利用有限元软件模拟近接施工过程中的地表沉降，并与 Logstic 曲线进行对比分析，发现开挖后停工一段时间对地表沉降的影响明显，台阶法开挖中上下台阶时的协调控制能较好地减少地表沉降，超前注浆等措施在近接施工沉降控制方面效果明显。王剑晨等[33]运用位移反分析法，根据已完成开挖步序的沉降情况确定土体参数建立模型，进而对下一施工步序的沉降情况进行预测分析，且经验证该反推法预测的最大误差仅为 0～2.16mm，但受新建隧道工法影响，在前后工法不同时准确性将相应降低。郭海柱等[34]利用有限元模拟软件，预测分析地铁换乘站近接施工的变形规律及相应安全措施，计算得出近接施工导致既有线轨道、结构柱等均出现上浮变形。郭典塔等[35]通过数值模拟技术对基坑近接隧道开挖对既有线结构的影响进行了研究，探究了基坑与隧道间的静力学、动力学作用机理。房倩等[36]结合实际工程利用有限差分软件，建模分析了柱洞法、中洞法与测洞法施工的沉降变化规律，沉降最大值均出现在小导洞开挖阶段，并根据塑性区来分析不同工法对既有交叉隧道安全性的影响。常翔[37]利用 3D－σ 建模分析注浆对地表沉降及既有线变形的影响，并提出既有隧道结构对地表土体具有一定支撑作用，支护体系的施作过程是地表及既有线沉降增大的主要阶段。刘辉喜等[38]应用有限元软件，对比分析明挖法与暗挖法对地面及既有线的沉降量影响，从而对各区间段的施工方案进行优选研究，并提出在近接隧道施工过程中，在新建隧道与既有隧道交叉处应加强围岩强度，如注浆加固或植入锚杆等。赵旭峰等[39]提出近接施工新建构筑物的受力模式不同于半无限体过无限休中新建隧道的一般状况，近接施工的初始应力场大多受多次扰动，往往表现出极大的变异性，他们提出了盾构开挖的新型盾壳支护模拟方法，计算得出既有隧道受近接隧道施工影响范围在其左侧 50m 范围内。

1.2.3　小净距隧道近接施工研究现状

目前随着我国高速铁路建设的快速发展，小净距隧道群的建设项目不断增多。隧道所处的地区多为崇山峻岭或城市地下复杂隧道管线等，其地形地貌、工程地质与水文条件极其复杂[40-41]。

韩国在浅埋小净距隧道群的设计和施工方面的研究水平领先于世界。自 20 世纪 70 年代后期开始，韩国已经先后修建了一系列大规模的隧道工程，在首尔的中心及其周边地区出现了很多的小净距隧道群，且大多采用 NATM 法进行施工。在隧道设计方面，按照隧道所在地的地质、地貌等情况，利用岩土与岩石力学中相关的数值分析方法进行计算；在隧道施工方面，为了对洞内进行严格的监控量测，利用 NATM 法的基本原理以及相关要求，进行了监控量测，监测指标主要有隧道拱顶的位移沉降量、拱周边的变形大小、锚杆所受的轴力以及锚固力的大小、喷射混凝土与围岩间的接触应力大小和围岩的变形大小[42-44]。其他的一些发达国家也进行了诸多类似的浅埋小净距隧道群的修建，特别是在一些北欧国家和日本，其隧道技术研究和应用方面一直处于领先地位。在过去的 50 多年里，这些国家在浅埋小净距隧道群建设中积累了一些实际经验，在施工、设计过程中多采用新奥法。

最近的 10 多年里，国内也开始重视浅埋小净距隧道群的建设。我国在单线隧道建设方面也已经积累了大量的经验，并且先后建成了少量的浅埋小净距隧道群，但在浅埋小净距隧道群研究方面，总体上落后于国外。主要表现在：由于岩石的物理力学特性及隧道工程地质条件相当复杂，以及国内在勘测设计上无统一规范，使得在浅埋小净距隧道群的设计、施工与现场监测方面上千差万别。目前，国内还没有关于浅埋小净距隧道群的施工力学特征、施工步骤优化、施工方法、支护衬砌工艺等方面的研究。虽然我国在铁路和公路建设方面取得了巨大成就，但针对浅埋小净距隧道群的研究却很少，有关浅埋小净距隧道群的研究论文也很少见到[45-49]。

在数值模拟方面，李学峰等[50]应用三维有限差分技术结合现场实测数据的方法，分析认为新建隧道施工会对既有隧道两边墙受压，拱腰部分产生压缩变形，隧道拱顶及仰拱产生拉伸变形，隧道近接施工时既有隧道洞周土体压力先增大后减小再最后趋于稳定，且既有隧道洞周土体位移及塑性区范围均有所增大。胡元芳[51]用 2D－σ 软件对小净距城市隧道围岩稳定性进行了研究，得出了小净距城市双线隧道的最小净距参考值。在软岩复合衬砌的研究方面，王帅帅等[52]对不同地质条件下浅埋偏压小净距隧道围岩的稳定性展开了研究，结果表明，在隧道开挖过程中，均质围岩中岩墙上部以及半软半硬岩中部的水平位移最大，而中岩墙上部围岩的稳定性最差。祁寒等[53]对不同地质条件浅埋偏压小净距隧道施工力学效应进行了研究，采用有限差分软件 FLAC^{3D}对 15 种不同的工况进行了开挖模拟，研究表明，均质硬岩隧道拱顶的沉降最小，竖向半软半硬岩隧道中岩柱上部围岩的稳定性较差，中部水平位移最大。赵东平等[54]根据摩尔-库伦准则模拟地铁重叠隧道的影响区域划分，提出当两重叠隧道净距大于 3 倍洞径或两平行隧道净距大于 1.5 倍洞径时，其相互影响甚微。马程昊等[55]通过 Midas－GTS 对两盾构隧道近接施工进行了研究，提出当两平行隧道净距为 0.5 倍洞径时，近接施工将完全改变既有隧道的受力状态。陈先国等[56]对小净距圆形双孔平行隧道作了数值模拟分析，分析了不同的开挖顺序对围岩的影响程度，用 ANSYS 程序对深圳市轨道交通一期工程 3 种典型的断面小净距重叠隧道进行了计算，探讨了不同开挖顺序和支护方式的影响。毕继红等[57]应用 ABAQUS 程序对深圳市轨道交通二期 1 号线续建工程小净距隧道进行了数值模拟分析，揭示了开挖右线隧道工程时对左线既有隧道的地表沉降、应力分布和衬砌变形及对地面建筑产生的不利影响。

1.3 工 程 概 况

1.3.1 工程位置

新建地铁新机场线和19号线的新发地站—草桥站区间位于马草河东侧、镇国寺北街南侧地块内，线路全长264.351m，该区间内两新建线路并列设置，由南向北暗挖上跨10号线草桥站—纪家庙站盾构区间、下穿镇国寺北街到达新建草桥车站。整体区间线路规划如图1.1所示。新机场线与19号线在新草区间上跨既有10号线草纪区间、下穿镇国寺北街部分主要采用洞桩法（PBA）施工，上层边导洞内设置洞桩及大截面桩顶冠梁，且19号线为小净距隧道，西线为CD法施工，东线为多导洞的洞桩法施工。为保证镇国寺北街及地下管线安全，暗洞开挖前对拱部进行超前深孔注浆及ϕ108@400大管棚+拱部180°范围DN32@400超前注浆小导管增强顶部支护刚度，确保上方道路及周边管线安全，为暗洞开挖提供安全保证；为保证既有10号线安全，下层导洞开挖前在竖井内于区间底部打设ϕ402@450超前管幕，下层导洞开挖至既有线上方时采取单向开挖并随做锚索，主动控制既有线结构变形。

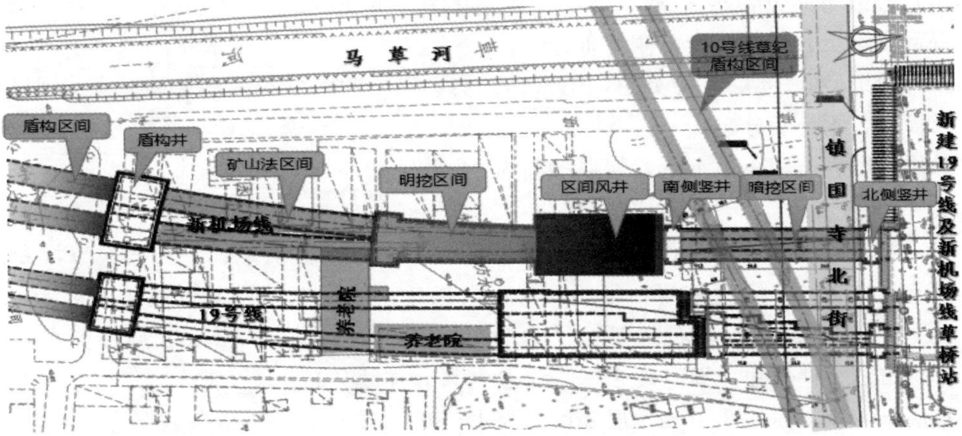

图1.1 新草区间线路规划图

1.3.2 工程地质

根据新草区间岩土工程勘察报告（详细勘察），该区间地面以下40m深度范围内的地层按其沉积年代及工程性质分别为人工填土层、新近沉积层、第四纪全新世冲洪积层及第四纪晚更新世冲洪积层。区间穿越土层自上而下为素填土①、砂质粉土②、粉细砂②-3、圆砾②-5、砂质粉土④-2、粉细砂④-3、卵石圆砾层⑤，洞顶位于砂质粉土②、粉细砂层②-3中。

各层地层岩性及其物理力学性质由上至下依次按以下排列。

1. 人工填土层

(1) 粉土素填土①层：黄褐色，松散—稍密，稍湿，以粉土为主，局部含粉质黏土、卵石等，含砖灰渣、植物根系等，连续分布。

(2) 杂填土①-1层：杂色，松散，稍湿，含砖渣、灰渣、炉灰渣等，不连续分布。

该层厚度为0.70～6.60m，层底标高为38.53～42.37m。

2. 新近沉积层

(1) 粉土②层：褐黄色，中密，稍湿—湿，中高压缩性，含氧化铁、云母等，连续分布。

(2) 粉质黏土②-1层：褐黄色，可塑，很湿，中高压缩性，含氧化铁、云母等，透镜体分布。

(3) 粉细砂②-3层：褐黄色，中密，湿，中低压缩性，含石英、云母等，连续分布。

(4) 圆砾、砾砂②-5层：杂色，密实，湿—饱和，低压缩性，所含圆砾、卵石颗粒以沉积岩为主，混有火成岩，磨圆度较好，呈亚圆形，微风化，级配连续，圆砾粒径一般为0.5～2cm，最大粒径为4cm，细中砂充填，约占35%。连续分布。

该层厚度为8.70～12.0m，层底标高为29.31～32.35m。

3. 第四纪全新世冲洪积层

(1) 粉土③层：褐黄色，中密—密实，稍湿—湿，中压缩性，含少量氧化铁，局部夹粉土、细砂，不连续分布。

(2) 粉质黏土③-1层：褐黄色，可塑—硬塑，很湿，中高—中压缩性，含少量氧化铁，局部夹粉土、细砂，透镜体分布。

(3) 粉细砂③-3层：褐黄色，中密—密实，湿，低压缩性，含云母、石英，局部夹黏性土薄层，不连续分布。

该层厚度为1.10～5.10m，层底标高为24.88～28.84m。

4. 第四纪晚更新世冲洪积层

(1) 卵石圆砾⑤层：杂色，密实，湿，低压缩性，所含圆砾、卵石颗粒以沉积岩为主，混有火成岩，磨圆度较好，呈亚圆形，微风化，级配连续，圆砾粒径一般为0.5～2cm，最大粒径为4cm。卵石一般粒径为3～5cm，最大粒径为12cm，局部分布大块漂石，其分布随机性较强，细中砂充填，约占35%，连续分布。

该层厚度为4.50～8.40m，层底标高为17.86～22.55m。

(2) 卵石圆砾⑦层：杂色，密实，湿，低压缩性，所含卵石成分以沉积岩为主，混有火成岩，磨圆度中等，形状以亚圆形为主。级配较好，卵石粒径一般为3～5cm，最大粒径为16cm，局部分布大块漂石，其分布随机性较强，漂石含量一般为5%～10%，充填物为细中砂，约占35%，局部充填物夹杂黏土，连续分布。

该层厚度为0.70～2.90m，层底标高为16.31～20.05m。

(3) 粉质黏土⑧-层：褐黄色，可塑，很湿，中低—低压缩性，含云母、氧化铁等，局部夹黏土块，连续分布。

(4) 黏土⑧-1层：褐黄色，可塑，很湿，中低压缩性，含云母、氧化铁等，透镜体分布。

(5) 黏土⑧-2层：褐黄色，中密—密实，湿，中低—低压缩性，含云母、氧化铁等，不连续分布。

(6) 粉细砂⑧-3层：褐黄色，密实，饱和，低压缩性，含云母、石英等，不连续分布。

该层厚度为0.60～4.10m，层底标高为14.69～19.30m。

(7) 卵石圆砾⑨层：杂色，密实，饱和，低压缩性，所含卵石成分以沉积岩为主，混有火成岩，磨圆度中等，形状以亚圆形为主。级配较好，卵石粒径一般为5～8cm，最大粒径大于22cm，局部分布大块漂石，其分布随机性较强，漂石含量一般为10%～20%，充填物为细中砂，约占35%，局部充填物夹杂黏土，连续分布。

该层厚度为6.00～10.60m，层底标高为6.91～10.86m。

(8) 粉质黏土⑩层：褐黄色，可塑—硬塑，湿—很湿，中低—低压缩性，含云母、氧化铁，透镜体分布。

(9) 粉细砂⑩-3层：褐黄色，密实，饱和，低压缩性，含云母、石英，透镜体分布。

该层厚度为3.00～5.01m。

(10) 卵石圆砾⑪层：杂色，密实，饱和，低压缩性，所含卵石成分以沉积岩为主，混有火成岩，磨圆度中等，形状以亚圆形为主。级配较好，卵石粒径一般为6～12cm，最大粒径大于25cm，局部分布大块漂石，其分布随机性较强，充填物为细中砂，约占20%，连续分布。该层未钻穿。工程地质剖面图如图1.2所示。

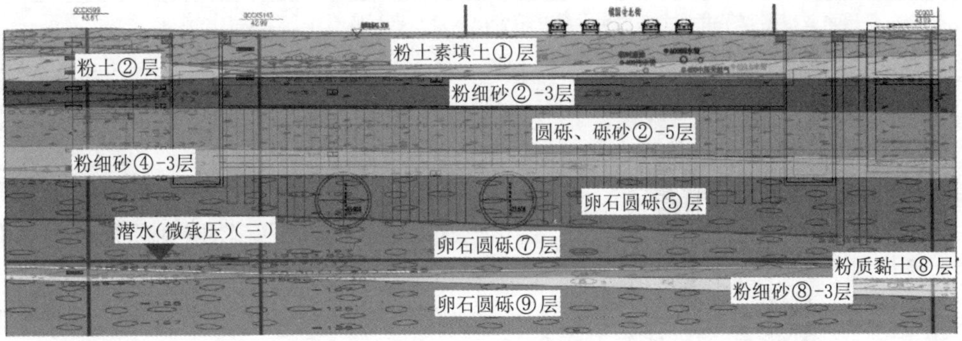

图1.2 工程地质剖面图

1.3.3 水文地质

根据该区间详细勘察测得的地下水位分析，沿线60.0m深度范围主要分布一层地下水，地下水类型为层间潜水—承压水（四）。

层间潜水—承压水（四）：层间潜水主要含水层为卵石圆砾⑦层及卵石圆砾⑨层、粉细砂⑨-2层等地层。局部地段受相对隔水层粉质黏土⑧层影响，卵石圆砾⑨层和粉细砂⑨-2层中水具有承压性，承压水头最大2.50m，主要接受侧向径流补给，以侧向径流和向下越流为主要排泄方式。

区间未进入地下水，施工中暂不考虑地下水的影响。

本次勘察在30.0m深度范围内揭露2层地下水，分别为上层滞水（一），潜水（微承压）（三），分别赋存于第②-5层圆砾、砾砂层和第⑨层卵石层中。

上层滞水（一）主要赋存在场区的北部，且呈区域分布，水量较大，较为集中。其余地段勘察期间未发现上层滞水；同时南侧有上下水管线及污水管线，因此滞水的分布和水量可能会在不同时期有所变化。目前在第⑤层和第⑦层卵石圆砾中未发现有上层滞水（一）。

潜水（微承压）（三）赋存于第⑨层卵石圆砾和第⑧层粉质黏土及夹层中，第⑧层粉质黏土分布连续稳定，具有隔水作用，使得该层潜水具有微承压性。该层水补给来源主要为大气降水和侧向径流，以侧向径流和向下越流方式排泄。

根据详勘显示，地下水位标高约18.55m，工程位于水位线以上。在施工过程中应密切关注地下水水位的动态变化，加强地下水位监测，并根据实际情况及时进行地下水处理，施工过程中若发现上层滞水可采取明排措施，同时应切断其补给源，妥善处置，以保证不影响施工。地下水情况一览表见表1.1。

表1.1　地下水情况一览表

工点名称	地下水层号	稳定水位		岩性特征	渗透系数/(m/d)
		水位埋深/m	水位标高/m		
地铁19号线草桥站换乘通道2号竖井	上层滞水（一）	12.12～12.80	30.13～31.48	第②-5层圆砾、砾砂为主，夹粉土及细砂层	180
	潜水（微承压）（三）	25.00～25.10	17.60～18.98	第⑨层卵石圆砾为主，夹黏性土和砂层	300

注　1. 表中渗透系数根据收集沿线水文地质资料并结合地区经验进行取值。
2. 表中水位埋深及标高为现场实测，观测日期为2016年1月和4月。

1.3.4　设计施工

新机场线新发地站—草桥站区间上跨既有10号线草纪区间、下穿镇国寺北街部分采用洞桩法（PBA）施工，其开挖断面形式如图1.3所示，上层导洞边导洞内设置洞桩及大截面桩顶冠梁，上跨区间全长60.0m，区间结构采用微拱直墙断面形式，区间结构最大开挖高度为9.3m，最大开挖宽度为14.8m，拱顶覆土厚度约为4m。为保证镇国寺北街及地下管线安全，暗洞开挖前对拱部进行超前深孔注浆及ϕ108@400大管棚和拱部180°范围DN32@400超前注浆小导管增强顶部支护刚度，确保上方道路及周边管线安全，为暗洞开挖提供安全保证；为保证既有10号线安全，下层导洞开挖前在竖井内于区间底部打设ϕ402@450超前管幕，下层导洞开挖至既有线上方时采取单向开挖并随做锚索，主动控制既有线结构隆起，并在下导洞吊脚桩范围开挖过

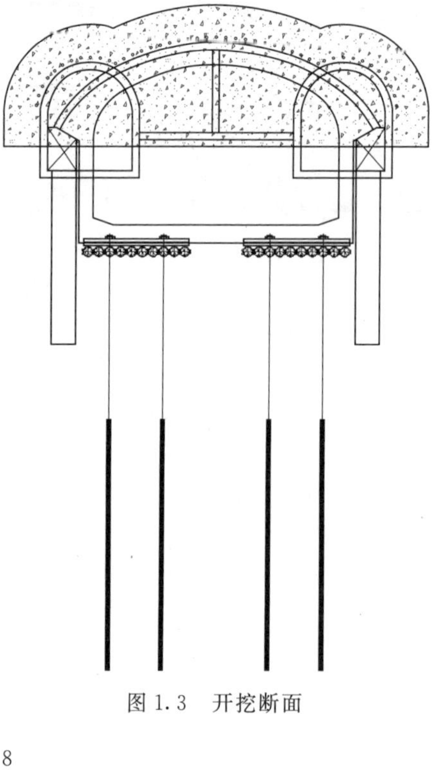

图1.3　开挖断面

程中随时架设型钢支撑，确保洞身开挖稳定。

1.3.5 工程难点

（1）新建地铁在新发地站—草桥站区间上跨既有 10 号线草纪区间、下穿镇国寺北街采用浅埋暗挖法施工，全长 70m。区间结构采用微拱直墙断面形式，区间结构最大开挖高度为 9.3m，最大开挖宽度为 15.8m，拱顶覆土厚度约为 3.9m，自身风险等级为一级。

（2）两新建区间暗挖隧道下穿镇国寺北街（双向四车道沥青道路），距离顶部垂直距离 4m，路面下方存在上水、雨水、污水、中压燃气等多条市政管线，其中 ϕ600mm 雨水管与隧道初支外皮竖向最小净距仅 1.07m，下穿风险等级为一级。

（3）新建隧道底部距运营 10 号线双盾构区间顶的竖向最小净距仅为 0.45m，如何控制既有结构及轨道变形，确保结构安全及运营安全，为该工程施工重点。其上跨风险等级为特级。

整体两条新建线路的近接施工影响范围均在强影响区内，且作为北京市的重点工程，其变形控制要求较高，具体结构变形控制指标见表 1.2。

表 1.2 路面变形、新隧道和既有隧道结构变形控制指标 单位：mm

项　目	预警值	报警值	控制值
区间主体结构上浮	1.4	1.6	2.0
区间主体结构横向位移	1.4	1.6	2.0
既有结构沉降	0.7	0.8	1.0
轨道累计上浮	1.4	1.6	2.0
轨道累计横向位移	1.4	1.6	2.0
轨道结构沉降	0.7	0.8	1.0
路面变形	14.0	16.0	20.0

1.4 研究内容及方法

1.4.1 研究内容

（1）依托北京地铁新机场线及 19 号线的实际工程，根据工程变形控制值等参数进行大断面隧道分部施工方案的优化研究。

（2）对隧道近接施工影响规律进行研究，依托新机场线上跨既有 10 号线区间，结合其现场监控量测值，对隧道施工的不同加固方案进行安全性分析。

（3）依托 19 号线暗挖区间，根据工程变形控制标准，对小净距隧道与既有隧道群的近接施工进行预加固及施工顺序的位移控制分析，进而确定经济合理的施工加固方案。

（4）利用随机介质理论，对地下隧道施工诱发的地表变形进行预测分析，并结合现场实测值进行安全性研究。

1.4.2　研究方法

本书对隧道群近接施工力学行为研究的主要方法有以下几个。

(1) 通过对依托工程北京地铁新机场线及19号线新发地—草桥区间暗挖隧道工程资料的整理，明确该工程的施工难点、重点问题，并针对每项难点问题进行逐一攻克，从而达到为此市重点工程提供有力的技术支持的效果；同时将施工现场试验得到的监控量测数据进行理论分析。

(2) 利用有限差分数值模拟软件 $FLAC^{3D}$ 进行各区间暗挖隧道分部施工方案的模拟研究、隧道近接施工影响的研究和隧道群加固措施的研究，从而确定施工中各部的最优施工方案、近接施工对既有线的影响规律和高效合理的隧道群加固方案；并结合现场的监控进行模拟理论值与实测值的对比分析。

(3) 利用概率思想的随机介质理论，通过公式的推导提出地下隧道施工造成的地表沉降的预测方法，并利用 MATLAB 进行积分计算解得预测的地表沉降值，从而实现对隧道施工地表沉降的准确预测。

1.4.3　研究目标

(1) 完成对于北京地铁新机场线及19号线的开挖顺序、施作方法和加固方案的优化研究。

(2) 完成对于不同洞径和不同近接距离的交叉隧道近接施工时的结构稳定性规律探究。

(3) 完成新机场线隧道近接施工加固方案的优化研究。

(4) 根据近接隧道群施工变形控制分析，优化得到19号线小净距隧道的施工方案。

(5) 根据变形控制得到的施工方案作进一步加固措施的确定。

(6) 基于随机介质理论提出隧道施工诱发地表沉降的预测方法，并依托新机场线暗挖区间进行工程验证。

第 2 章　隧道群施工方案优化分析

2.1　概　　述

随着我国综合国力的不断提升，城市轨道交通建设水平持续提高，在建里程随之不断刷新纪录。由于城市建设空间的限制，地铁线路多下穿既有结构、管线、主干道等，对于隧道施工安全控制往往要求较高，因此根据现场情况选择适当的施工方案便成为安全作业的重点。

目前国内外专家学者对于下穿工程的研究主要集中在：下穿既有桥梁近接桩基等的近接影响研究，对下穿既有隧道进行了开挖模型试验，现场监控量测，数值模型参数优化研究，复杂地质条件下的加固方案优化，针对围岩及初支结构安全稳定性的施工方案比选研究等。但对浅埋大断面隧道下穿主干道的施工方案优化研究较少。因此，本章依托北京地铁新机场线及 19 号线新草区间隧道，根据新建隧道设计资料和相关的地质勘察报告，通过数值计算，对隧道区间施工引起的既有结构的变形进行预测分析。

2.2　加固方案优化研究

2.2.1　计算概况

根据北京地铁新机场线新草区间暗挖段工程情况，对此段的洞桩法开挖进行其加固方案的优化研究。开挖断面如图 2.1 所示。

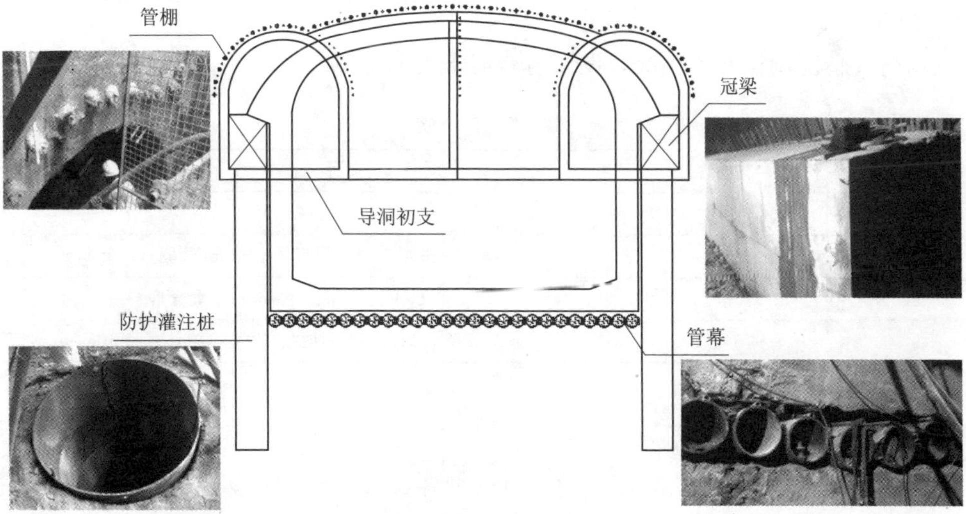

图 2.1　开挖断面

1. 计算模型

计算模型的本构模型采用弹塑性模型的，屈服准则采用摩尔-库仑准则。整个模型模拟的地层范围为横向两端取 30m，总宽度为 60m；模型高度以实际覆土厚度为准，埋深约为 4m，隧道底部取 20m，模型总高度为 30m；纵向总长度为 70m，如图 2.2 所示。计算模型的边界条件为：四周边界施加水平约束，下边界施加竖直约束，顶部为自由面。

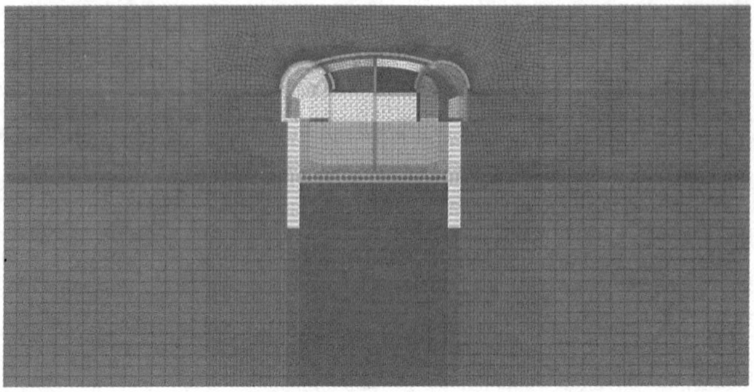

（a）整体计算模型及网络划分

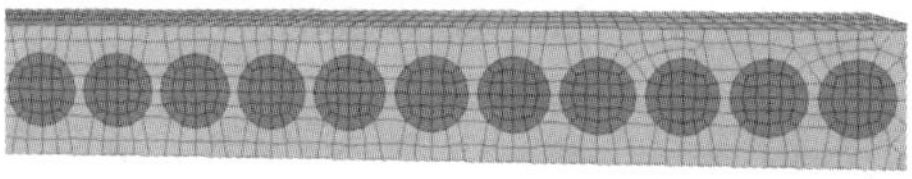

（b）管幕

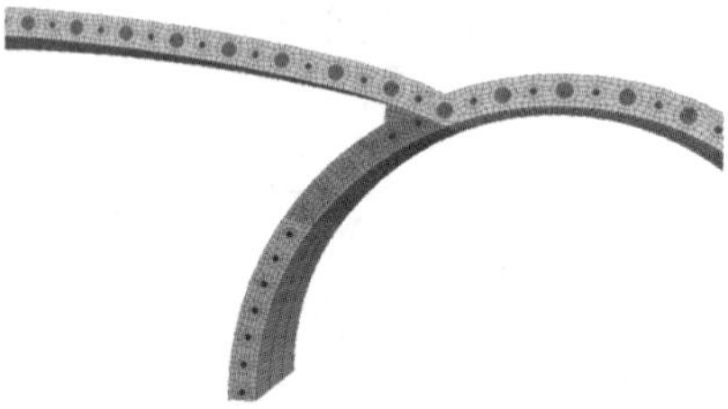

（c）管棚

图 2.2　计算模型

2. 计算工况

根据研究情况制定计算工况，设计内容汇于表 2.1 中。

表 2.1　　**计　算　工　况**

工况	计算内容	预加固措施
一	未加固	—
二	管棚	拱顶上方施作直径 105mm 管棚
三	管幕	仰拱下方施作直径 405mm 大管幕
四	管棚+管幕	拱顶上方施作直径 105mm 管棚仰拱同时下方施作直径 405mm 大管幕

注　采用洞桩法（PBA）施工。

3. 计算参数

根据地勘实测及试验研究结果，将计算模型各材料参数汇于表 2.2 中，计算参数适用于本书全部计算模型。

表 2.2　　计　算　参　数

名　称	厚度/m	重度/(N/m³)	弹性模量/MPa	泊松比	内摩擦角/(°)	黏聚力/kPa
①粉土素填土	4.2	17000	20	0.36	8	5
②粉土	0.5	17000	30	0.31	8	0
②-3 粉细砂	3.1	19000	50	0.31	29	0
②-5 圆砾	4.4	20000	100	0.28	38	0
③-3 粉细砂	2.7	19000	60	0.28	35	0
⑤卵石	4.3	20000	130	0.22	40	0
⑦卵石	6.1	20000	150	0.22	45	0
⑨卵石	14.7	20000	160	0.22	45	0
注浆加固圈	3	21000	200	0.21	50	10
管棚	0.105	25000	33000	0.2	—	—
管幕	0.402	25000	32000	0.2	—	—
初支	0.3	22000	30000	0.2	—	—
二衬	0.45	23850	31500	0.2	—	—

2.2.2 测点布置

1. 路面测点

在 4 个小导洞拱顶正上方路面分别设置一处路面监测点，并以 1 号、4 号小导洞拱顶正上方路面向两侧每隔 4m 设置一处路面监测点，共 10 处路面监测点，监测计算模型在模拟施工过程中的路面沉降情况，测点布置如图 2.3 所示。

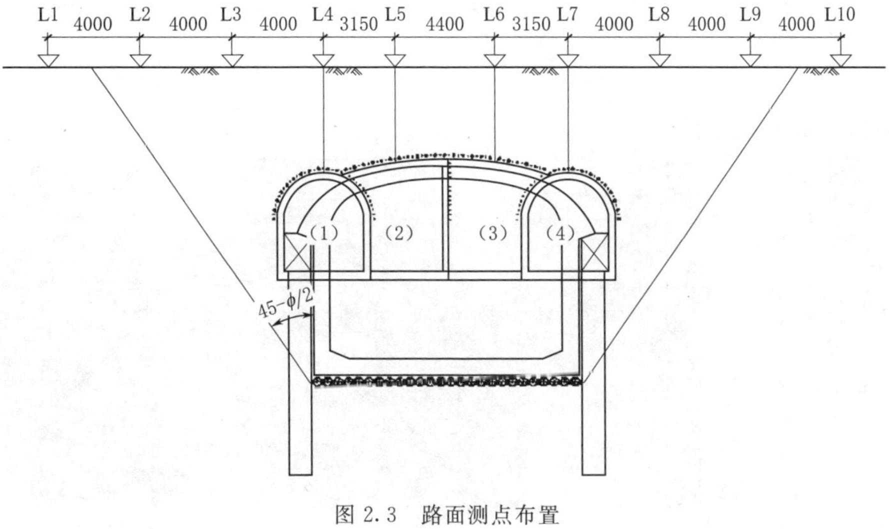

图 2.3　路面测点布置

2. 洞内测点

分别在隧道各小导洞的拱顶、边墙和拱脚布置监测点，记录模型的位移情况与应力变化，并根据计算模型记录下的应力值，推算初支结构的轴力、弯矩和安全系数。监测断面的测点（用“●”表示）分布如图2.4所示。

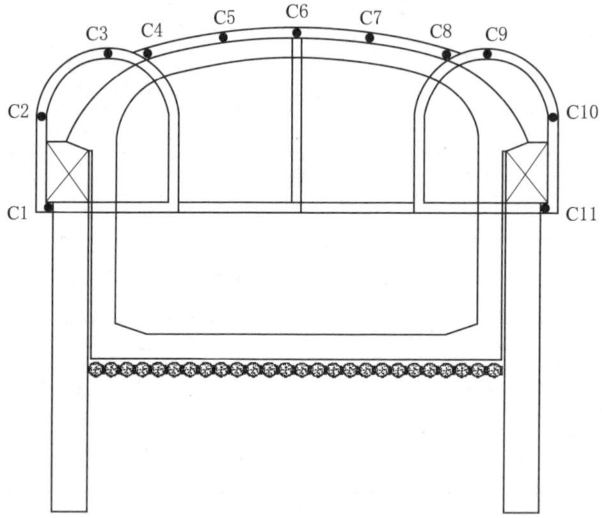

图2.4　监测断面测点分布

2.2.3　位移分析

1. 围岩位移

提取各工况下隧道及土体的竖向位移云图，如图2.5所示。提取模型位移最大值与最小值，并计算工况二至工况四的位移控制效果（与工况一进行对比），计算结果汇于表2.3中。

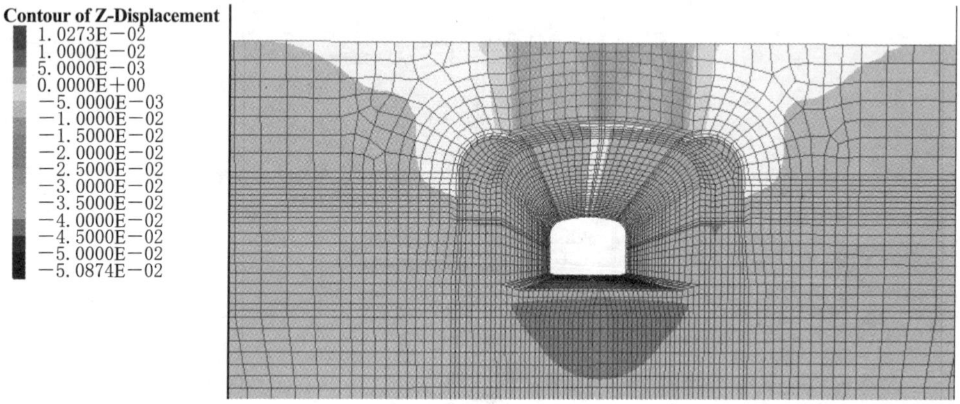

（a）工况一：未加固

图2.5（一）　土体竖向位移云图

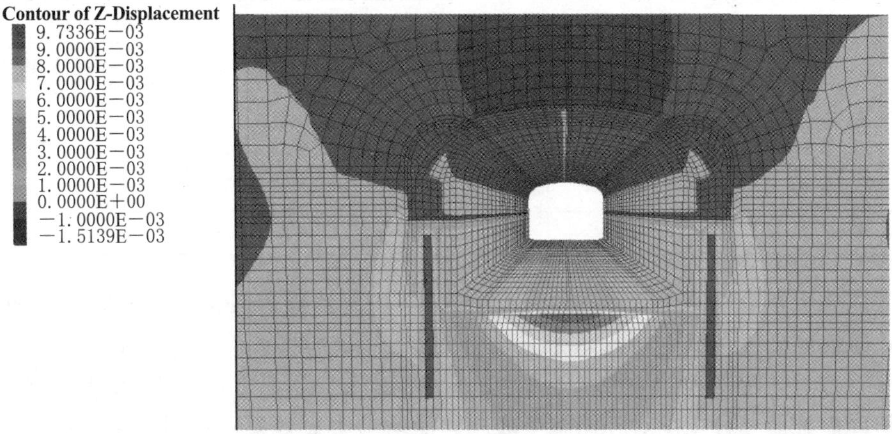

(b) 工况二：管棚

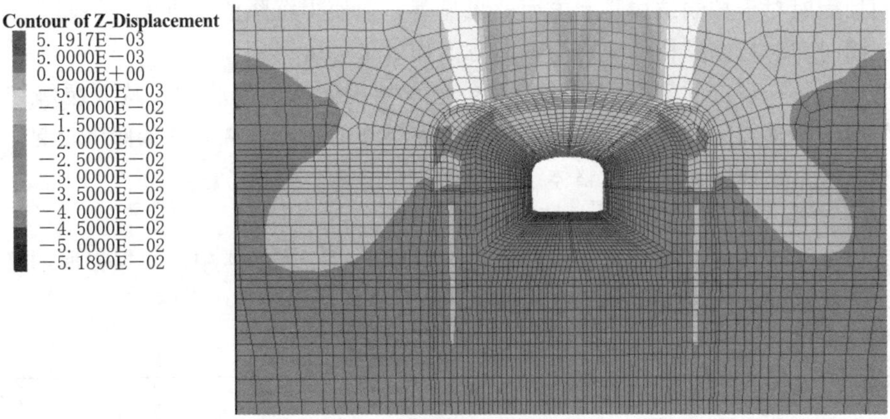

(c) 工况三：管幕

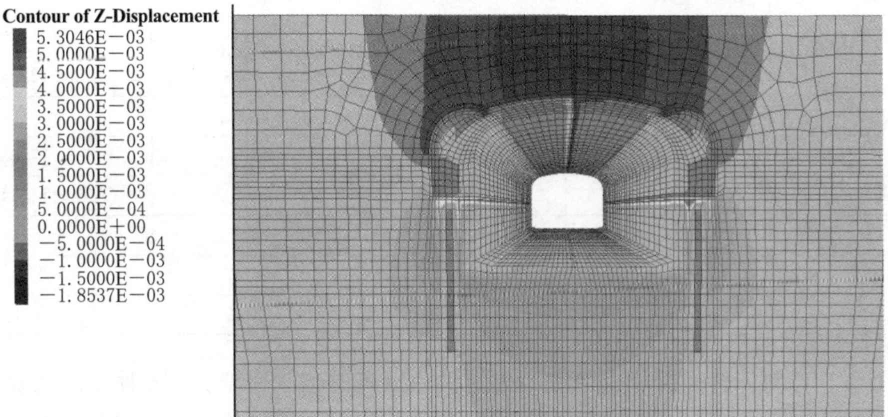

(d) 工况四：管棚+管幕

图 2.5（二） 土体竖向位移云图

表 2.3　　施工位移表

工况	最大沉降值		最大隆起值	
	最大值/mm	位移控制效果/%	最大值/mm	位移控制效果/%
工况一：未加固	5.087	—	10.273	—
工况二：管棚	1.514	70.24	9.734	5.25
工况三：管幕	5.189	−2.01	5.192	49.46
工况四：管棚＋管幕	1.854	63.55	5.305	48.36

由表 2.3 可知，相对于未加固的 PBA 工法，在其基础上的预加固采取管棚和管棚＋管幕时，对控制施工沉降方面均效果显著，控制效果分别为 70.24%、63.55%；而预加固仅采取管幕时，沉降控制效果为−2.01%；控制施工隆起方面，在 PBA 工法基础上，施加预加固措施的 3 种工况对控制施工隆起方面均有明显效果，控制效果分别为 5.25%、49.46%和 48.36%。由此可见，采取管棚预加固对于控制结构沉降方面的效果显著；采取管幕预加固时对于控制结构隆起方面效果显著，但使得沉降值有所增大；而采取管棚＋管幕预加固时，对控制结构的沉降与隆起方面均效果显著。

可以得到，在顶部的管棚预加固能有效地承担围岩重力及收缩，从而缓解结构的沉降；底部的管幕预加固能更有效地抑制围岩收缩带来的压力，从而降低仰拱隆起，故同时进行管棚＋管幕预加固对于降低整体结构位移效果显著。

2. 地表沉降

提取计算模型模拟的施工过程中路面最大沉降值汇于表 2.4 中。根据提取的路面沉降最大值，绘制路面沉降折线图如图 2.6 所示。

表 2.4　　路面最大沉降值　　单位：mm

断面编号	未加固	管棚	管幕	管棚＋管幕
L1	−1.15	−0.83	−2.12	−1.05
L2	−3.27	−0.64	−4.01	−2.11
L3	−13.58	−3.79	−14.3	−6.66
L4	−23.5	−8.74	−24.9	−12.34
L5	−32.16	−13.69	−33.12	−17.25
L6	−31.82	−13.56	−32.93	−17.08
L7	−23.13	−8.06	−24.05	−11.64
L8	−12.11	−2.78	−13.03	−5.53
L9	−3.01	0.03	−4.37	−1.45
L10	−0.45	−0.52	−1.49	−0.61

由图 2.6 可知，路面沉降值随着距隧道拱顶距离的减小而增大，4 种工况均在拱顶正上方路面处的沉降值最大。由于隧道顶部管棚的预加固作用，使得工况二和工况四的路面沉降值明显减小，而在仰拱底部施加管幕后，由于重力增大使得工况三的路面沉降值较未加固的工况一有所增大。其中未加固、管棚预加固、管幕预加固和管棚＋管幕预加固的最大沉降值分别为 32.16mm、13.69mm、33.12mm 和 17.25mm，工况二和工况四满足变

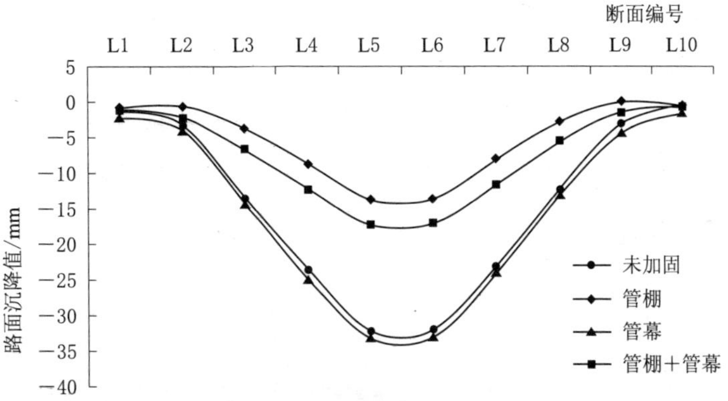

图 2.6　路面沉降折线图

形控制标准。

由此可知，对于路面沉降，采取管棚预加固对控制路面最大沉降效果最优，而采取管幕预加固效果最差，且采取管棚＋管幕预加固与只采取管棚预加固的路面沉降量相差不大，均能有效减小路面最大沉降值。

3. 结构变形分析

提取隧道施工完成后各工况衬砌结构的变形值，并计算其对应变化量，汇于表 2.5 中。

表 2.5　**小导洞施工完成后初支结构变形表**　单位：mm

工况	拱顶沉降	变化量	仰拱隆起	变化量	边墙收敛	变化量
一	5.120	—	5.254	—	57.054	—
二	0.907	−4.213	6.190	0.936	11.484	−45.570
三	5.123	0.003	4.936	−0.318	57.126	0.072
四	1.096	−4.024	5.184	−0.070	11.231	−45.823

由表 2.5 可知，各工况下小导洞施工完成后，小导洞的边墙收敛量明显大于拱顶沉降量和仰拱隆起量，可见小导洞的变形以边墙收敛为主。在小导洞施工完成后，管棚预加固的拱顶沉降量最小，为 0.907mm，相对未加固减小了 4.213mm，说明在拱顶上部的管棚预加固，能有效减缓周围土体对初支结构的压力，从而减小小导洞拱顶沉降；管幕预加固的仰拱隆起量最小，为 4.936mm，相对未加固减小了 0.318mm，说明在整体结构仰拱底部施作管幕，能有效缓解整体围岩收缩带来的底部向上的压力，从而减小小导洞初支结构的仰拱隆起；同时进行管棚＋管幕的预加固时的边墙收敛量最小，为 11.231mm，相对未加固减小了 45.823mm，说明同时在顶部施加管棚、底部施加管幕的预加固不仅能缓解拱顶、仰拱的变形，还能起到减小边墙收敛的效果，且其对于控制小导洞边墙收敛效果最佳。

结合 3 种小导洞初支结构位移变化可知，同时施作管棚＋管幕预加固的工况四在控制小导洞拱顶沉降和仰拱隆起方面，相比于单独使用其中一种预加固的工况二和工况三的变化量略小，但均相差不大；对于控制小导洞的主要变形边墙收敛，工况四的控制效果最好；故采取管棚＋管幕的加固措施可有效控制施工过程中小导洞的初支结构变形。

2.2.4　内力分析

1. 最大主应力分析

提取计算模型在小导洞施工完成后各工况下小导洞初支结构的最大主应力云图，如图 2.7 所示。提取初支结构最大主应力值，并计算结构最大主应力值的控制效果，汇于表 2.6 中。

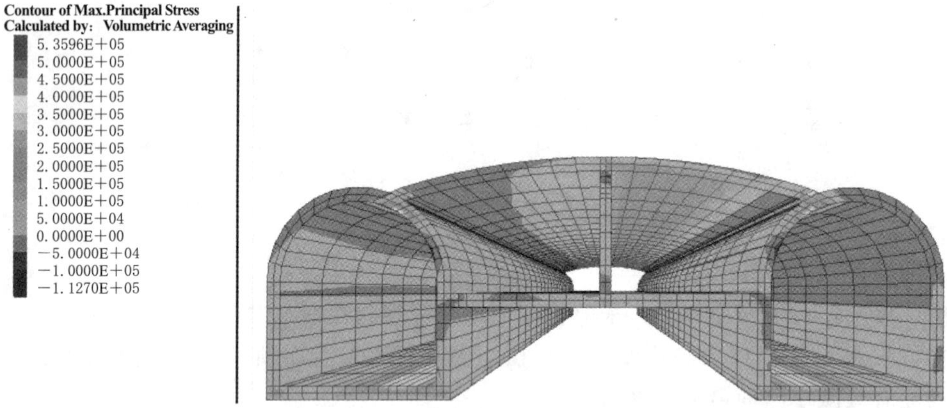

(a) 工况一：未加固

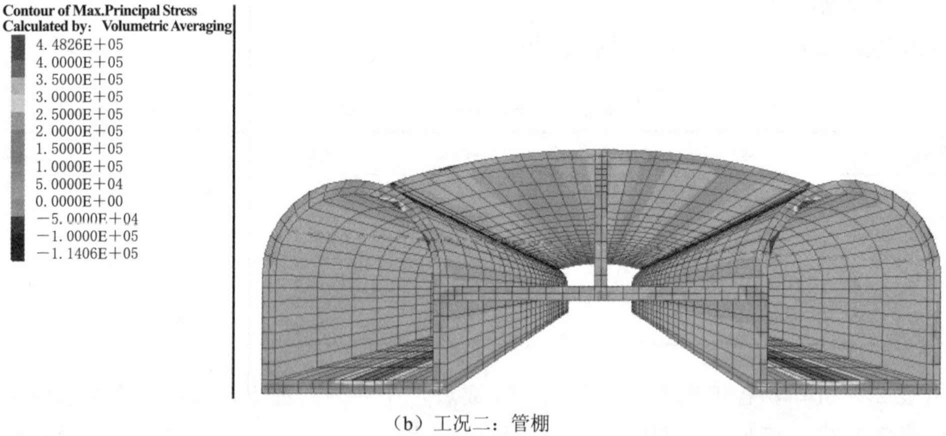

(b) 工况二：管棚

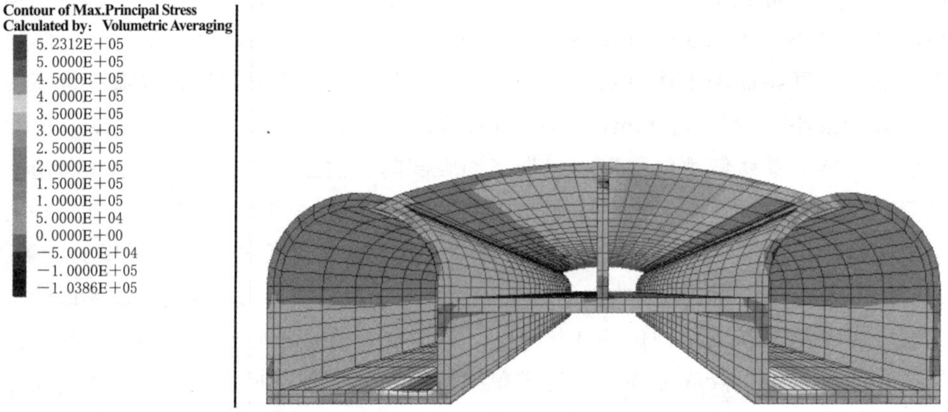

(c) 工况三：管幕

图 2.7（一）　最大主应力云图

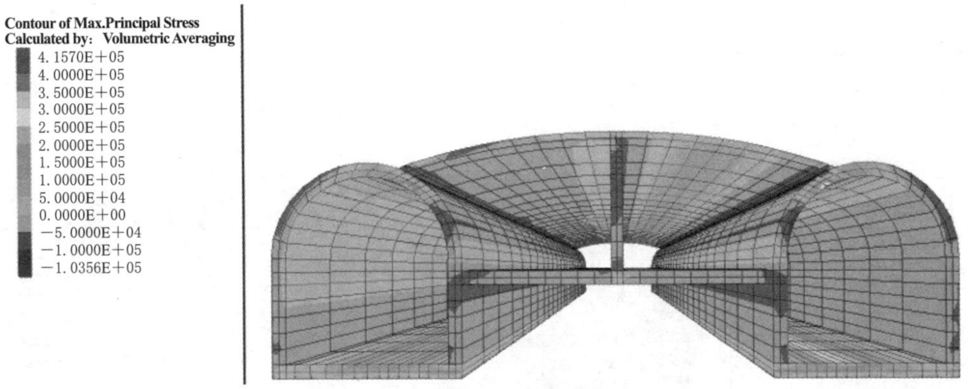

(d) 工况四：管棚+管幕

图 2.7（二） 最大主应力云图

表 2.6　　最大主应力控制效果表

工　况	最大值/MPa	控制效果/%
工况一：未加固	0.536	—
工况二：管棚	0.448	16.42
工况三：管幕	0.523	2.43
工况四：管棚+管幕	0.416	22.39

由图 2.7 与表 2.6 可知，4 种工况的主应力最大值均出现在拱顶位置，PBA 工法施工时结构的最大主应力值为 0.536MPa，采用管棚、管幕和管棚+管幕加固后，其结构的主应力均有所减小，最大值分别为 0.448MPa、0.523MPa、0.416MPa，其中管棚加固与管棚+管幕加固的效果明显，控制效果分别为 16.42%、22.39%，而管幕加固的最大主应力减小较少，其控制效果为 2.43%。由此可见，施作管棚与施作管幕能够有效减小 PBA 工法的结构最大主应力。

2. 最小主应力分析

提取计算模型在小导洞施工完成后各工况下小导洞初支结构的最小主应力云图，如图 2.8

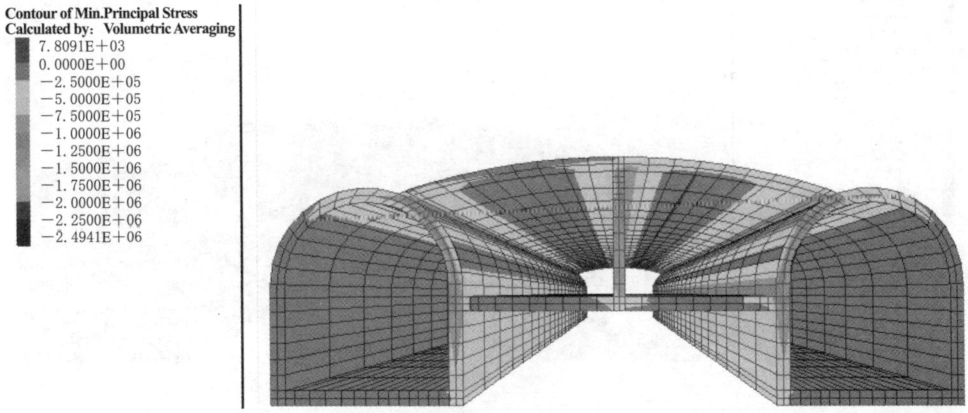

(a) 工况一：未加固

图 2.8（一） 最小主应力云图

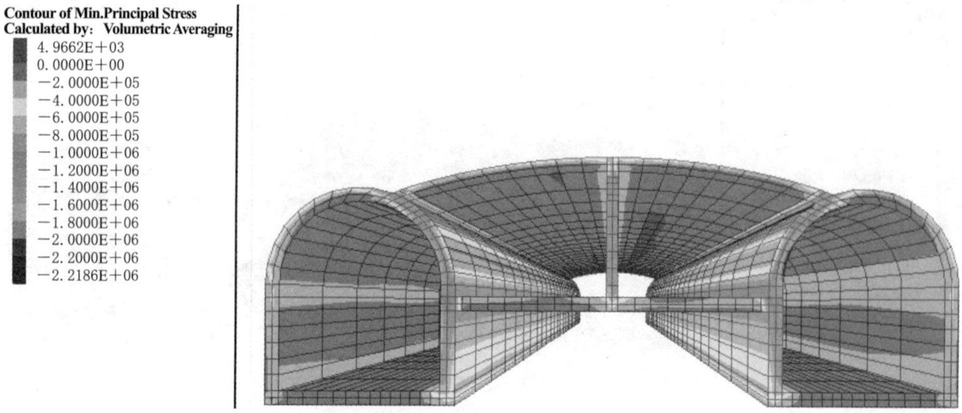

（b）工况二：管棚

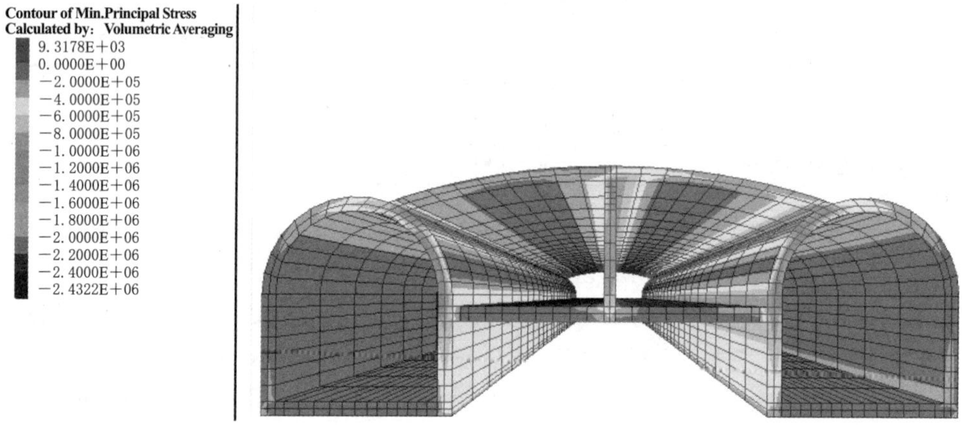

（c）工况三：管幕

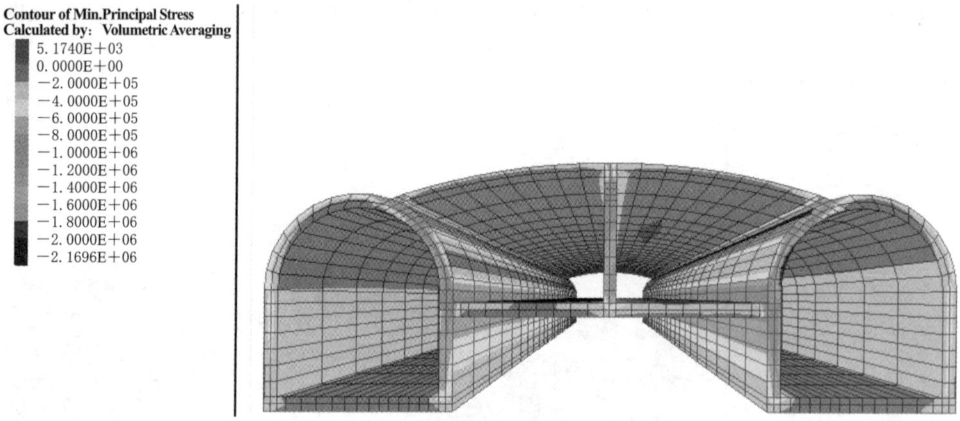

（d）工况四：管棚+管幕

图 2.8（二）　最小主应力云图

所示。提取初支结构最小主应力值，并计算结构最小主应力值的控制效果，汇于表 2.7 中。

表 2.7　　最小主应力控制效果表

工　况	最小值/MPa	控制效果/%
工况一：未加固	−2.494	—
工况二：管棚	−2.219	11.03
工况三：管幕	−2.432	2.49
工况四：管棚+管幕	−2.170	12.99

由图 2.8 与表 2.7 可知，4 种工况的主应力最小值均出现在拱顶位置，PBA 工法施工时结构的最小主应力值为−2.494MPa，采用管棚、管幕和管棚+管幕加固后，其结构的最小主应力绝对值均有所减小，最大值分别为−2.219MPa、−2.432MPa、−2.170MPa，其中管棚加固与管棚+管幕加固的效果明显，控制效果分别为 11.03%、12.99%，而管幕加固的最小主应力减小较少，其控制效果为 2.49%。由此可见，施作管棚与施作管幕能够有效减小 PBA 工法的结构最小主应力。

3. *剪切应力分析*

提取计算模型在小导洞施工完成后各工况下小导洞初支结构的最大剪切应力云图，如图 2.9 所示。提取初支结构最大剪切应力值，并计算结构最大剪切应力值的控制效果，汇

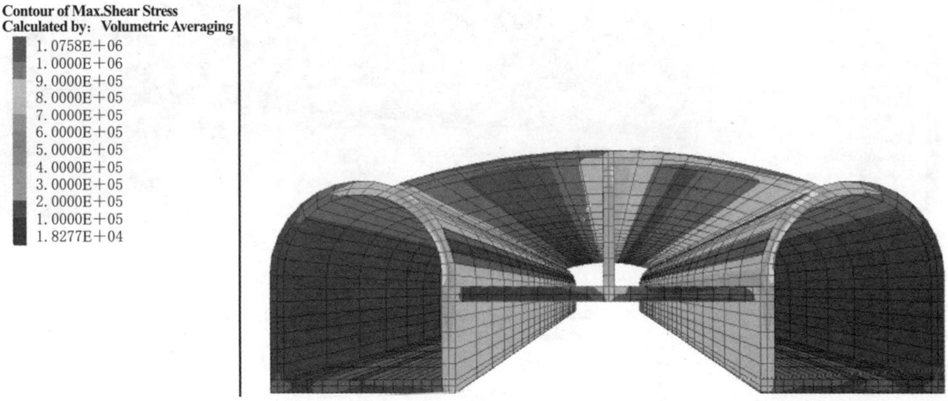

（a）工况一：未加固

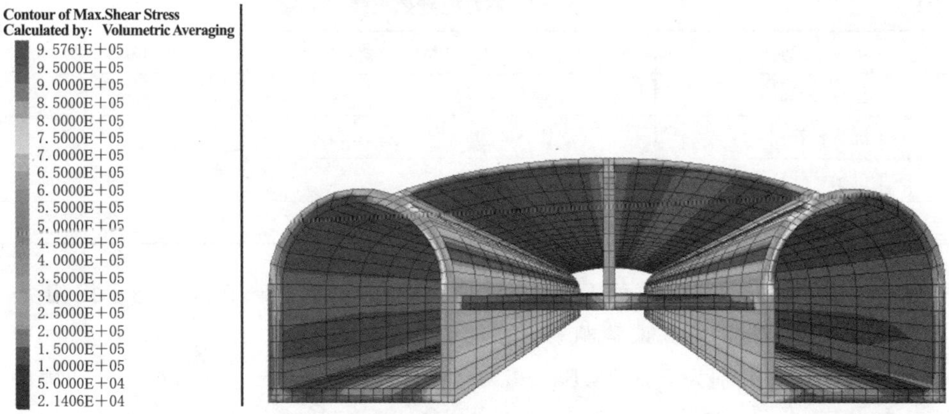

（b）工况二：管棚

图 2.9（一）　初支结构最大剪切应力云图

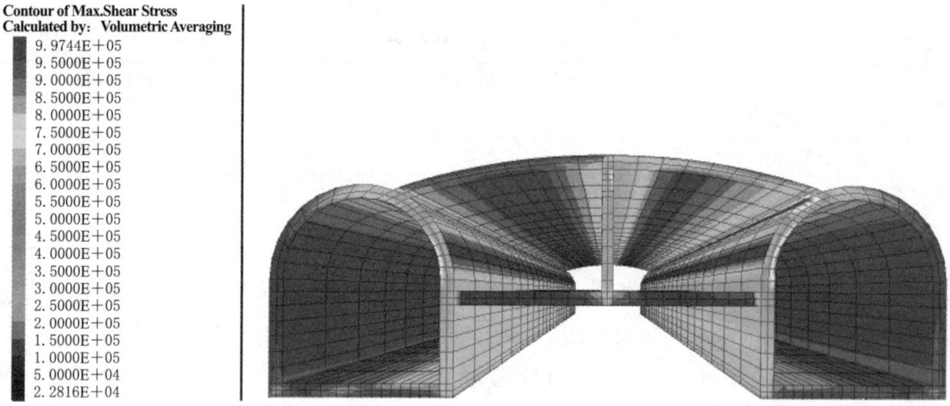

（c）工况三：管幕

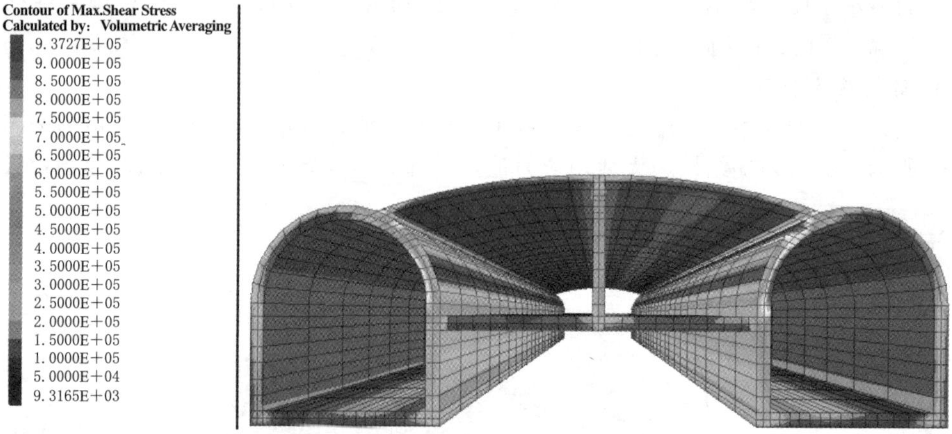

（d）工况四：管棚＋管幕

图 2.9（二）　初支结构最大剪切应力云图

于表 2.8 中。

表 2.8　　　　最大剪切应力控制效果表

工　　况	最大值/MPa	控制效果/%
工况一：未加固	1.076	—
工况二：管棚	0.958	10.97
工况三：管幕	0.997	7.34
工况四：管棚＋管幕	0.937	12.92

由图 2.9 与表 2.8 可知，4 种工况的剪切应力最大值均出现在大拱与小拱相交位置，采取管棚加固、管幕加固和采取管棚＋管幕加固的最大剪切应力均小于未加固的 PBA 工法，其最小剪切应力分别为 0.958MPa、0.997MPa、0.937MPa，且相对于未加固的 PBA 工法（1.076MPa）分别减少了 10.97%、7.34%、12.92%。由此可见，施作管棚与施作管幕能够有效减小 PBA 工法的初支结构的最大剪切应力。

4. 轴力分析

提取模型运算所得应力值，并计算隧道衬砌结构各监测点的轴力汇于表 2.9 中。绘制初支结构各监测点轴力折线图如图 2.10 所示。

表 2.9 **小导洞衬砌结构监测点轴力表** 单位：kN

测点标号	工况一	工况二	工况三	工况四
1	76.87	59.62	72.22	52.57
2	40.29	−36.27	35.78	−36.69
3	249.03	72.05	227.95	64.70
4	305.87	77.13	271.41	66.16
5	−489.71	44.02	−548.25	9.71
6	−1030.60	−48.91	−1070.90	−35.25
7	−504.50	39.71	−558.07	7.22
8	272.44	56.49	255.41	48.03
9	283.27	80.91	279.50	74.21
10	45.32	−39.00	41.79	−39.69
11	77.94	65.11	72.51	55.64

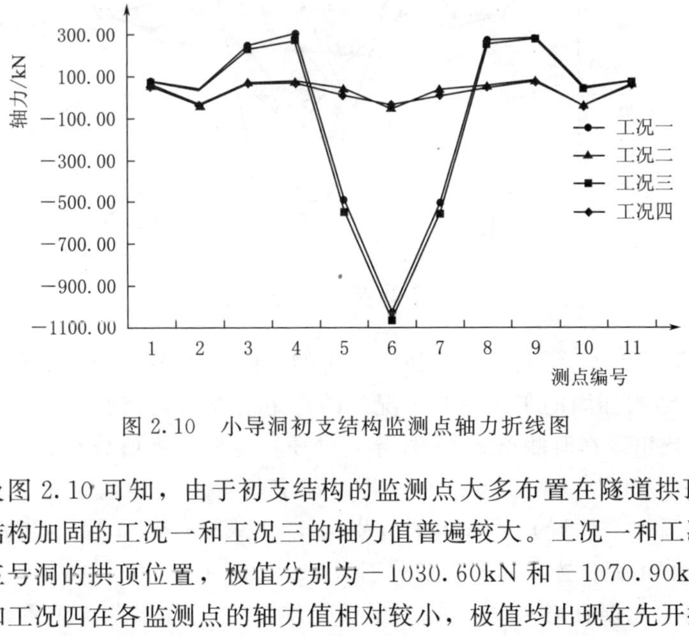

图 2.10 小导洞初支结构监测点轴力折线图

由表 2.9 及图 2.10 可知，由于初支结构的监测点大多布置在隧道拱顶位置，所以上方未设置管棚结构加固的工况一和工况三的轴力值普遍较大。工况一和工况三的轴力极值均出现在中间三号洞的拱顶位置，极值分别为−1030.60kN 和−1070.90kN。而采用管棚加固的工况二和工况四在各监测点的轴力值相对较小，极值均出现在先开挖的四号小导洞的拱肩位置，其极值分别为 80.91kN 和 74.21kN。故工况二（管棚加固）和工况四（管棚+管幕加固）对于初支结构的轴力控制效果较好。

5. 弯矩分析

提取模型运算所得应力值，并计算隧道衬砌结构各监测点的弯矩汇于表 2.10 中。绘制初支结构各监测点弯矩折线图如图 2.11 所示。

表 2.10　小导洞衬砌结构监测点弯矩表　单位：kN·m

测点标号	工况一	工况二	工况三	工况四
1	14.78	12.97	13.28	11.36
2	1.31	2.32	1.32	2.15
3	1.90	−1.31	1.43	−1.57
4	17.62	2.30	14.54	2.26
5	−20.26	−7.52	−19.20	−7.05
6	3.76	−18.37	−6.28	−22.83
7	−34.12	−7.66	−31.85	−7.73
8	24.42	2.81	21.33	2.81
9	4.45	−1.23	4.27	−1.56
10	1.83	2.42	1.87	2.28
11	12.72	13.00	11.22	11.25

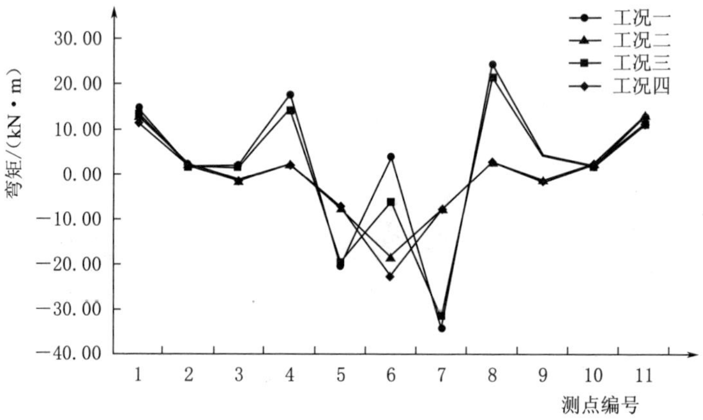

图 2.11　小导洞初支结构监测点弯矩折线图

由表 2.10 及图 2.11 可知，由于初支结构的监测点大多布置在隧道拱顶位置，所以上方未设置管棚结构加固的工况一和工况三的弯矩值较大且跨度较大。其中工况一和工况三的弯矩极值均出现在监测点 7（3 号导洞拱顶）位置，极值分别为−34.12kN·m 和−31.85kN·m；且工况一和工况三在小导洞相交位置的弯矩值也相对较大，在测点 4（1 号、2 号小导洞相交位置）的弯矩值分别为 17.62kN·m 和 14.54kN·m，在测点 8（3 号、4 号小导洞相交位置）的弯矩值分别为 24.42kN·m 和 21.33kN·m。而采用管棚加固的工况二和工况四在各监测点的弯矩极值均出现在监测点 6 位置，其极值分别为−18.37kN·m 和−22.83kN·m。故工况二（管棚加固）和工况四（管棚＋管幕加固）对于初支结构的弯矩控制效果较好。

6. 安全系数分析

提取模型运算所得应力值，并计算隧道衬砌结构各监测点的安全系数汇于表 2.11 中。绘制初支结构各监测点安全系数折线图如图 2.12 所示。

表 2.11　　小导洞衬砌结构监测点安全系数表　　单位：kN

测点标号	工况一	工况二	工况三	工况四
1	13.10	13.90	15.02	15.93
2	275.61	273.71	307.28	277.46
3	45.18	156.14	49.35	173.88
4	33.45	144.74	38.35	167.26
5	22.18	27.98	20.14	18.69
6	8.04	10.92	5.85	10.51
7	19.31	25.22	18.38	16.42
8	31.07	186.93	34.62	212.24
9	39.71	139.05	40.25	151.59
10	240.29	257.13	257.13	257.85
11	17.19	14.56	20.44	16.70

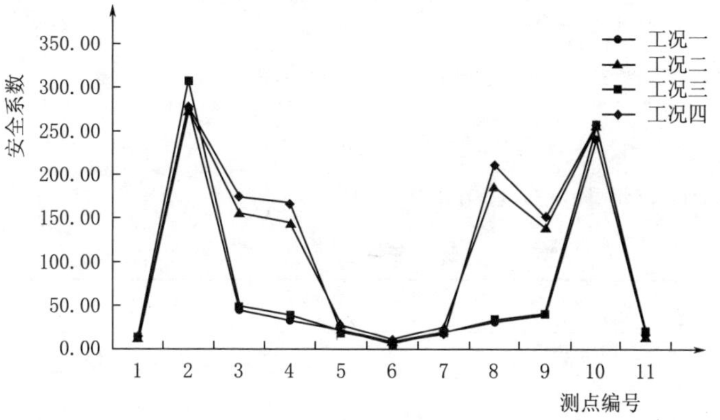

图 2.12　小导洞初支结构监测点安全系数折线图

由表 2.11 及图 2.12 可知，工况一和工况三在各监测点的安全系数值普遍较小，仅在测点 2 和测点 10（1 号、4 号小导洞的拱肩位置）安全系数较大；而工况二和工况四在测点 1、测点 11 和测点 5～7 位置安全系数值较小。4 种工况的最小安全系数均出现在测点 6（2 号、3 号小导洞间的隔墙顶）位置，最小值分别为 8.04kN、10.92kN、5.85kN 和 10.51kN，其中工况三（管幕加固）的最小安全系数值最小，工况二（管棚加固）的最小安全系数值最大。故工况二和工况四（管棚＋管幕加固）对于初支结构的弯矩控制效果较好。

2.3　正作逆作法优选研究

2.3.1　计算概况

1. 计算模型

计算模型的本构模型采用弹塑性模型的，屈服准则采用摩尔-库伦准则。整个模型模拟的地层范围为横向两端取 30m，总宽度为 60m；模型高度以实际覆土厚度为准，埋深约 4m，隧道底部取 20m，模型总高度为 30m；纵向总长度为 70m，如图 2.13 所示。计算模型的边界条件为：四周边界施加水平约束，下边界施加竖直约束，顶部为自由面。

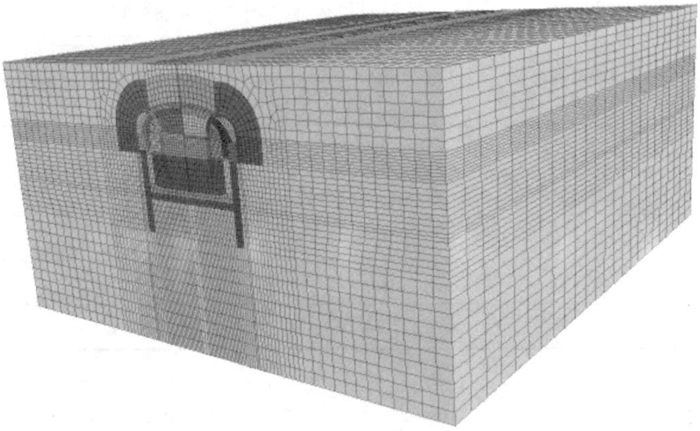

图 2.13　计算模型

2. 计算工况

计算工况设计内容汇于表 2.12 中。

表 2.12　计 算 工 况

工况	计算内容	衬砌施作方案
工况一	正作法	由下向上依次施作仰拱、边墙、拱顶
工况二	逆作法	由上向下依次施作拱顶、边墙、仰拱

注　采用洞桩法（PBA）施工。

3. 测点布置

分别在隧道二衬结构的拱顶、右拱肩、右边墙、右拱脚、仰拱、左拱脚、左边墙、左拱肩布置 8 个监测点，记录模型的位移情况与应力变化，并根据计算模型记录下的应力值推算二衬结构的轴力、弯矩和安全系数。断面监测点分布如图 2.14 所示。路面测点布置同 2.2.2 小节。

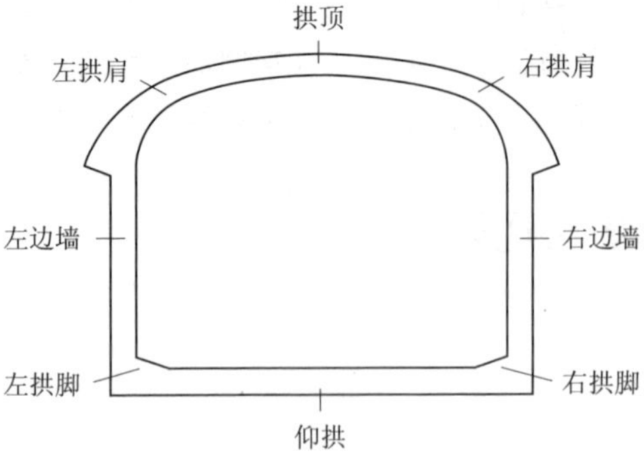

图 2.14　衬砌结构测点布置

2.3.2　位移分析

1. 围岩位移

提取各工况下隧道及土体的竖向位移云图如图 2.15 所示。提取模型位移最大值与最小值，并计算工况二至工况四的位移控制效果（与工况一进行对比），计算结果汇于表 2.13 中。

表 2.13　　施 工 位 移 表

施工方案	竖向位移				横向位移			
	最大值 /mm	控制效果 /%	最小值 /mm	控制效果 /%	最大值 /mm	控制效果 /%	最小值 /mm	控制效果 /%
正作法	5.48	—	−3.65	—	9.28	—	−1.27	—
逆作法	5.28	3.65	−1.81	50.41	9.29	−0.11	−1.24	2.36

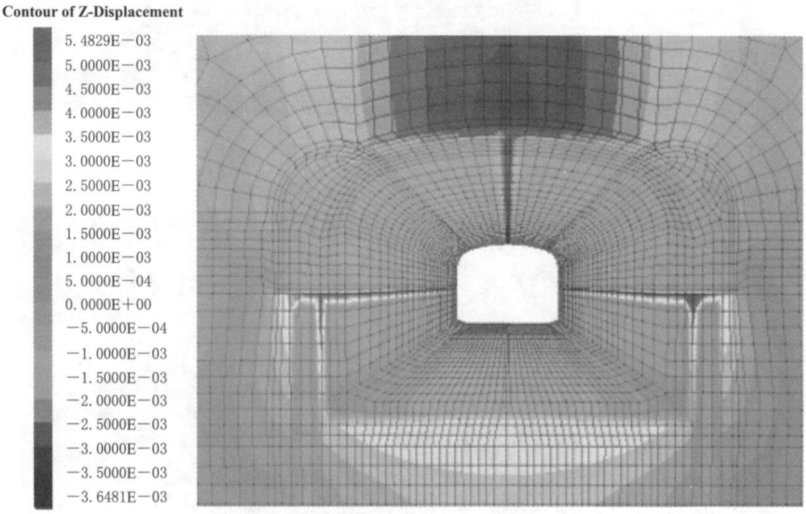

(a) 正作法竖向

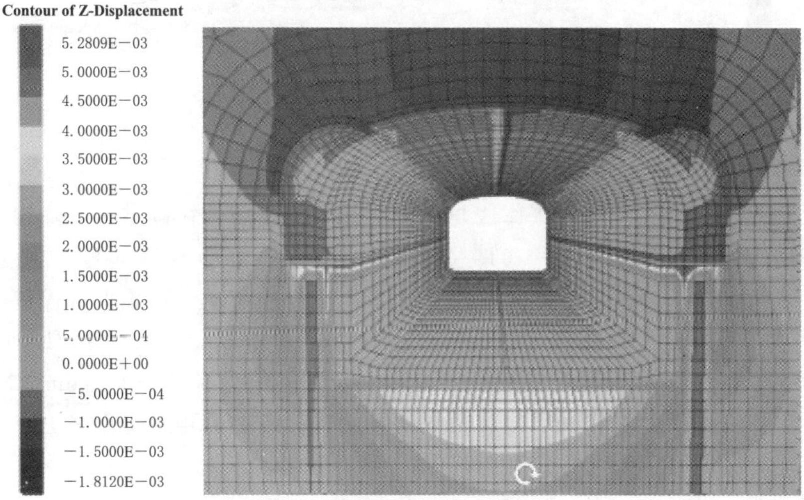

(b) 逆作法竖向

图 2.15（一）　结构位移云图（单位：m）

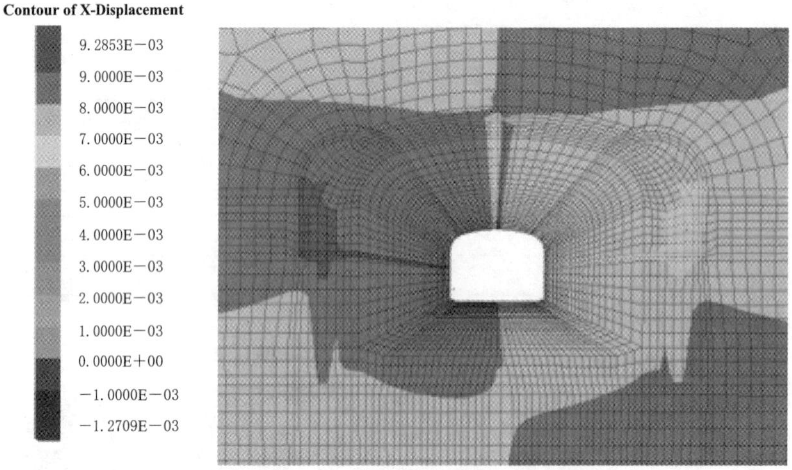

(c) 正作法横向

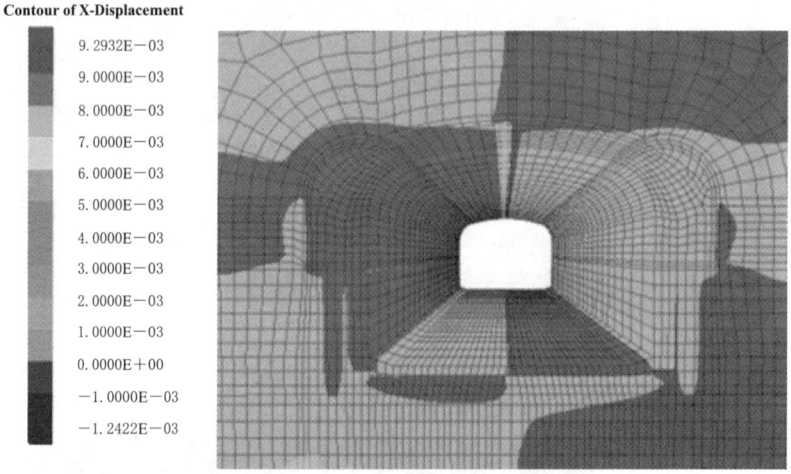

(d) 逆作法横向

图 2.15（二） 结构位移云图（单位：m）

由图 2.15 和表 2.13 可知，正作法与逆作法施工完成后的衬砌结构沉降均出现在拱顶位置，而竖向正位移均出现在结构边墙位置（原 1 号、4 号小导洞仰拱），且逆作法相对正作法施工对衬砌结构的位移控制效果更好。其中正作法与逆作法施工过程造成的结构竖向位移最大值分别为 5.48mm 和 5.28mm，最小值分别为 -3.65mm 和 -1.81mm，造成的结构横向位移最大值分别为 9.28mm、9.29mm，最小值分别为 -1.27mm、-1.24mm；由于逆作法先进行拱顶的施作，所以其顶部的竖向位移最小值相对正作法更小，控制效果达到 50.41%，而横向位移两工况相差不大。

2. 地表沉降

提取计算模型模拟的施工过程中路面最大沉降值，汇于表 2.14 中。根据提取的路面沉降最大值，绘制路面沉降折线图如图 2.16 所示。

表 2.14 路面最大沉降值 单位：mm

断面编号	正作法	逆作法	变化量
L1	0.8	−1.4	2.2
L2	0.9	−2.2	3.1
L3	−3.8	−6.6	2.8
L4	−15.2	−12.2	−3
L5	−30.4	−16.8	−13.6
L6	−30.1	−16.7	−13.4
L7	−14.4	−11.5	−2.9
L8	−2.7	−5.6	2.9
L9	1.5	−1.5	3
L10	1.3	−0.9	2.2

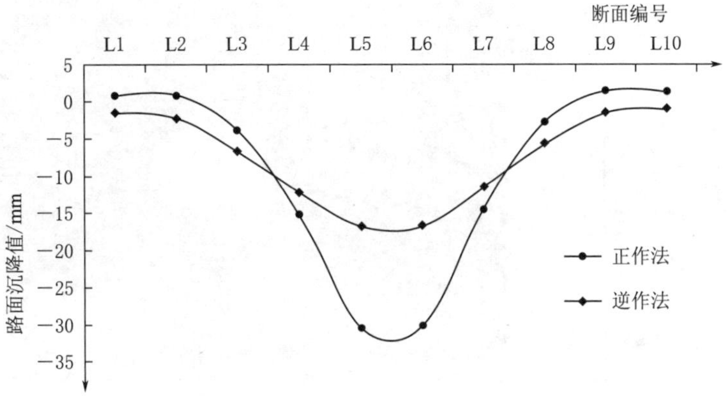

图 2.16 路面沉降图

由表 2.14 和图 2.16 可知，隧道上方路面沉降值随着距隧道中轴距离的缩小而增大，在隧道拱顶正上方出现路面沉降最大值，且逆作法对路面沉降的控制效果优于正作法。其中正作法与逆作法施工所造成的路面最大沉降分别为 30.45mm 和 16.83mm，逆作法相对正作法减小了 13.62mm，沉降控制效果为 44.73%。由于逆作法是在小导洞完成后，立刻基于桩基和冠梁完成扣拱，所以能有效抑制上方土体的下沉，从而达到缓解路面沉降的效果。

3. 结构位移

提取隧道施工完成后各工况衬砌结构的变形值，并计算其对应变化量，汇于表 2.15 中。

表 2.15 小导洞施工完成后初支结构变形表 单位：mm

工况	拱顶沉降	变化量	仰拱隆起	变化量	边墙收敛	变化量
正作法	2.902	—	1.391	—	10.452	—
逆作法	1.288	−1.614	1.977	0.586	10.303	−0.149

由表 2.15 可知，正作法的衬砌结构变形量普遍大于逆作法，其中正作法和逆作法的拱顶沉降量分别为 2.902mm 和 1.288mm，逆作法相对正作法减小了 1.614mm；仰拱隆起量分别为 1.391mm 和 1.977mm，逆作法相对正作法增大了 0.586mm；边墙收敛量分别为 10.452mm 和 10.303mm，逆作法相对正作法减小了 0.149mm。由此可见，边墙收敛值两工况相差不大；逆作法由于先施作顶部衬砌，从而有效地抑制了拱顶的沉降，而正作法由于先施作底部衬砌，从而有效抑制了仰拱隆起。

2.3.3 内力分析

1. 最大主应力分析

提取各工况下计算模型衬砌结构的最大主应力云图，如图 2.17 所示。提取结构最大主应力值，并计算结构最大主应力值的控制效果，汇于表 2.16 中。

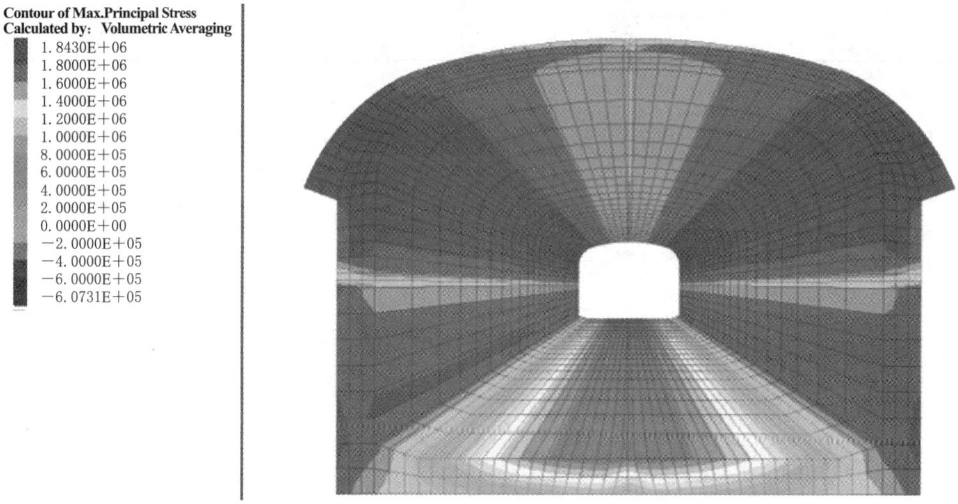

(a) 正作法

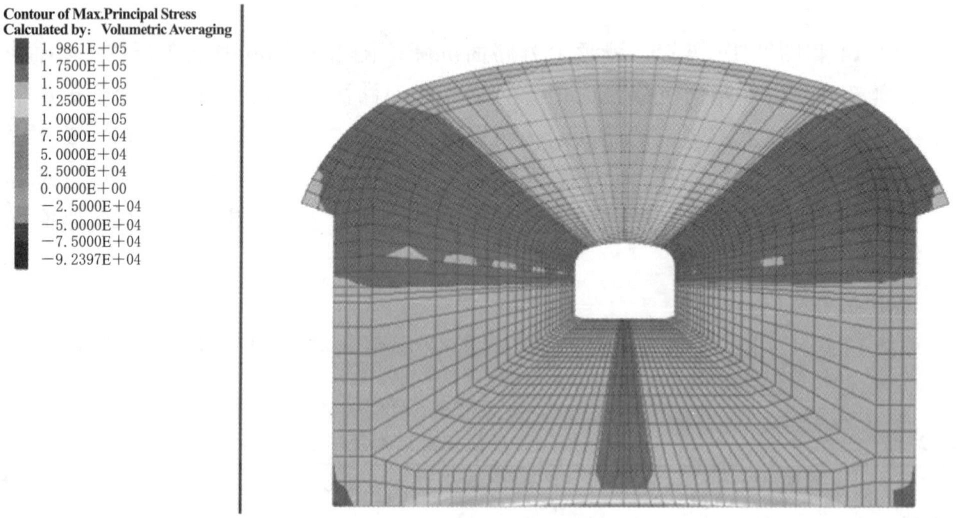

(b) 逆作法

图 2.17　最大主应力云图

表 2.16　　最大主应力控制效果表　　单位：MPa

加固方法	最大值	变化量
正作法	1.843	—
逆作法	0.199	−1.644

由图 2.17 与表 2.16 可知，正作法的最大主应力集中在衬砌仰拱内侧位置，逆作法的最大主应力集中在衬砌仰拱外侧位置，最大主应力分别为 1.843MPa 和 0.199MPa，逆作法相对正作法的最大主应力减小了 1.644MPa。由此可见，隧道施工后围岩收缩引起的底部土体压力较大，使得两种工况下都在仰拱处出现最大主应力极大值，且由于正作法是先施作底部衬砌，导致其仰拱的最大主应力值更大。

2. 最小主应力分析

提取各工况下计算模型最小主应力云图如图 2.18 所示。提取最小主应力值，并计算结构最小主应力值的控制效果，汇于表 2.17 中。

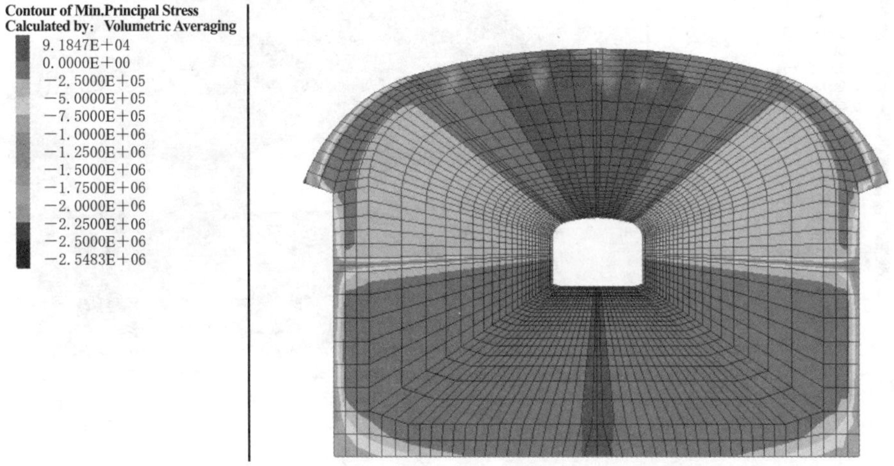

(a) 正作法

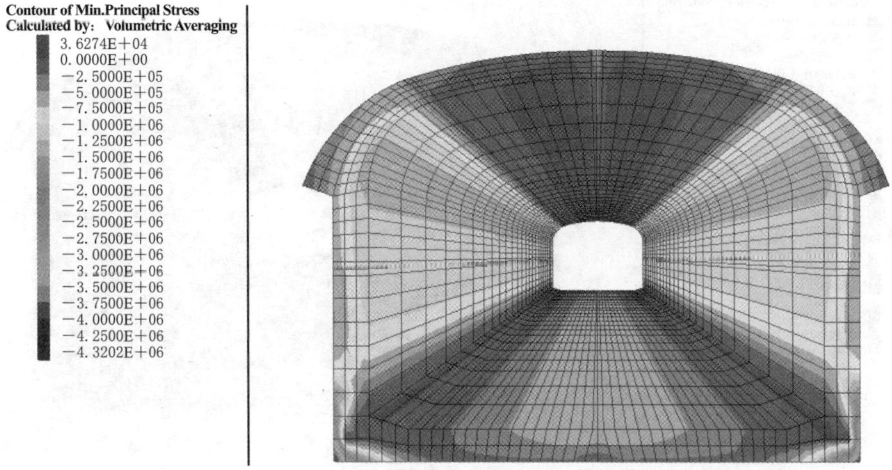

(b) 逆作法

图 2.18　最小主应力云图

表 2.17 最小主应力控制效果表 单位：MPa

加固方法	最小值	变化量
正作法	−2.548	—
逆作法	−4.320	−1.772

由图 2.18 与表 2.17 可知，正作法的最小主应力集中在衬砌仰拱和拱顶位置，逆作法的最小主应力集中在衬砌拱顶和拱脚位置，最小主应力分别为−2.548MPa 和−4.320MPa，逆作法相对正作法的最小主应力减小了 1.772MPa。

3. 最大剪切应力分析

提取各工况下计算模型衬砌结构的最大剪切应力云图，如图 2.19 所示。提取结构最

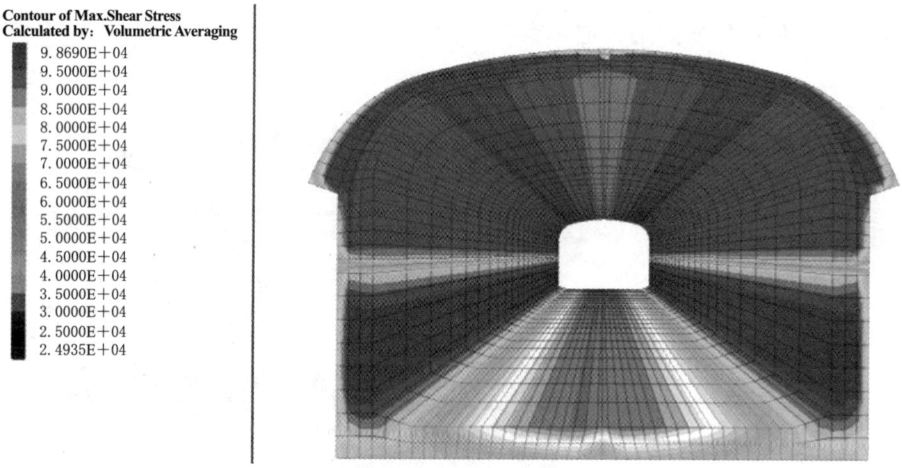

（a）正作法

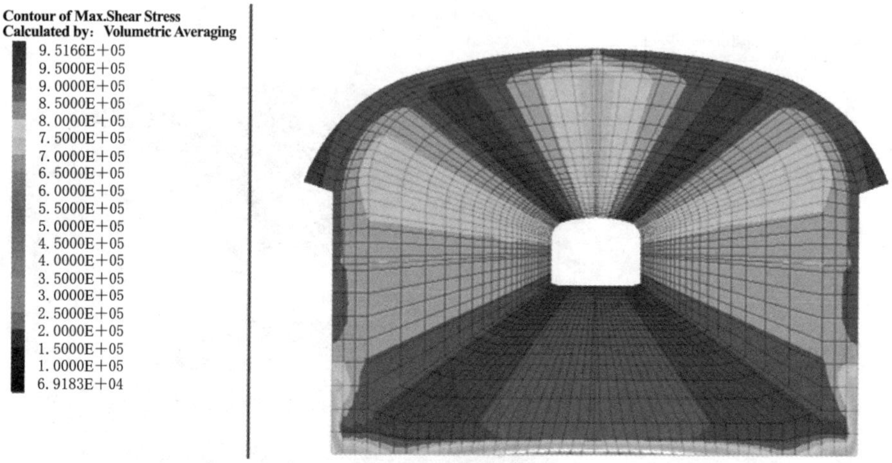

（b）逆作法

图 2.19 最大剪切应力云图

大剪切应力值，并计算结构最大剪切应力值的控制效果，汇于表2.18中。

表2.18　　最大剪切应力控制效果表　　单位：MPa

加固方法	最大值	变化量
正作法	0.099	—
逆作法	0.952	0.853

由图2.19与表2.18可知，正作法的最大剪切应力集中在衬砌仰拱内部位置，逆作法的最大剪切应力集中在衬砌仰拱外部，最大剪切应力分别为0.099MPa和0.952MPa，逆作法相对正作法的最大剪切应力增大了0.853MPa。

4. 轴力分析

提取模型运算所得应力值，并计算隧道衬砌结构各监测点的轴力汇于表2.19中。绘制隧道衬砌结构各监测点轴力折线图如图2.20所示。

表2.19　　隧道衬砌结构监测点轴力表　　单位：kN

位置	仰拱	右拱脚	右边墙	右拱肩	拱顶	左拱肩	左边墙	左拱脚
正作法	1062.00	24.00	−61.00	−13.00	157.00	−11.00	−60.00	26.00
逆作法	−223.00	19.00	−16.00	−34.00	499.00	−23.00	−19.00	20.00

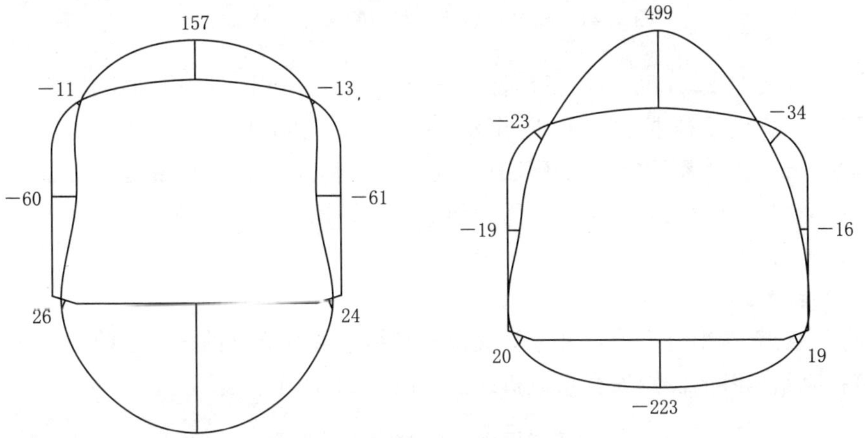

（a）正作法　　（b）逆作法

图2.20　隧道衬砌结构监测断面轴力分布图

由表2.19及图2.20可知，正作法的轴力最大值出现在仰拱位置，最大值为1062.00kN，为受拉控制；而逆作法的轴力最大值出现在拱顶位置，最大值为499kN，为受拉控制。由于正作法是在开挖后先从底部开始施作支撑结构，所以衬砌结构的仰拱部位所受轴力最大；而逆作法是在开挖部分后从顶部开始向下施作支撑结构，所以衬砌结构的拱顶位置所受轴力最大。

5. 弯矩分析

提取模型运算所得应力值，并计算隧道衬砌结构各监测点的弯矩汇于表 2.20 中。绘制隧道衬砌结构各监测点弯矩折线图如图 2.21 所示。

表 2.20　　**隧道衬砌结构监测点弯矩表**　　单位：kN·m

位置	仰拱	右拱脚	右边墙	右拱肩	拱顶	左拱肩	左边墙	左拱脚
正作法	−49.40	−0.30	−4.00	1.30	−1.90	1.10	−3.90	−0.30
逆作法	10.30	−1.90	0.30	2.10	−26.10	1.80	0.50	−1.90

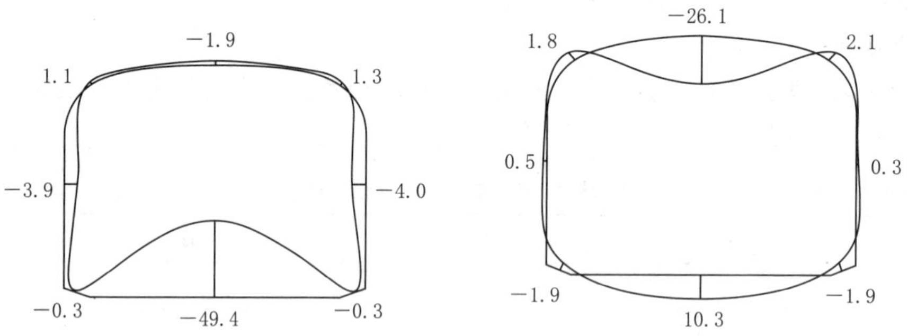

（a）正作法　　（b）逆作法

图 2.21　隧道衬砌结构监测断面弯矩分布图

由表 2.20 及图 2.21 可知，正作法的弯矩最大值出现在结构仰拱位置，最大值为 −49.40kN·m，为受压控制；而逆作法的弯矩最大值出现在拱顶位置，最大值为 −26.10kN·m，为受压控制。由于正作法是在开挖后先从底部开始施作支撑结构，所以衬砌结构的仰拱部位所受弯矩最大；而逆作法是在开挖部分后从顶部开始向下施作支撑结构，所以衬砌结构的拱顶位置所受弯矩最大。

6. 安全系数分析

提取模型运算所得应力值，并计算隧道衬砌结构各监测点的安全系数汇于表 2.21 中。绘制隧道衬砌结构各监测点安全系数折线图如图 2.22 所示。

表 2.21　　**隧道衬砌结构监测点安全系数表**

位置	仰拱	右拱脚	右边墙	右拱肩	拱顶	左拱肩	左边墙	左拱脚
正作法	10.06	475.45	161.48	350.70	71.53	442.28	164.54	425.05
逆作法	48.05	264.11	693.26	296.92	20.96	399.11	598.14	265.72

由表 2.21 及图 2.22 可知，正作法的最小安全系数出现在仰拱位置，最小值为 10.06，为受拉控制；而逆作法的最小安全系数出现在拱顶位置，最小值为 20.96，为受拉控制。由于正作法是在开挖后先从底部开始施作支撑结构，所以衬砌结构的仰拱部位安全系数最小；而逆作法是在开挖部分后从顶部开始向下施作支撑结构，所以衬砌结构的拱顶位置安全系数最小。

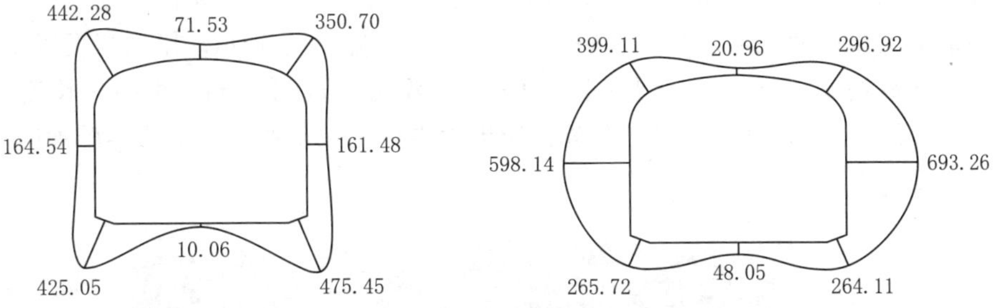

（a）正作法　　（b）逆作法

图 2.22　隧道衬砌结构监测断面最小安全系数分布图

2.4　开挖顺序优化研究

2.4.1　计算概况

根据北京地铁新 19 号线新草区间暗挖段工程情况，对此段的洞桩法开挖进行其加固方案的优化研究。开挖断面如图 2.23 所示。

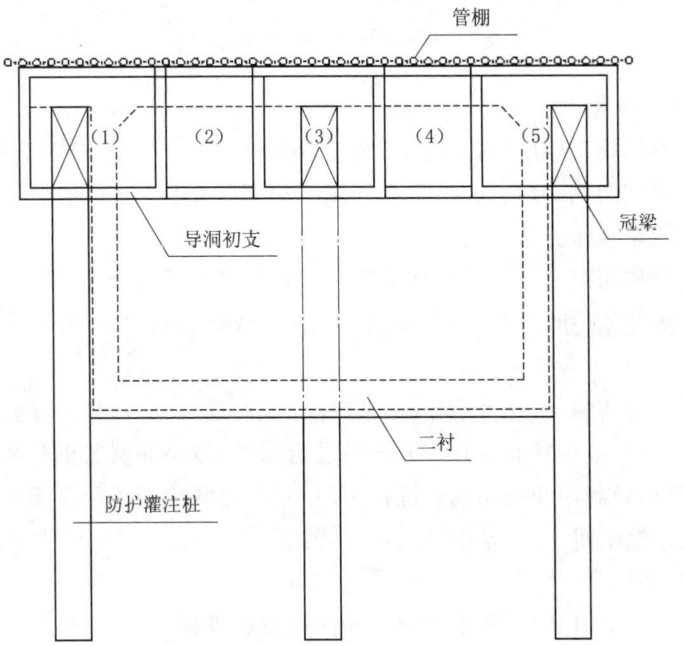

图 2.23　开挖断面

1. 计算模型

计算模型的本构模型采用弹塑性模型的，屈服准则采用摩尔-库伦准则。整个模型模拟的地层范围为横向两端取 3～5 倍洞径，约 35m，总宽度为 70m；模型高度以实际覆土厚度为准，埋深约 4m，隧道向下底部取 36m，模型总高度为 40m；纵向总长度为 70m，如图 2.24 所示。计算模型的边界条件为：四周边界施加水平约束，下边界施加竖直约束，顶部为自由面。

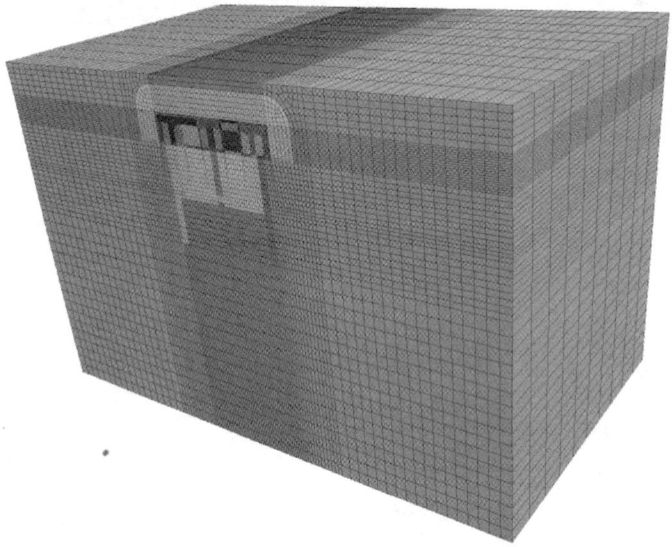

图 2.24　计算模型

2. 计算工况

将小导洞的不同施工顺序分为 6 种工况进行分析，具体开挖方式如下。

工况一：先开挖两侧（1）、（5）号小导洞，再开挖中间（3）号小导洞，导洞开挖完成后进行桩基和冠梁施作。

工况二：先开挖两侧（1）、（5）号小导洞，开挖完成后进行（1）、（5）号小导洞的桩基和冠梁施作，再开挖中间（3）号小导洞，开挖完成后进行（3）号小导洞的桩基和冠梁施作。

工况三：先开挖两侧（1）号小导洞，开挖完成后进行（1）号小导洞的桩基和冠梁施作，再开挖两侧（5）号小导洞，开挖完成后进行（5）号小导洞的桩基和冠梁施作，最后开挖中间（3）号小导洞，开挖完成后进行（3）号小导洞的桩基和冠梁施作。

工况四：先开挖中间（3）号小导洞，再开挖两侧（1）、（5）号小导洞，导洞开挖完成后进行桩基和冠梁施作。

工况五：先开挖中间（3）号小导洞，开挖完成后进行（3）号小导洞的桩基和冠梁施作，再开挖两侧（1）、（5）号小导洞，开挖完成后进行（1）、（5）号小导洞的桩基和冠梁施作。

工况六：先开挖中间（3）号小导洞，开挖完成后进行（3）号小导洞的桩基和冠梁施作，再开挖两侧（1）号小导洞，开挖完成后进行（1）号小导洞的桩基和冠梁施作，最后开挖两侧（5）号小导洞，开挖完成后进行（5）号小导洞的桩基和冠梁施作。

将计算工况设计内容汇于表2.22中。

表2.22　　计算工况

工况	开挖顺序
工况一	(1)(5)(3)(2)(4)(三小导洞均完成后打桩)
工况二	(1)(5)(3)(2)(4)(两侧小导洞完成后打桩)
工况三	(1)(5)(3)(2)(4)(完成小导洞后立刻打桩)
工况四	(3)(1)(5)(2)(4)(三小导洞均完成后打桩)
工况五	(3)(1)(5)(2)(4)(中间小导洞完成后打桩)
工况六	(3)(1)(5)(2)(4)(完成小导洞后立刻打桩)

注　采用洞桩法（PBA）施工。

2.4.2 测点布置

1. 路面测点

在5个小导洞拱顶正上方路面分别设置一处路面监测点，并沿（1）、（5）号小导洞拱顶正上方路面向两侧，每隔4m设置一处路面监测点，共11处路面监测点，监测计算模型在模拟施工过程中的路面沉降情况，测点布置如图2.25所示。

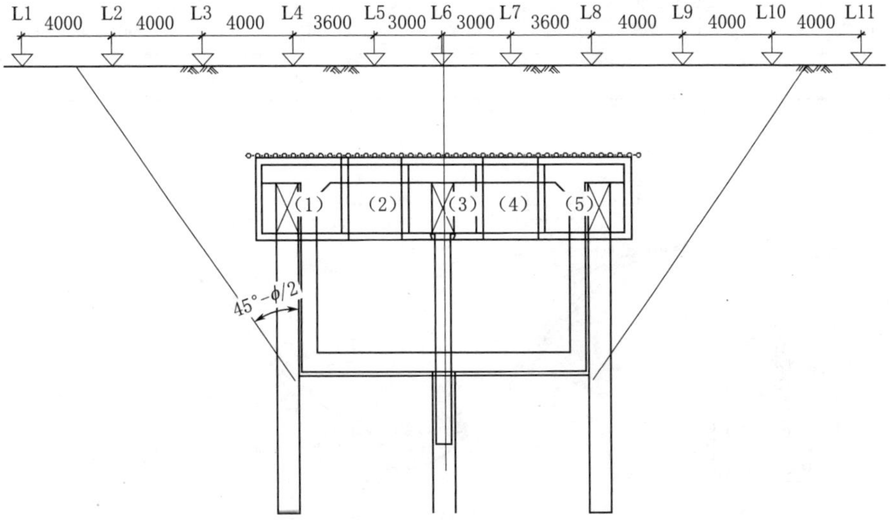

图2.25　路面测点布置

2. 洞内测点

分别在隧道各小导洞的拱顶、边墙和拱脚布置监测点，记录模型的位移情况与应力变化，并根据计算模型记录下的应力值，推算初支结构的轴力、弯矩和安全系数。监测断面的测点（用“●”表示）分布如图2.26所示。

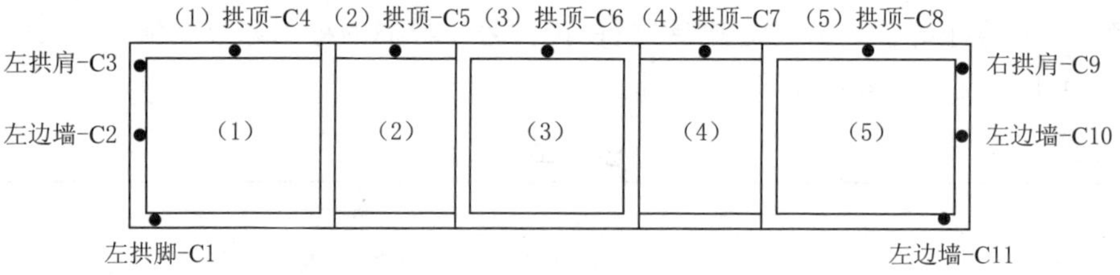

图 2.26　监测断面测点分布

2.4.3　位移分析

1. 地表沉降

提取计算模型施工完成后的各工况下路面沉降值汇于表 2.23 中。提取计算模型的各监测点在各工况下的路面沉降值绘制沉降图，如图 2.27 所示。

表 2.23　　**路面最大沉降值**　　单位：mm

断面编号	L1	L2	L3	L4	L5	L6	L7	L8	L9	L10	L11
工况一	1.7	0.7	−4.3	−13.1	−19.9	−22.3	−20.1	−13.9	−5.3	0.2	1.2
工况二	1.3	0.9	−3.1	−12.2	−20.8	−24.5	−22.1	−14.9	−5.6	−0.2	0.8
工况三	0.9	0.7	−2.8	−12	−20.9	−24.7	−23.2	−17.3	−7	−1	0.2
工况四	1.8	0.8	−5	−14.1	−19	−20.5	−19.3	−14.4	−5.2	0.4	1.2
工况五	1.1	0.4	−4.7	−13.5	−17.8	−19.2	−18.7	−15.3	−6.3	−0.5	0.4
工况六	0.5	−0.3	−5.7	−14.5	−18.8	−20.2	−19.7	−16.6	−7.3	−1	0.1

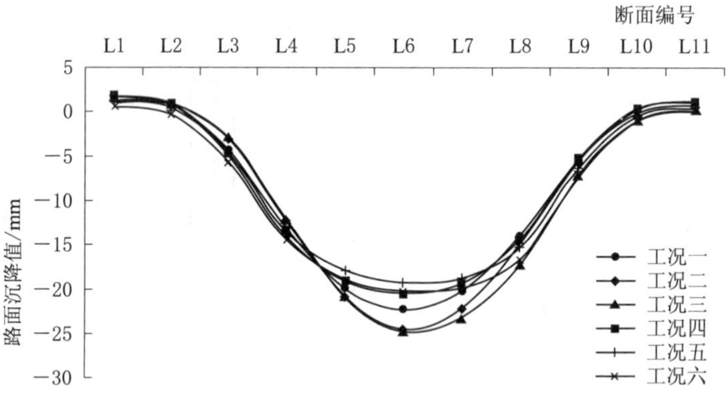

图 2.27　路面沉降图

由图 2.27 及表 2.23 可知，在施工完成后，路面沉降值随着距隧道断面中心距离的减小而增大，6 种工况的沉降极值均出现在 19 号线隧道二衬拱顶正上方位置，分别为 −22.3mm、−24.5mm、−24.7mm、−20.5mm、−19.2mm 和 −20.2mm。由于工况一和工况四是在小导洞开挖完成后再进行桩基施作，所以沉降图沿隧道中轴线呈对称分布；而工况二、工况三、工况五、工况六由于在小道洞完成后的不同阶段进行了桩基的施作，使得在同一工况下，右侧后开挖的小导洞沉降值明显大于对称位置的左侧小导洞沉降值。

由此可见，工况五的路面沉降极值最小，工况三的路面沉降极值最大，且工况四至工况六的最大沉降明显优于工况一至工况三，即先开挖中间小导洞对于控制路面沉降的效果更好。而开挖中间导洞完成后立刻施作中间桩，并在两侧导洞均完成后再施作两侧桩（工况五）的路面沉降值最小，且满足变形控制标准。

2. *初支结构位移*

提取隧道小导洞完成后各工况的（1）、（3）、（5）小导洞的初支结构变形汇于表 2.24 中。

表 2.24　小导洞施工完成后初支结构变形表　单位：mm

工　况	(1)号小导洞		(3)号小导洞		(5)号小导洞	
	拱顶沉降	仰拱隆起	拱顶沉降	仰拱隆起	拱顶沉降	仰拱隆起
工况一	−1.06	4.21	−1.07	4.83	−0.91	4.43
工况二	−1.20	4.22	−0.89	4.76	−1.13	4.32
工况三	−1.29	4.14	−0.96	4.57	−0.89	4.36
工况四	−0.95	4.96	−0.94	3.40	−0.90	4.79
工况五	−0.87	4.70	−0.88	3.63	−0.89	4.61
工况六	−1.10	4.46	−1.03	3.56	−0.88	3.87

由表 2.24 可知，由于顶部管棚的预加固作用，使得在各工况下 3 个小导洞的拱顶沉降明显小于仰拱隆起，且拱顶变形均满足变形控制标准。在小导洞施工完成后，（1）、（3）、（5）号小导洞的仰拱隆起最小值分别出现在工况三、工况四和工况六，分别为 4.14mm、3.40mm、3.87mm；（1）、（5）号小导洞的仰拱隆起最大值均出现在工况四，分别为 4.96mm、4.79mm，（3）号小导洞的仰拱隆起最大值出现在工况一，为 4.83mm。可见，各导洞的仰拱隆起值相差不大，且工况四至工况六在先开挖的（3）号小导洞处的隆起值略小。

拱顶沉降方面，工况三下的（1）号小导洞的拱顶沉降值为各工况中最大，为−1.29mm，工况一下的（3）、（5）号小导洞的拱顶沉降值为各工况中最大，分别为−1.07mm、−0.91mm；工况五下的（1）、（3）号小导洞的拱顶沉降值为各工况中最小，最小沉降值分别为−0.87mm、−0.88mm，工况六下的（5）号小导洞的拱顶沉降值为各工况中最小，最小沉降值为−0.88mm，其次为工况五的−0.89mm。综上所述，工况五对于小导洞初支结构的变形控制情况较好。

2.4.4 内力分析

1. *最大主应力分析*

提取计算模型各工况下在小导洞施工完成后的最大主应力云图，如图 2.28 所示。提取模型最大主应力值，并计算各工况相对于工况一的变化量汇于表 2.25 中。

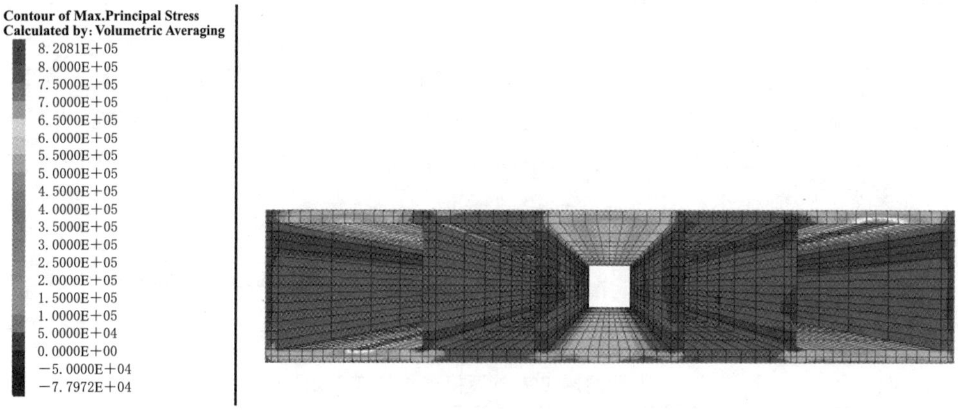

（a）工况一

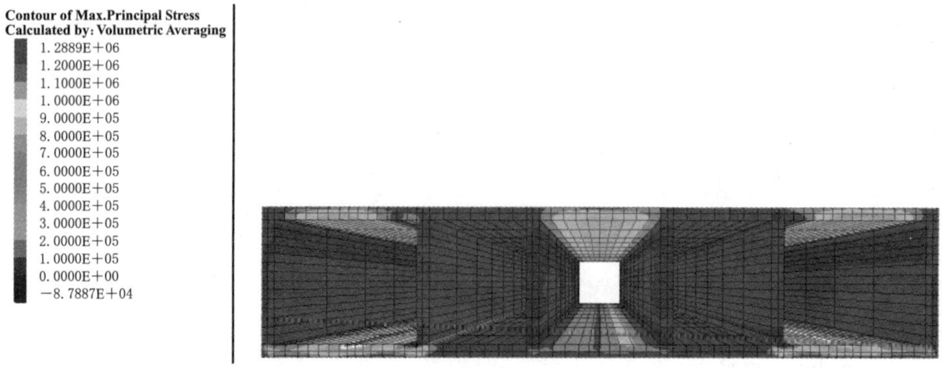

（b）工况二

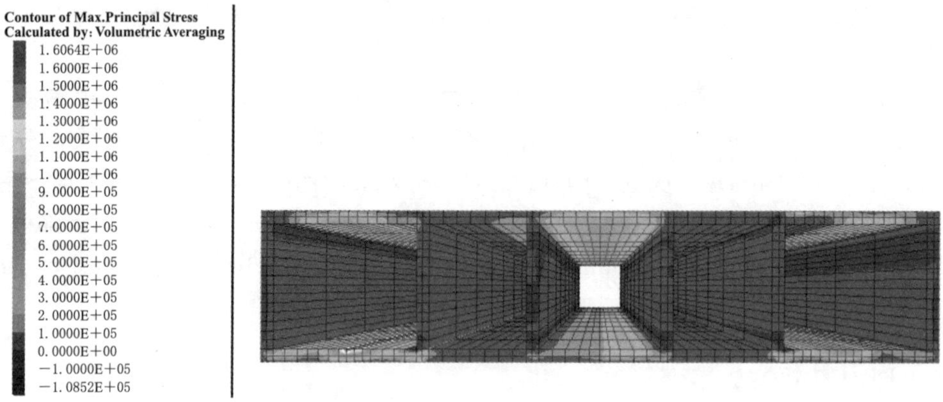

（c）工况三

图 2.28（一）　最大主应力云图

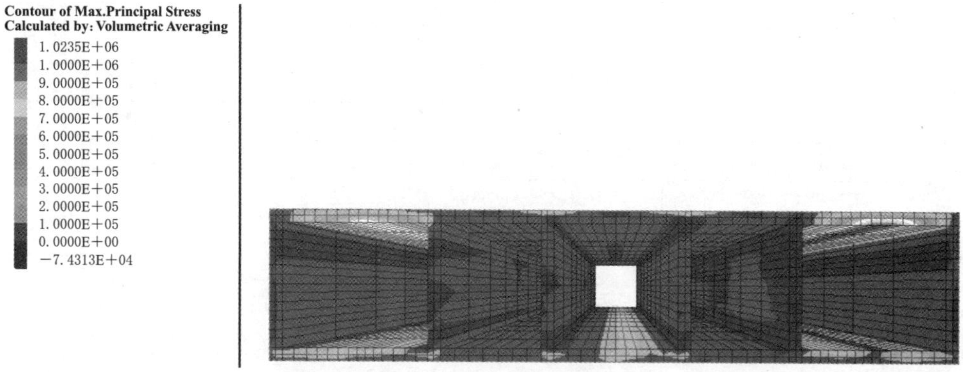

（d）工况四

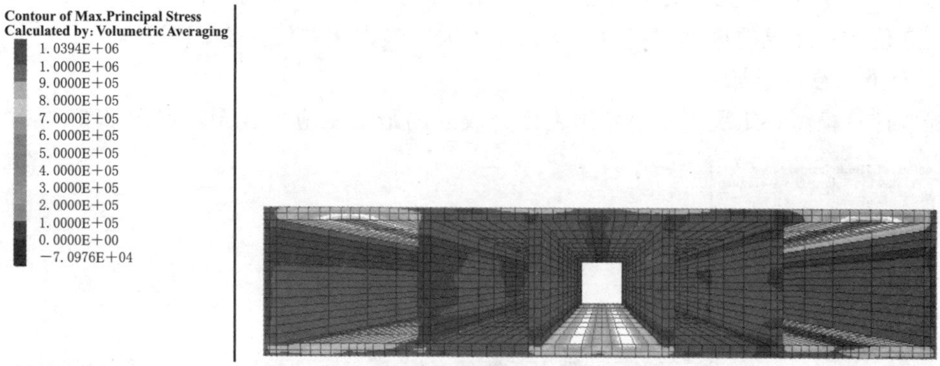

（e）工况五

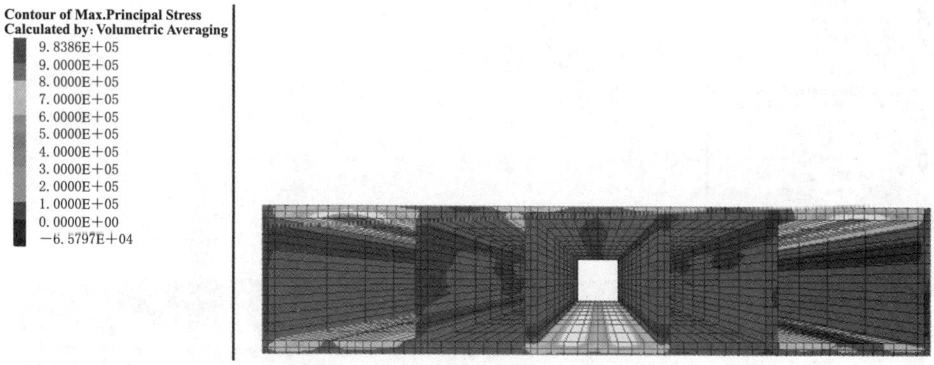

（f）工况六

图 2.28（二） 最大主应力云图

表 2.25　　　　**最大主应力极值表**　　　　单位：MPa

工　况	最大主应力值	变化量
工况一	0.821	—
工况二	1.288	0.467
工况三	1.606	0.785
工况四	1.024	0.203
工况五	1.039	0.218
工况六	0.984	0.163

由图 2.28 及表 2.25 可知，6 种工况的最大主应力均出现在拱顶位置，在导洞开挖完毕后再进行桩基与冠梁施作的前提下，工况一（先边后中）的最大主应力比工况四（先中后边）的主应力略小，其中工况一的最大主应力值最小，为 0.821MPa；而在小导洞完成的一定阶段后就开始进行桩基和冠梁结构施作的前提下，工况二、工况三（先边后中）的最大主应力比工况五、工况六（先中后边）的主应力略大，其中工况六的最大主应力值最小，为 0.984MPa，工况三的最大主应力值最大，为 1.606MPa。可见，除工况二、工况三外，其他 4 种工况的最大主应力值均相差不大，最大相差仅为 0.218MPa。

2. 最小主应力分析

提取计算模型各工况下在小导洞施工完成后的最小主应力云图，如图 2.29 所示。提

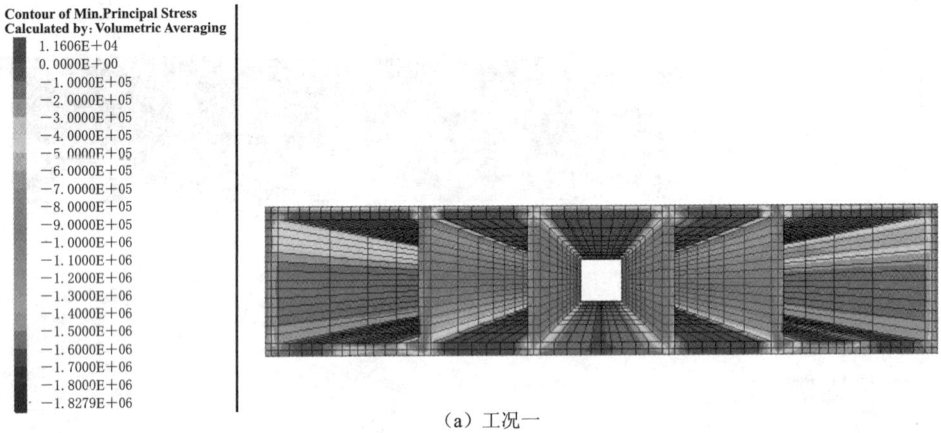

(a) 工况一

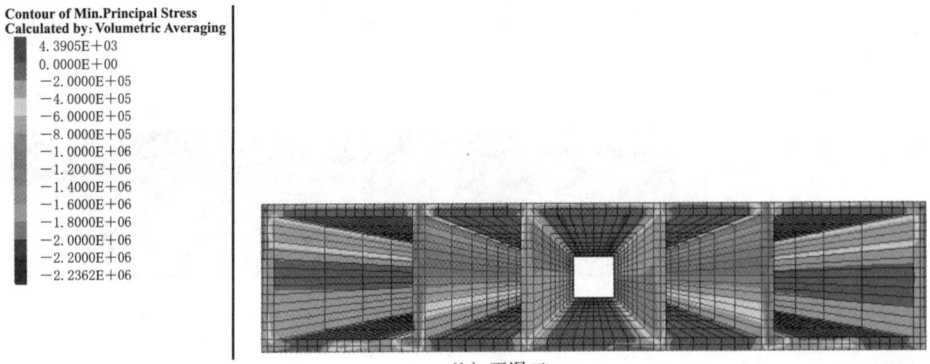

(b) 工况二

图 2.29（一）　最小主应力云图

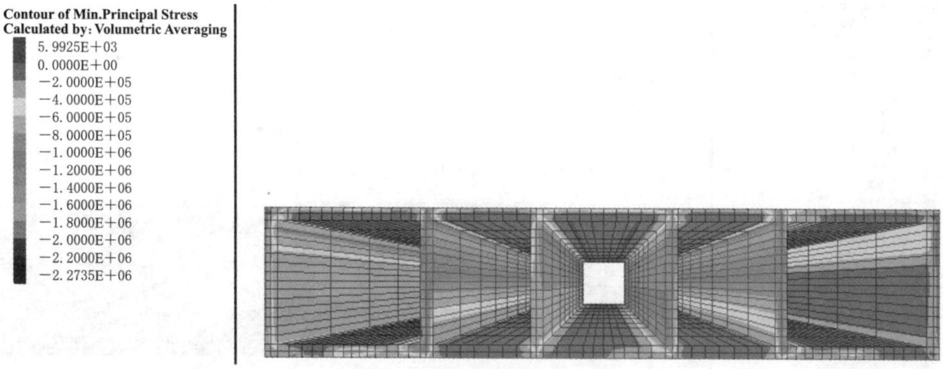

(c) 工况三

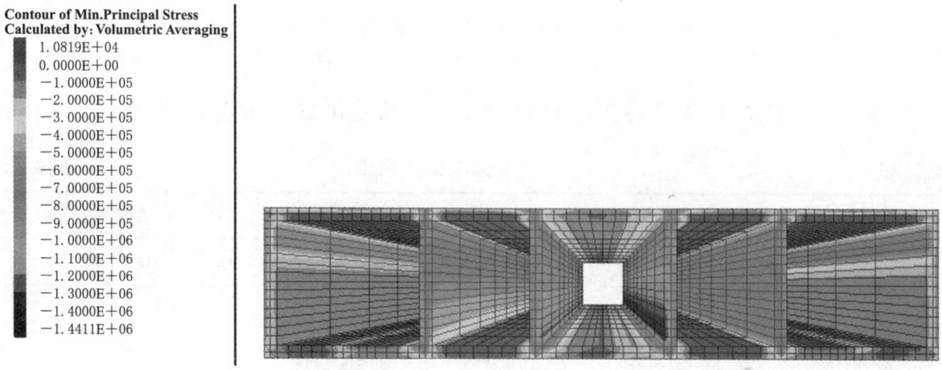

(d) 工况四

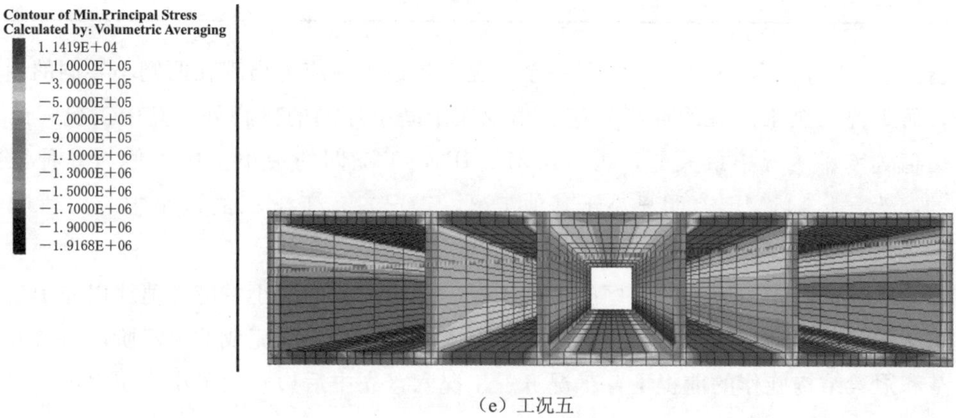

(e) 工况五

图 2.29（二） 最小主应力云图

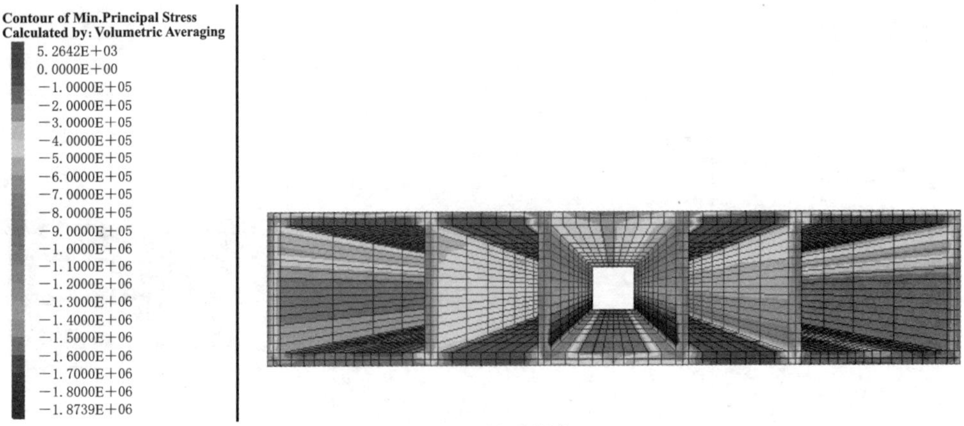

(f) 工况六

图 2.29（三）　最小主应力云图

取模型最小主应力值，并计算各工况相对于工况一的变化量汇于表 2.26 中。

表 2.26　　最小主应力控制效果表　　单位：MPa

工　况	最小主应力值	变化量
工况一	−1.828	—
工况二	−2.236	−0.408
工况三	−2.274	−0.446
工况四	−1.441	0.387
工况五	−1.917	−0.089
工况六	−1.874	−0.046

由图 2.29 与表 2.26 可知，工况一至工况三的最小主应力出现在两侧小导洞的内侧拱脚处，而工况三至工况五的最小主应力出现在中间小导洞的拱脚处。其中工况三的最小主应力值为 6 种工况中最大的，为−2.274MPa，工况四的最小主应力值为 6 种工况中最小的，为−1.441MPa，明显小于其他工况，工况二、工况三的最小主应力值明显大于其他工况。

综上所述，以先边后中的顺序施工的工况一至工况三的最小主应力值比以先中后边的顺序施工的工况四至工况六的最小主应力值要大，且在小导洞完成的一定阶段后就开始进行桩基和冠梁结构施作的前提下，工况五、工况六（先中后边）的最小主应力极值更小。

3. 剪切应力分析

提取计算模型各工况下在小导洞施工完成后的最大剪切应力云图，如图 2.30 所示。提取模型最大剪切应力值，并计算各工况相对于工况一的变化量汇于表 2.27 中。

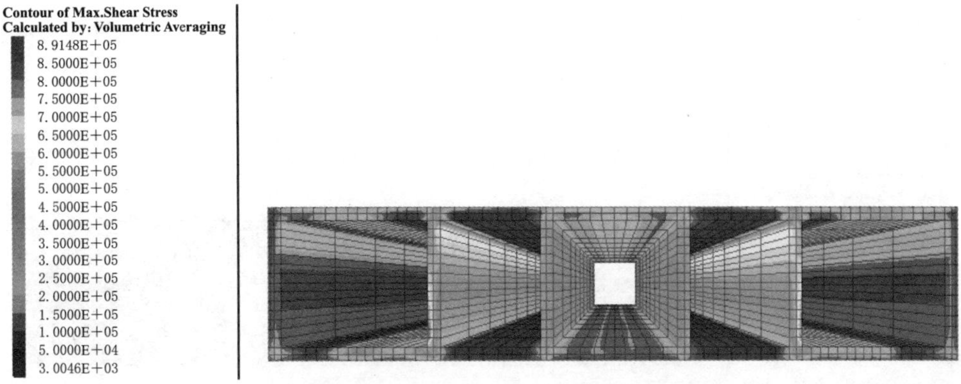

(a) 工况一

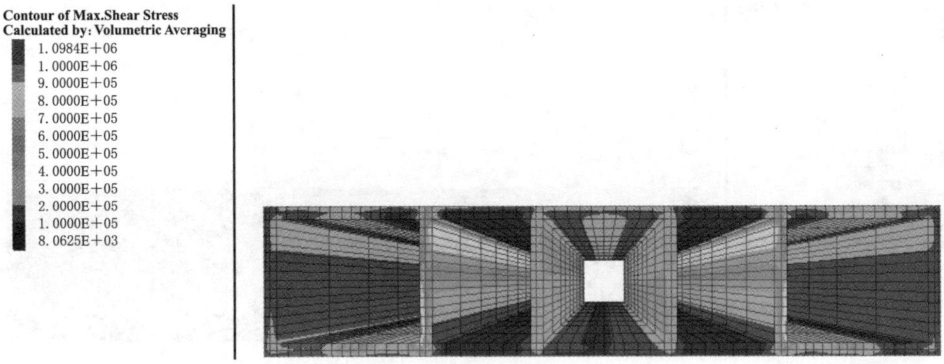

(b) 工况二

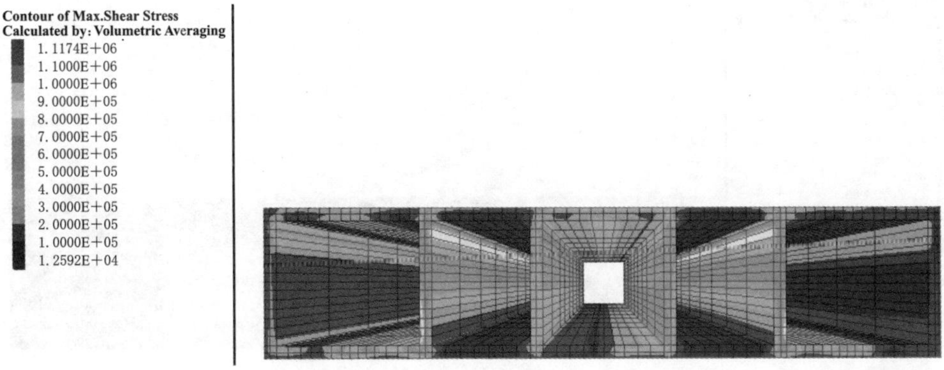

(c) 工况三

图 2.30（一） 初支结构最大剪切应力云图

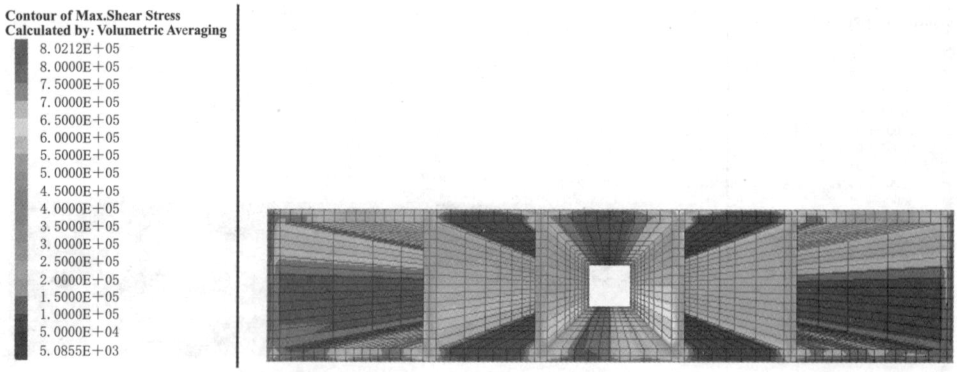

（d）工况四

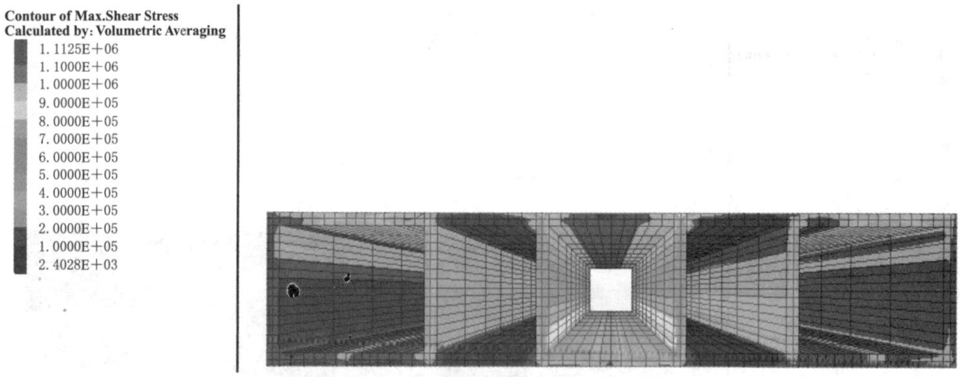

（e）工况五

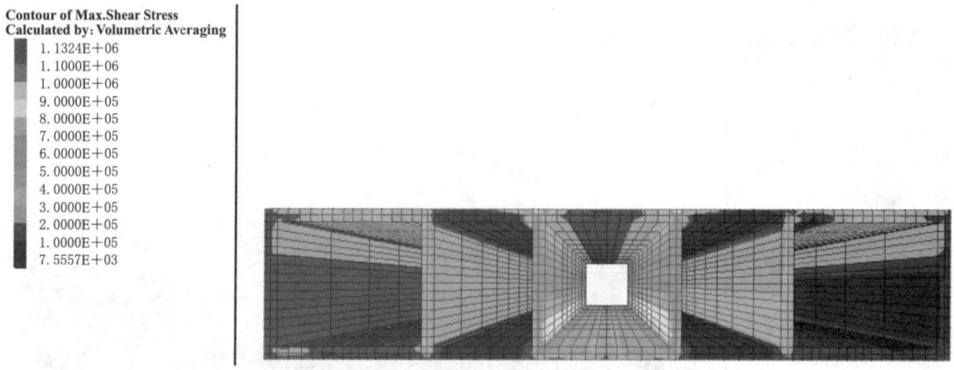

（f）工况六

图 2.30（二）　初支结构最大剪切应力云图

表 2.27　　最大剪切应力控制效果表　　单位：MPa

工　况	最大剪切应力值	变化量
工况一	0.891	—
工况二	1.098	0.207
工况三	1.117	0.226
工况四	0.802	−0.089
工况五	1.113	0.222
工况六	1.132	0.241

由图 2.30 与表 2.27 表可知，6 种工况的最大剪切应力均出现在边墙位置，在导洞开挖完毕后再进行桩基与冠梁施作的前提下，工况一（先边后中）的最大剪切应力比工况四（先中后边）的剪切应力略大，其中工况四的最大剪切应力值最小，为 0.802MPa；而在小导洞完成的一定阶段就开始进行桩梁结构施作的前提下，工况二和工况三（先边后中）的最大剪切应力值分别相对工况五和工况六（先中后边）的剪切应力值略小，其中工况二的最大剪切应力值最小，为 1.098MPa，工况三的最大剪切应力值最大，为 1.132MPa。

4. 轴力分析

提取模型运算所得应力值，并计算小导洞初支结构各监测点的轴力汇于表 2.28 中。绘制初支结构各监测点轴力折线图如图 2.31 所示。

表 2.28　　小导洞初支结构监测点轴力表　　单位：kN

位置	工况一	工况二	工况三	工况四	工况五	工况六
C1	46.66	34.29	32.53	58.04	52.00	46.31
C2	7.76	2.81	1.66	9.56	3.65	4.04
C3	−14.47	−15.89	−22.12	−9.40	−2.95	−5.87
C4	241.48	149.00	182.13	299.50	315.14	331.09
C5	−59.65	−24.01	−12.03	−69.39	−63.33	−56.97
C6	46.91	44.99	98.67	−177.00	−270.73	−275.64
C7	−36.36	−42.39	−42.21	−50.12	−60.47	−43.05
C8	235.26	250.10	79.80	326.64	355.92	290.41
C9	−7.08	−14.56	−10.27	−1.64	8.23	3.46
C10	5.71	4.26	5.67	5.21	4.60	6.93
C11	48.18	45.59	43.66	54.18	52.40	45.79

由表 2.28 及图 2.31 可知，小导洞初支结构的轴力极值均出现在（1）、（3）、（5）号小导洞的拱顶位置，且（1）、（5）号的轴力值相对较大。以先边后中的顺序施工的工况一、工况二和工况三在（1）号导洞拱顶位置的轴力值相对以先中后边的顺序施工的工况四、工况五和工况六对应位置的轴力值较小。

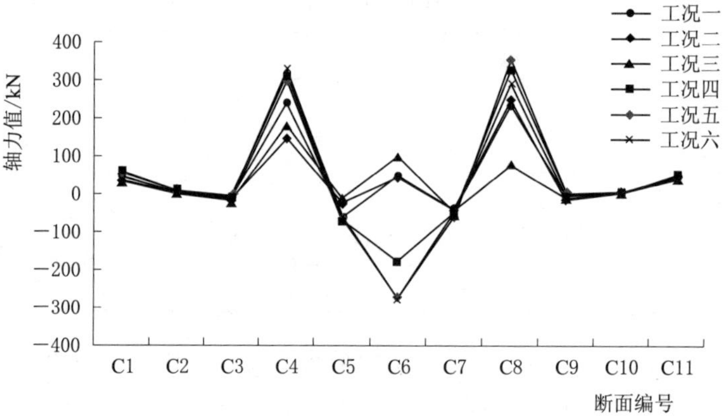

图 2.31　小导洞初支结构监测点轴力折线图

其中在（1）号小导洞拱顶位置，工况六的轴力值最大，为 331.09kN，工况二的轴力值最小，为 149.00kN；在（3）号小导洞拱顶位置，先边后中的工况一、工况二、工况三为受压控制，先中后边的工况四、工况五、工况六为受拉控制，工况三的轴力值最大，为 98.67kN，工况六的轴力值最小，为−275.64kN；在（5）号小导洞拱顶位置，工况五的轴力值最大，为 355.92kN，工况三的轴力值最小，为 79.80kN。

5. 弯矩分析

提取模型运算所得应力值，并计算小导洞初支结构各监测点的弯矩汇于表 2.29 中。绘制初支结构各监测点弯矩折线图如图 2.32 所示。

表 2.29　　小导洞初支结构监测点弯矩表　　单位：kN·m

位置	工况一	工况二	工况三	工况四	工况五	工况六
C1	9.20	8.29	1.22	3.78	3.16	−3.17
C2	0.47	0.58	0.57	0.59	0.65	0.55
C3	1.33	1.51	2.23	0.95	0.15	0.47
C4	−7.70	−3.32	−4.74	−10.46	−10.70	−11.30
C5	−3.84	−5.24	−5.50	−3.72	−4.21	−4.43
C6	−15.79	−15.07	−18.08	−6.32	−2.43	−2.37
C7	−4.70	−4.34	−4.65	−4.78	−4.71	−5.63
C8	−7.15	−8.02	0.17	−11.03	−12.20	−9.26
C9	0.76	1.52	1.00	0.08	−1.20	−0.51
C10	0.59	0.64	0.44	0.54	0.61	0.30
C11	5.37	4.22	1.67	0.42	3.19	0.20

由表 2.29 及图 2.32 可知，新机场线暗挖隧道小导洞初支结构的弯矩极值点均出现在（1）、（3）、（5）号小导洞的拱顶位置。以先边后中的顺序施工的工况一、工况二和工况三

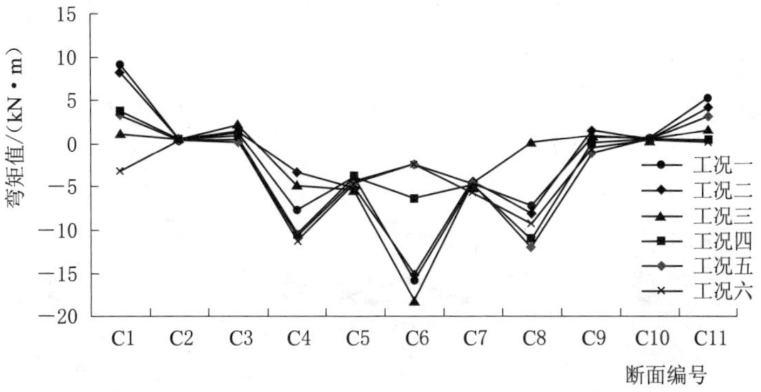

图 2.32 小导洞初支结构监测点弯矩折线图

在（3）号小导洞拱顶位置的弯矩值最大，而以先中后边的顺序施工的工况四、工况五和工况六在（1）、（5）号小导洞拱顶位置的弯矩值最大。其中在（3）号小导洞的拱顶位置，工况三的弯矩最大，为−18.08kN·m，工况六的弯矩最小，为−2.37kN·m，均为受压控制；在（5）号小导洞的拱顶位置，工况五的弯矩最大，为−12.20kN·m，为受压控制，工况三的弯矩最小，为0.17kN·m，为受拉控制；在（1）号小导洞的拱顶位置，工况六的弯矩最大，为−11.30 kN·m，工况二的弯矩最小，为−3.32kN·m，均为受压控制。

6. 安全系数分析

提取模型运算所得应力值，并计算小导洞初支结构各监测点的安全系数汇于表2.30中。绘制初支结构各监测点安全系数折线图如图2.33所示。

表 2.30　　小导洞初支结构监测点安全系数表

位置	工况一	工况二	工况三	工况四	工况五	工况六
C1	20.73	20.65	337.43	170.12	193.89	209.33
C2	1299.20	322.32	263.87	1049.86	314.40	470.92
C3	475.00	372.32	206.73	485.56	1582.16	1535.79
C4	46.04	75.50	61.77	36.88	35.13	33.42
C5	166.06	34.35	25.67	149.96	154.81	161.17
C6	9.62	10.10	11.06	62.29	41.56	40.81
C7	59.98	102.03	79.40	116.20	151.73	49.19
C8	47.40	44.44	140.99	33.90	31.08	38.28
C9	516.54	278.06	524.00	1496.74	203.65	478.11
C10	736.23	367.06	1214.86	813.49	442.26	1155.60
C11	67.18	146.88	250.90	207.62	192.35	245.68

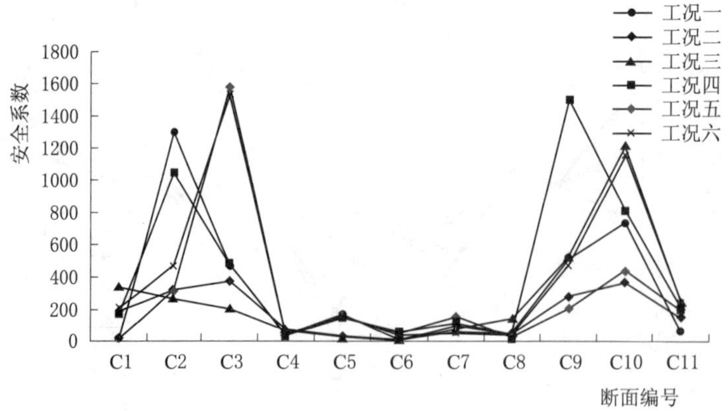

图 2.33　小导洞初支结构监测点安全系数折线图

由表 2.30 及图 2.33 可知，在中间（3）号导洞拱顶位置，以先边后中顺序施工的工况一至工况三的安全系数明显较以先中后边顺序施工的工况四至工况六的安全系数更小。在此位置工况一的安全系数最小，为 10，工况四至工况六的安全系数最大，均在 41 以上。

（1）号导洞拱顶位置，以先边后中顺序施工的工况一至工况三的安全系数比以先中后边顺序施工的工况四至工况六的安全系数要大。其中工况六的安全系数最小，为 33.42，工况二的安全系数最大，为 75.50。工况五的最小安全系数出现在此位置，为 35.13。（5）号导洞拱顶位置，同样以先边后中顺序施工的工况一至工况三的安全系数比以先中后边顺序施工的工况四至工况六的安全系数要大。其中工况四的安全系数最小，为 33.90，工况三的安全系数最大，为 140.99。

可见在小导洞初支结构施工阶段，结构的安全系数较小的部位集中在（1）、（5）号小导洞拱脚（C1、C11）位置和（1）～（5）号小导洞拱顶（C4～C8）位置；后施工的小导洞的安全系数较小，且以先边后中顺序施工的工况一至工况三，不仅在先开挖的两侧导洞拱脚位置的安全系数更小，还在中间（3）号导洞拱顶位置出现安全系数明显减小现象。综上，以先中后边开挖顺序施工的隧道初支结构安全性更高。

2.5　本　章　小　结

（1）对于洞桩法暗挖区间隧道，采用管棚预加固施工可有效承担顶部土体重力及围岩收缩，从而达到降低路面和结构拱顶位移的效果；采用管幕预加固可有效抑制围岩收缩带来的压力，从而减小仰拱隆起；而同时采用管棚＋管幕的预加固措施时，虽在某些结构变形控制上不如单一施作管棚或管幕，但在其组合预加固下路面和隧道结构变形、小导洞内力均得到显著降低，安全系数得到显著提高。

（2）基于洞桩法施工，在小导洞开挖完成后，由于逆作法是由上向下施作衬砌的，所以其结构拱顶的变形控制效果更好，且能较正作法更好地控制路面的沉降值，但其拱顶的结构内力也随之相对有所提高；而正作法由于先施作底部衬砌，所以其变形最大值出现在仰拱位置，且正作法的内力极值均较逆作法更大。故选用逆作法的施工方式，可降低衬砌结构的整体内力极值、控制上部结构变形，提高安全系数。

(3) 依托小导洞较多的19号线地铁的洞桩法开挖断面，研究采用先开挖中间(3)号小导洞，开挖完成后进行(3)号小导洞的桩基和冠梁施作，再开挖两侧(1)、(5)号小导洞，开挖完成后进行(1)、(5)小导洞的桩基和冠梁施作(工况五)的开挖顺序进行洞桩法施工，可有效降低路面沉降和小导洞初支结构变形，且对比其他工况，工况五的结构内力值普遍较小、安全性较高。

综上所述，在运用洞桩法进行暗挖区间隧道开挖时，建议采用：管棚+管幕的预加固方案；并实施先中后边的小导洞开挖顺序，导洞开挖完成立即打桩的方式进行施工；在小导洞完工后，运用逆作法完成地铁隧道整体衬砌结构施作。

第3章　新机场线交叉隧道近接施工分析

3.1　概　　述

随着城市地下空间开发的热度持续升温，地铁隧道、结构基础、综合管廊等地下结构数量持续增大，新建地铁隧道的可利用空间随之不断减小。故交叉隧道的修建屡见不鲜，但交叉隧道的近接施工技术仍需完善。本章依托北京地铁新机场线新草区间隧道，对特级风险等级的浅埋暗挖隧道上跨既有线的近接施工进行安全影响分析。首先在新建隧道不同开挖洞径、与既有线不同近接距离组合下，分析交叉近接施工时既有线隧道的结构变形和应力变化，进而根据新机场线新草区间的实际工程情况，进行洞桩法上跨既有区间的加固方案研究，确保特级风险的市重点工程施工的安全性与稳定性。

3.2　交叉近接隧道近接程度影响研究

3.2.1　计算模型

以北京地铁新机场线新草暗挖区间为背景，建立数值计算模型。模拟运用弹塑性本构模型结合摩尔-库伦准则进行有限差分计算，边界条件为：底部边界施加竖直约束，前后左右边界施加水平约束，顶部为自由面。整个模型模拟的地层范围为横向两端取30m，总宽度为60m；纵向总长度为70m；竖向总高度为30m。其中既有线隧道为双向盾构隧道，洞径6m，两洞间距10m，顶部覆土厚度以实际工程为准，即埋深3.7m；新建隧道区间上跨既有隧道，交叉角度为110°。对不同洞径和不同近接程度下，新建隧道施工对既有线隧道的影响进行研究。计算模型如图3.1（以工况九为例）所示。

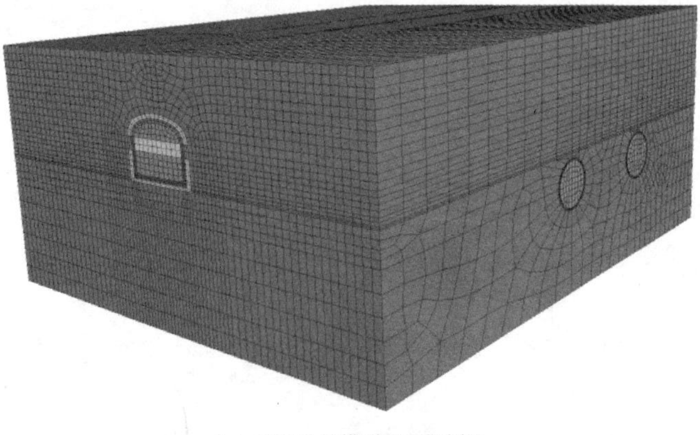

(a) 整体计算模型及网络划分

图3.1（一）　计算模型

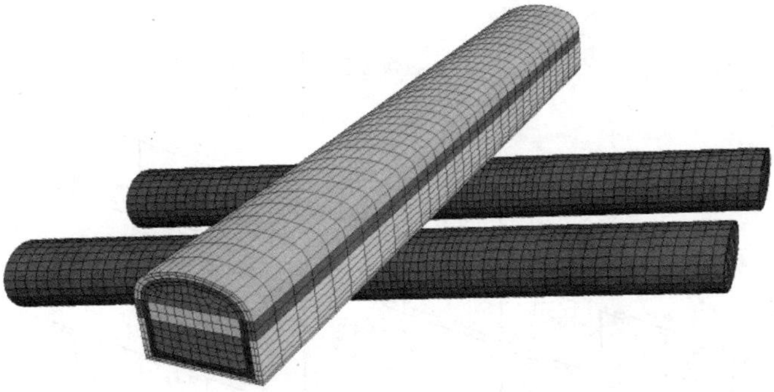

(b) 交叉隧道模型

图 3.1（二） 计算模型

3.2.2 计算工况

计算工况为新建隧道上跨既有线隧道施工研究，开挖不同洞径的新建隧道下，不同近接程度对既有线的影响研究，具体计算工况设计内容汇于表 3.1（其中 1*D* 对应 1 倍的既有线洞径）中。

表 3.1 计 算 工 况

隧道洞径 / 近接距离	不同隧道洞径工况				
	1*D*	1.25*D*	1.5*D*	1.75*D*	2*D*
近接既有线 0.5m	1	5	9	13	17
近接既有线 1.0m	2	6	10	14	18
近接既有线 1.5m	3	7	11	15	19
近接既有线 2.0m	4	8	12	16	20

注 采用 3 台阶法施工，既有线隧道洞径为 1*D*，既有线隧道与新建隧道的夹角为 110°。

3.2.3 测点布置

在 10 号线与新机场线交叉处，沿 10 号线盾构隧道纵向，每隔 3.5m 设置一个监测断面，在各监测断面的拱顶及两拱肩分别设置一个位移监测点，监测计算模型在模拟施工过程中对既有线路的影响情况，测点布置如图 3.2 所示。

3.2.4 位移分析

1. 既有线位移云图分析

提取在不同洞径开挖下，不同近接程度的既有线隧道的竖向位移云图，如图 3.3 至图 3.7 所示。

提取既有线隧道位移云图中的竖向位移极值汇于表 3.2 中，并绘制不同工况下既有线竖向位移极值折线图如图 3.8 所示。

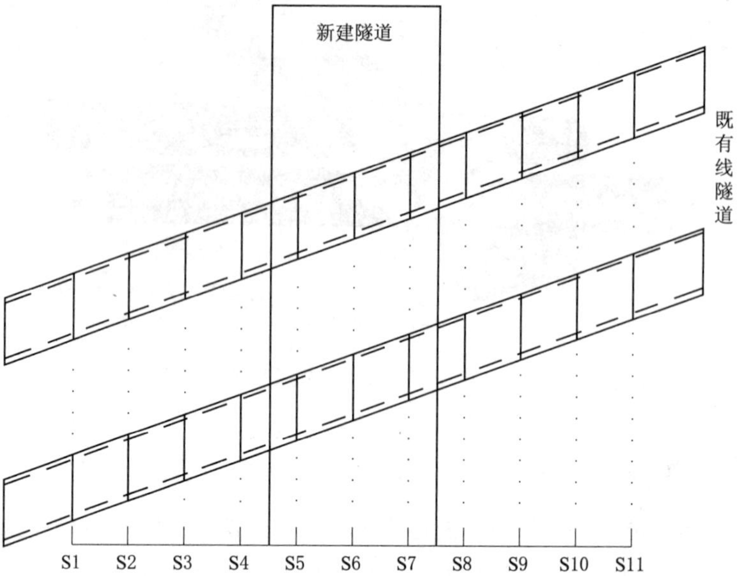

(a) 监测断面

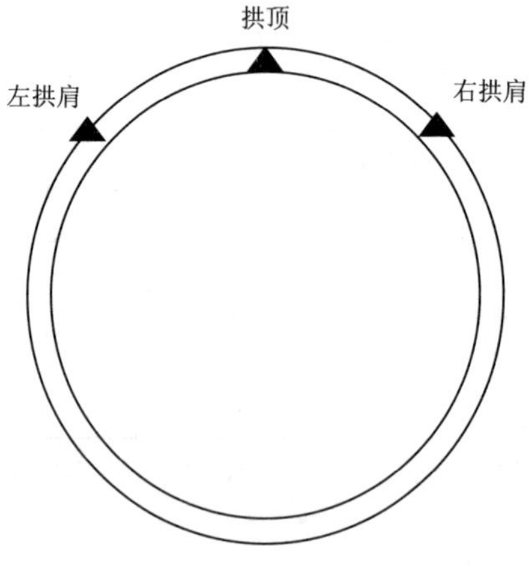

(b) 断面测点

图 3.2　既有线测点布置

表 3.2　　**既有隧道竖向位移极值表**　　单位：mm

洞径	近接 0.5m	近接 1m	近接 1.5m	近接 2m
1*D*	1.99	1.83	1.77	1.69
1.25*D*	2.26	2.19	2.12	1.99
1.5*D*	2.72	2.70	2.57	2.42
1.75*D*	2.96	2.89	2.88	2.8
2*D*	3.43	3.36	3.25	2.96

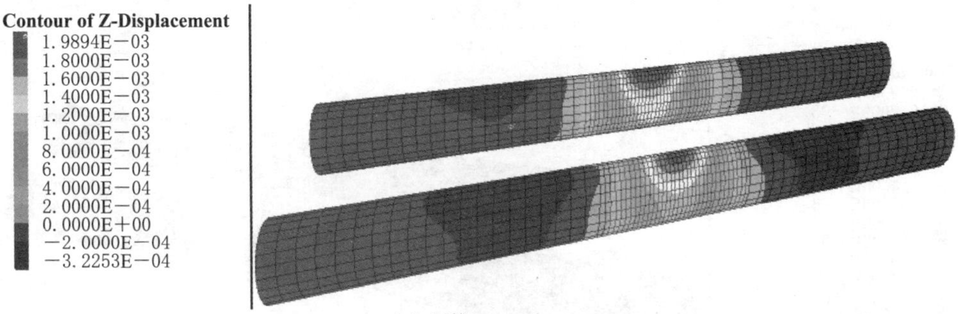

(a) 近接0.5m

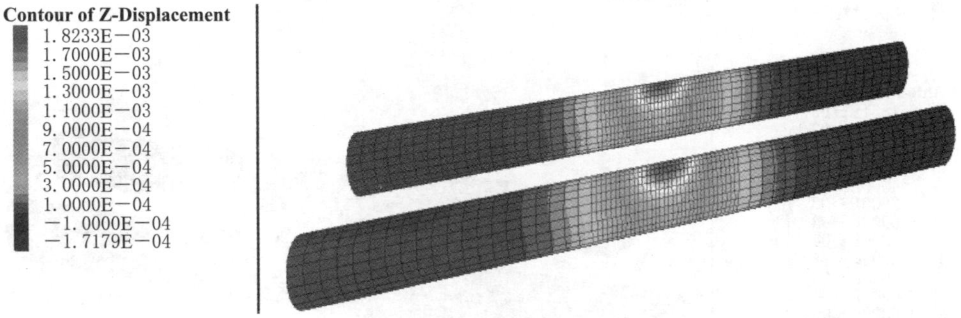

(b) 近接1.0m

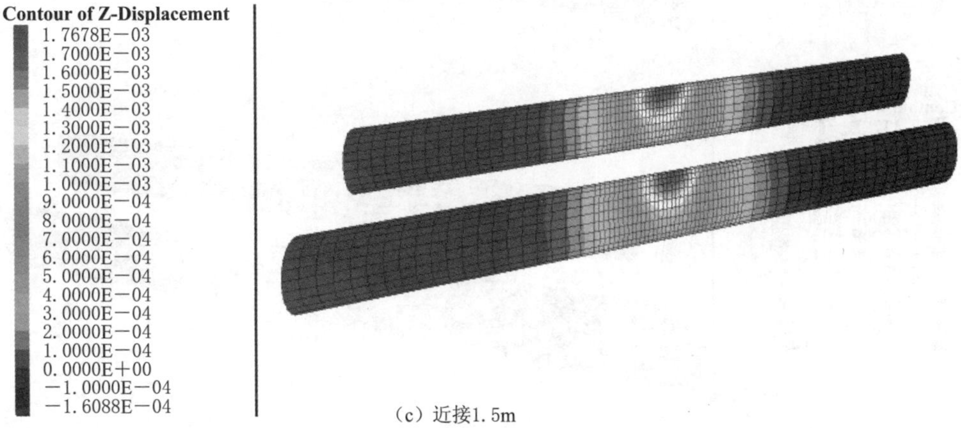

(c) 近接1.5m

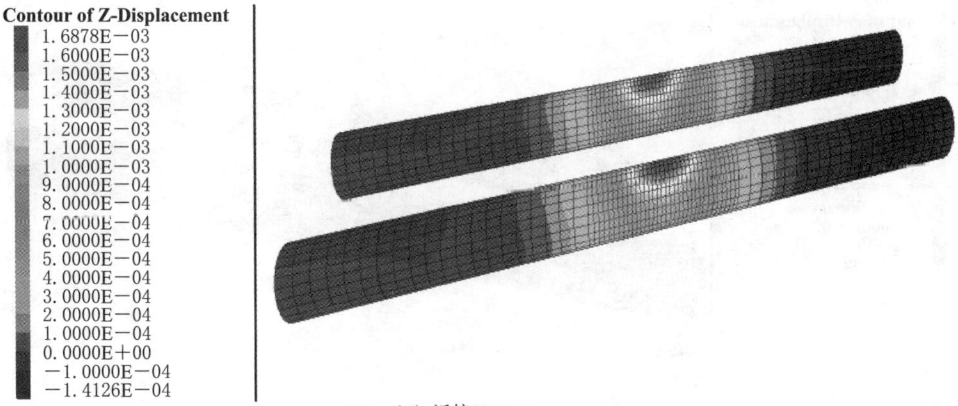

(d) 近接2.0m

图3.3　1D洞径开挖后既有线隧道竖向位移云图

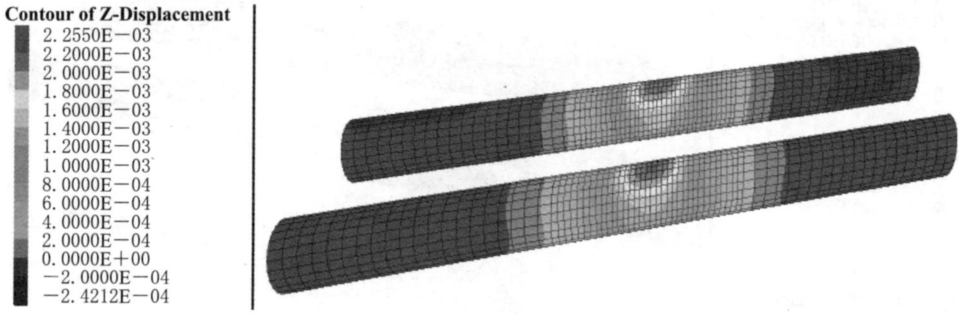

（a）近接0.5m

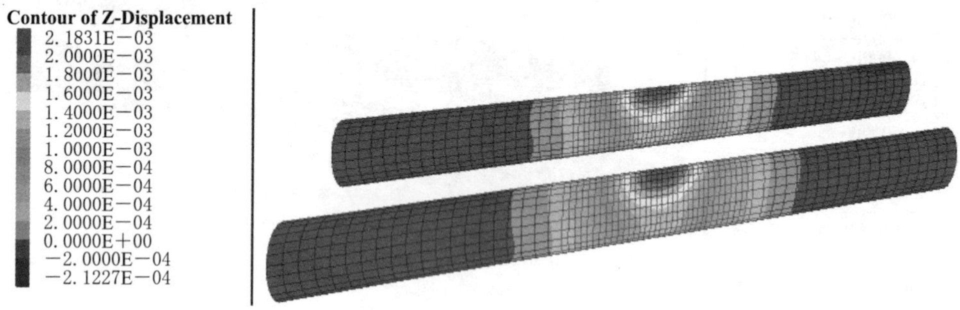

（b）近接1.0m

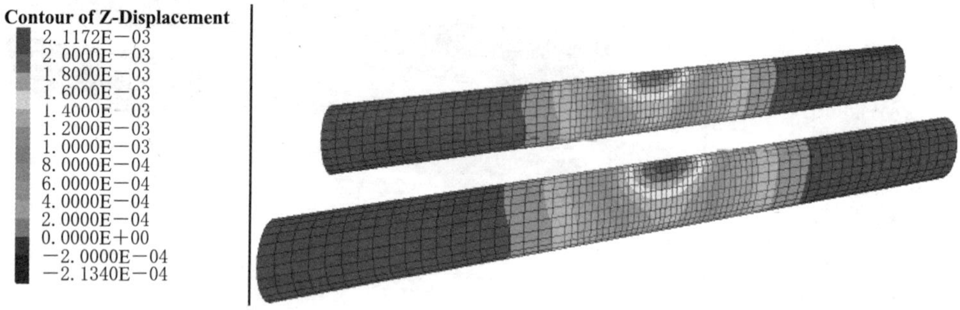

（c）近接1.5m

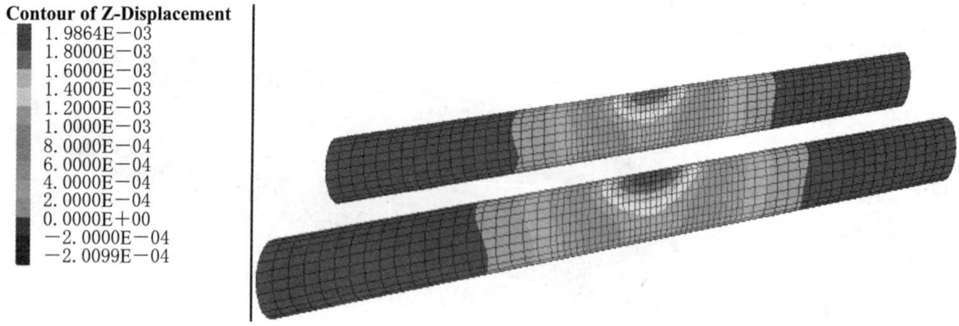

（d）近接2.0m

图 3.4　1.25D 洞径开挖后既有线隧道竖向位移云图

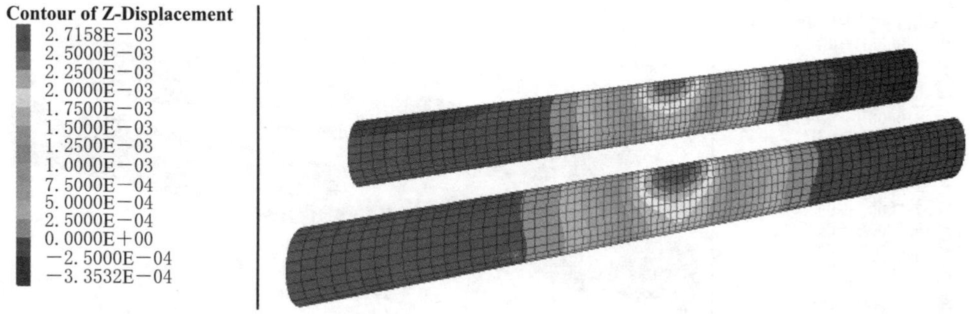

(a) 近接0.5m

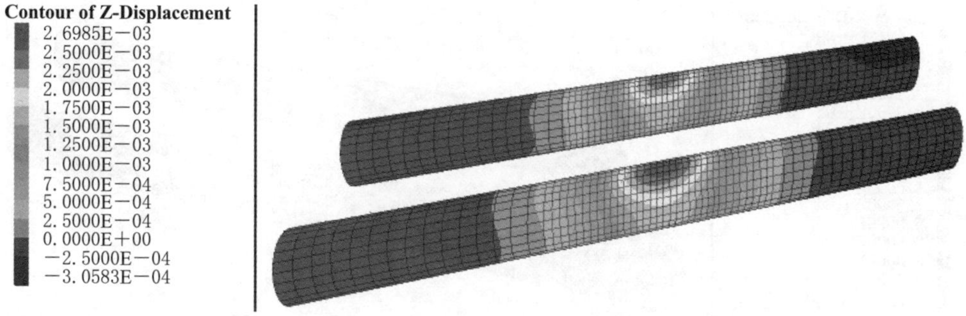

(b) 近接1.0m

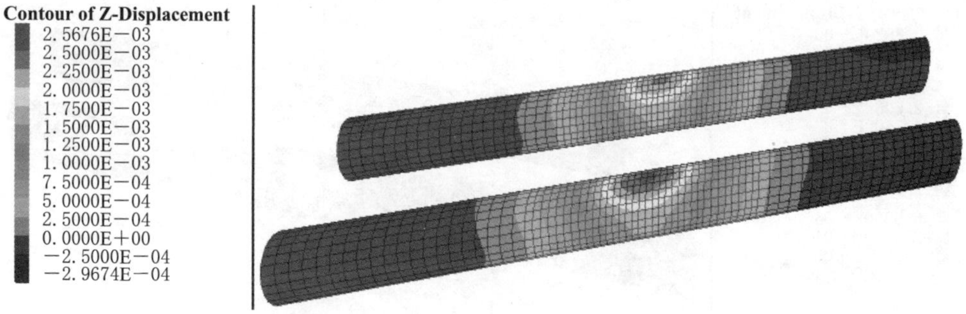

(c) 近接1.5m

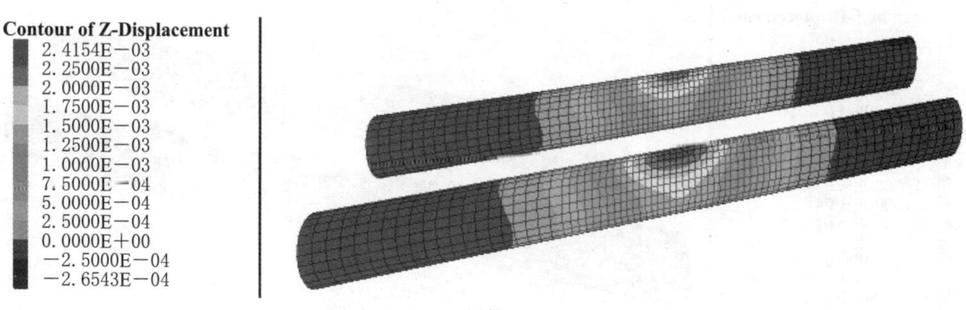

(d) 近接2.0m

图 3.5 1.5D 洞径开挖后既有线隧道竖向位移云图

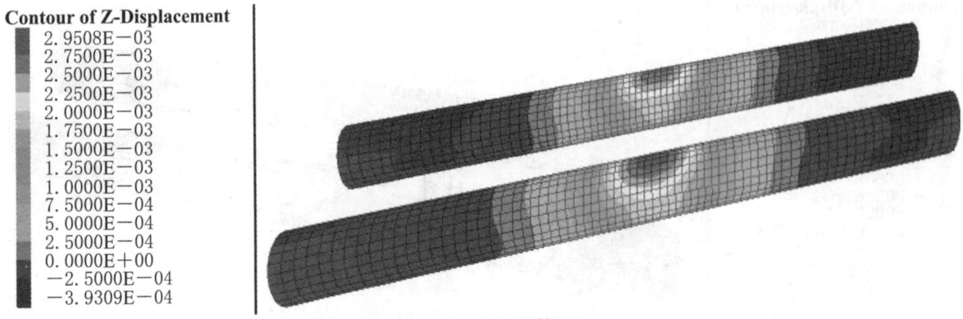

(a) 近接0.5m

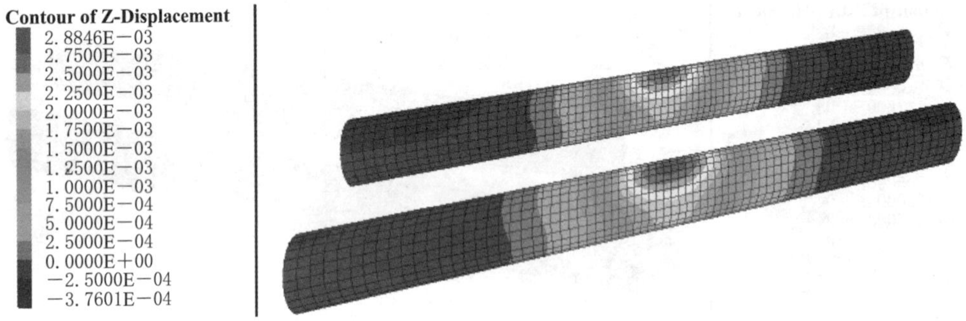

(b) 近接1.0m

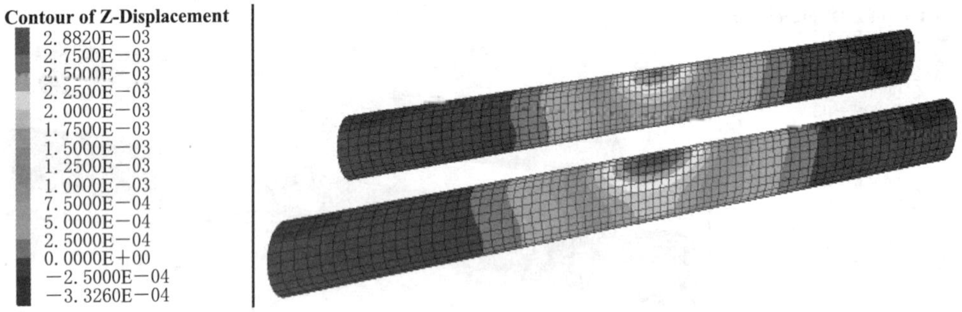

(c) 近接1.5m

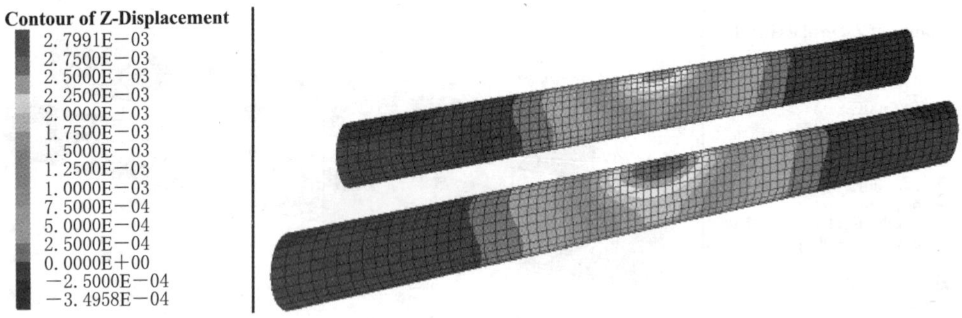

(d) 近接2.0m

图 3.6　1.75D 洞径开挖后既有线隧道竖向位移云图

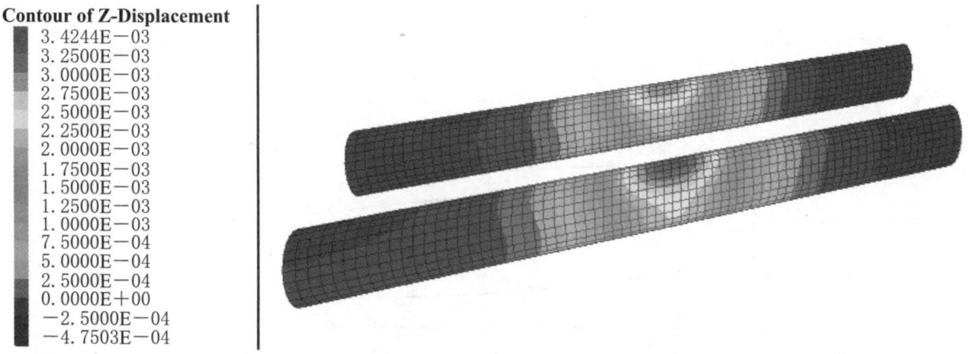

（a）近接0.5m

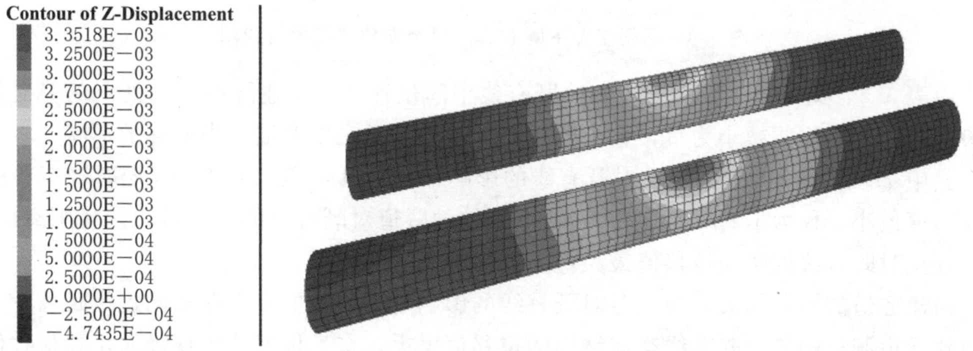

（b）近接1.0m

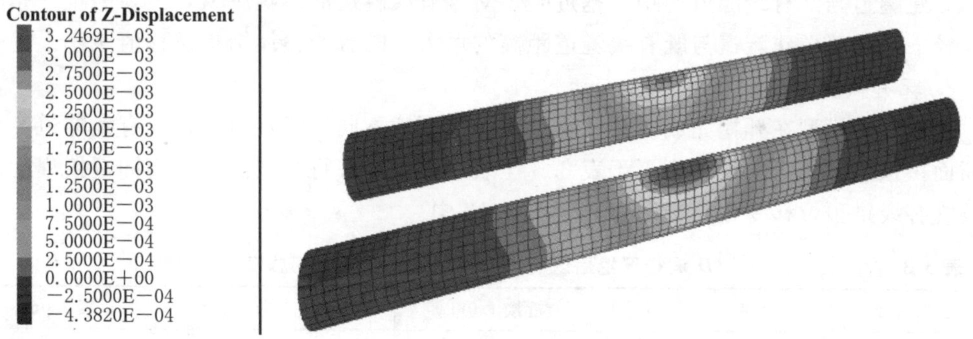

（c）近接1.5m

（d）近接2.0m

图 3.7 $2D$ 洞径开挖后既有线隧道竖向位移云图

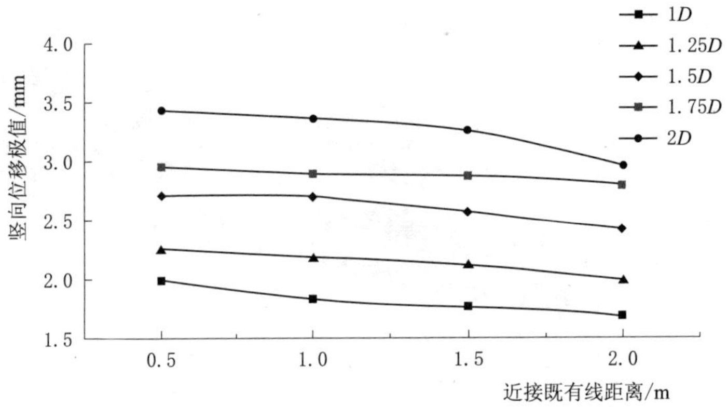

图 3.8　不同工况下既有线隧道竖向位移极值折线图

由表 3.2、图 3.3 至图 3.8 可知，既有线中间位置（与新建隧道交叉处）的竖向位移值最大，向两侧注浆减小为负，整个既有线隧道衬砌呈现出两端低中间高的形状。

其中 1D 洞径下开挖的隧道对既有线的影响最小，且距离 2m 进行开挖时既有线的竖向位移值最小，仅为 1.69mm；2D 洞径下开挖的隧道对既有线的影响最大，且距离 0.5m 进行开挖时既有线的竖向位移值最大，为 3.43mm。

新建隧道的洞径越大，施工时对既有线的影响越大，主要表现在相同近接距离下，随着新建隧道洞径的增大既有线整体结构的位移值增大，交叉位置处出现竖向位移最大值。

新建隧道与既有线隧道的距离越近时，对既有线隧道的影响越大，主要表现在相同开挖洞径下，随着新建隧道与既有线隧道距离的增大，既有线整体结构位移值减小。

2. 既有线拱顶位移分析

提取计算模型在开挖完成后的计算结果，将新建不同洞径隧道后，既有线隧道各个监测断面拱顶位置的竖向位移值汇于表 3.3 至表 3.7 中，并将相同洞径下不同近接程度施工后的既有线拱顶位移变化绘于图 3.9 至图 3.13 中。

表 3.3　1D 洞径开挖后既有线各断面拱顶位移值汇总表　单位：mm

监测断面	近接 0.5m	近接 1.0m	近接 1.5m	近接 2.0m
S1	−0.12	−0.11	−0.12	−0.11
S2	−0.23	−0.10	−0.14	−0.10
S3	−0.31	−0.04	−0.10	−0.03
S4	−0.19	0.19	0.10	0.20
S5	0.62	0.86	0.66	0.87
S6	1.86	1.76	1.70	1.63
S7	0.66	0.86	0.71	0.87
S8	−0.22	0.20	0.12	0.21
S9	−0.29	−0.04	−0.08	−0.03
S10	−0.22	−0.11	−0.13	−0.10
S11	−0.12	−0.12	−0.13	−0.11

表 3.4 **1.25*D* 洞径开挖后既有线各断面拱顶位移值汇总表** 单位：mm

监测断面	近接 0.5m	近接 1.0m	近接 1.5m	近接 2.0m
S1	−0.16	−0.16	−0.15	−0.14
S2	−0.16	−0.15	−0.13	−0.11
S3	−0.08	−0.06	−0.02	0.02
S4	0.28	0.33	0.38	0.43
S5	0.97	1.13	1.21	1.22
S6	2.23	2.17	2.10	1.98
S7	1.03	1.19	1.24	1.24
S8	0.31	0.38	0.42	0.46
S9	−0.07	−0.04	−0.01	0.03
S10	−0.17	−0.15	−0.14	−0.11
S11	−0.18	−0.16	−0.16	−0.14

表 3.5 **1.5*D* 洞径开挖后既有线各断面拱顶位移值汇总表** 单位：mm

监测断面	近接 0.5m	近接 1.0m	近接 1.5m	近接 2.0m
S1	−0.20	−0.18	−0.19	−0.17
S2	−0.18	−0.15	−0.15	−0.12
S3	−0.05	0.01	0.02	0.07
S4	0.41	0.50	0.55	0.60
S5	1.24	1.44	1.51	1.48
S6	2.70	2.68	2.55	2.40
S7	1.39	1.57	1.61	1.62
S8	0.47	0.56	0.59	0.65
S9	−0.03	0.03	0.04	0.10
S10	−0.19	−0.15	−0.15	−0.11
S11	−0.22	−0.20	−0.21	−0.18

表 3.6 **1.75*D* 洞径开挖后既有线各断面拱顶位移值汇总表** 单位：mm

监测断面	近接 0.5m	近接 1.0m	近接 1.5m	近接 2.0m
S1	−0.24	−0.23	−0.24	−0.22
S2	−0.21	−0.18	−0.16	−0.14
S3	−0.01	0.05	0.13	0.16
S4	0.50	0.60	0.74	0.76
S5	1.83	2.03	2.16	2.10

续表

监测断面	近接 0.5m	近接 1.0m	近接 1.5m	近接 2.0m
S6	2.93	2.86	2.86	2.79
S7	1.93	2.03	2.10	2.14
S8	0.61	0.70	0.81	0.88
S9	0.03	0.07	0.14	0.18
S10	−0.21	−0.19	−0.16	−0.14
S11	−0.26	−0.25	−0.24	−0.24

表 3.7　　2*D* 洞径开挖后既有线各断面拱顶位移值汇总表　　单位：mm

监测断面	近接 0.5m	近接 1.0m	近接 1.5m	近接 2.0m
S1	−0.28	−0.26	−0.25	−0.24
S2	−0.20	−0.16	−0.12	−0.11
S3	0.08	0.16	0.24	0.25
S4	0.81	0.96	1.09	1.07
S5	2.06	2.15	2.23	2.10
S6	3.39	3.33	3.22	2.93
S7	2.24	2.40	2.39	2.22
S8	0.95	1.09	1.16	1.13
S9	0.09	0.15	0.26	0.21
S10	−0.21	−0.19	−0.14	−0.13
S11	−0.31	−0.31	−0.27	−0.26

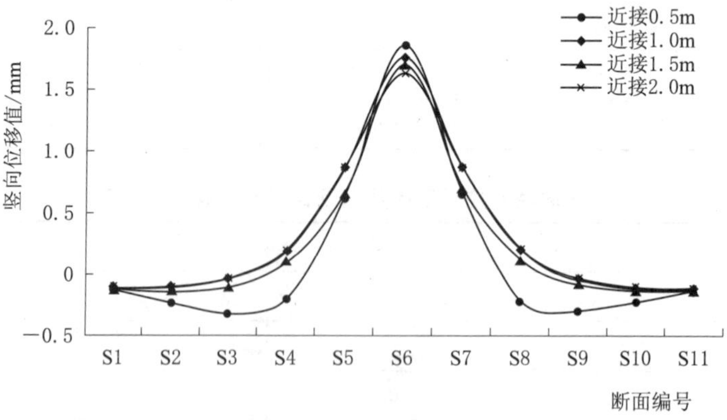

图 3.9　1*D* 洞径开挖后既有线各断面拱顶位移图

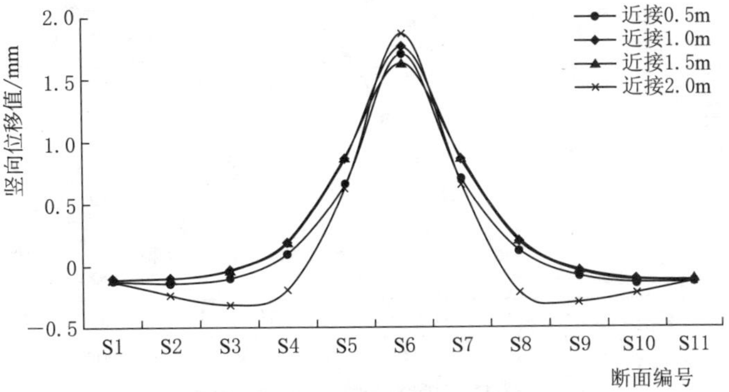

图 3.10 1.25D 洞径开挖后既有线各断面拱顶位移图

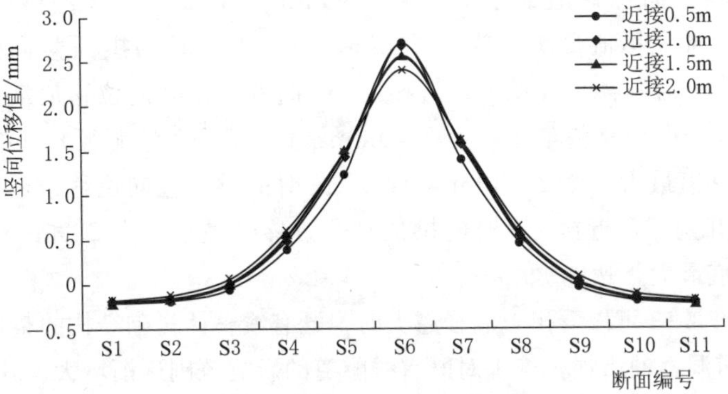

图 3.11 1.5D 洞径开挖后既有线各断面拱顶位移图

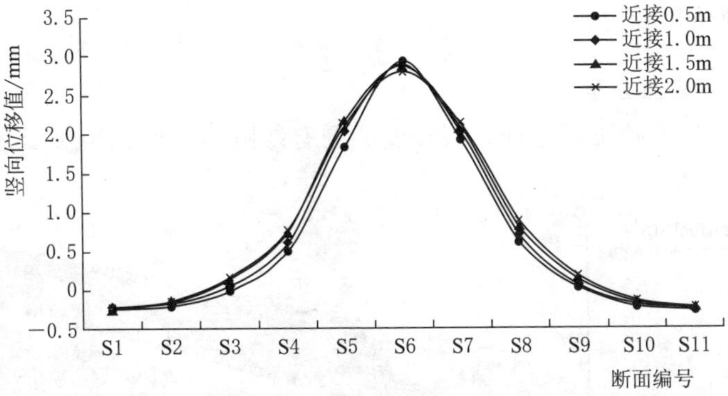

图 3.12 1.75D 洞径开挖后既有线各断面拱顶位移图

由图 3.9 至图 3.13 可知，在相同洞径下开挖新隧道时，近接距离越近对既有线隧道衬砌的竖向位移影响越大，即距离越近既有线拱顶的竖向位移值越大。但在整个监测断面的拱顶位置中，不同近接距离的竖向位移值相差不大，仅在中间位置（两隧道交叉处）的拱顶竖向位移值有明显差异。

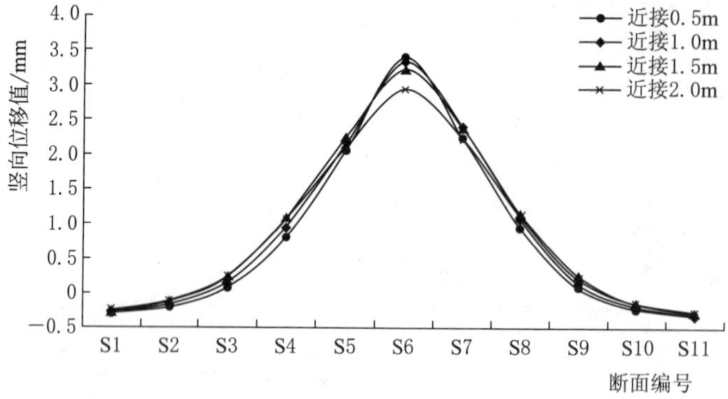

图 3.13　2D 洞径开挖后既有线各断面拱顶位移图

其中，1D（1 倍洞径）开挖下，近接 0.5m 时的拱顶竖向位移值最大，为 1.86mm，近接 2m 时的拱顶竖向位移值最小，仅为 1.63mm；1.25D（1 倍洞径）开挖下，近接 0.5m 时的拱顶竖向位移值最大，为 2.23mm，近接 2m 时的拱顶竖向位移值最小，为 1.98mm；1.5D（1 倍洞径）开挖下，近接 0.5m 时的拱顶竖向位移值最大，为 2.70mm，近接 2m 时的拱顶竖向位移值最小，为 2.40mm；1.75D（1 倍洞径）开挖下，近接 0.5m 时的拱顶竖向位移值最大，为 2.93mm，近接 2m 时的拱顶竖向位移值最小，为 2.79mm；2D（1 倍洞径）开挖下，近接 2m 时的拱顶竖向位移值最小，为 2.93mm，近接 0.5m 时的拱顶竖向位移值最大，达 3.39mm。

由图 3.9 至图 3.13 可以看出，洞径越大时，既有线整体衬砌结构的整体竖向位移偏大，表明随着新建隧道洞径的增加，施工对既有线隧道的影响范围逐渐增大。其主要表现在：既有线监测的 S5 和 S7 断面的拱顶竖向位移值，随着洞径的增大由 0.62mm 增大到 2.39mm；既有线监测的 S4 和 S8 断面的拱顶竖向位移值，随着洞径的增大由 0.19mm 增大到 0.81mm。

3.2.5　应力分析

1. 既有线应力云图分析

提取在不同洞径开挖下，不同近接程度的既有线隧道的竖向应力云图，如图 3.14 至图 3.18 所示。

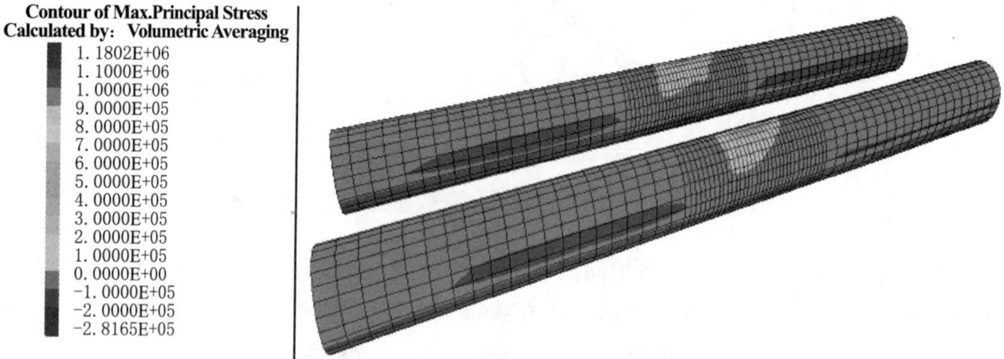

(a) 近接0.5m

图 3.14（一）　1D 洞径开挖后既有线隧道竖向应力云图

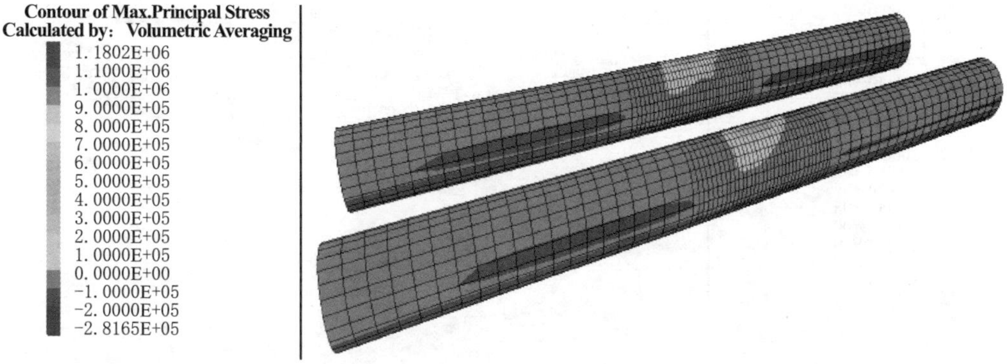

(b) 近接1.0m

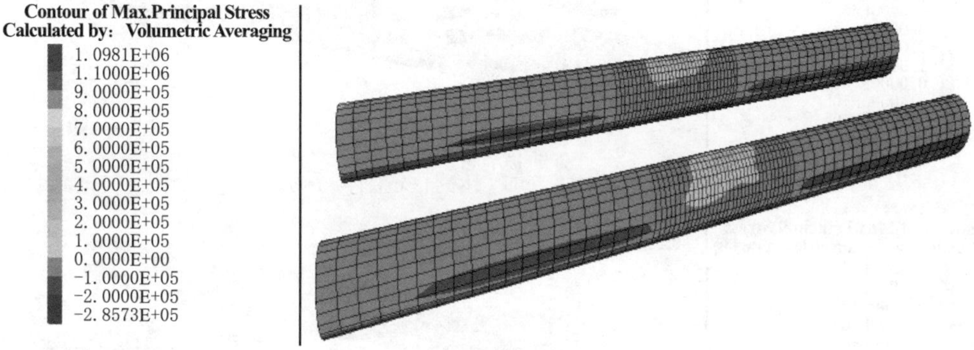

(c) 近接1.5m

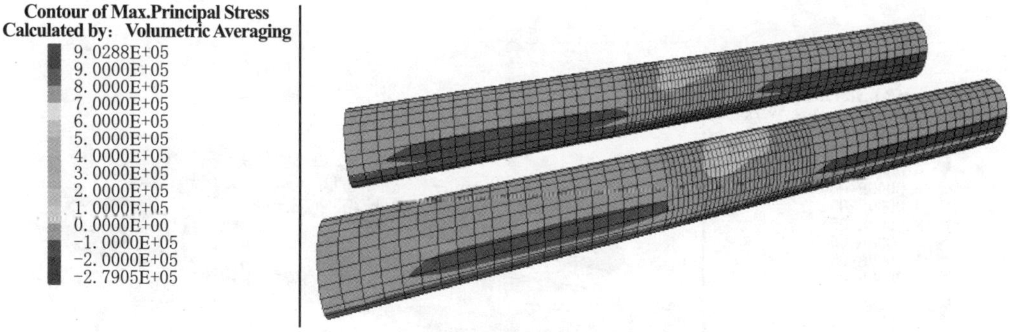

(d) 近接2.0m

图 3.14（二） 1*D* 洞径开挖后既有线隧道竖向应力云图

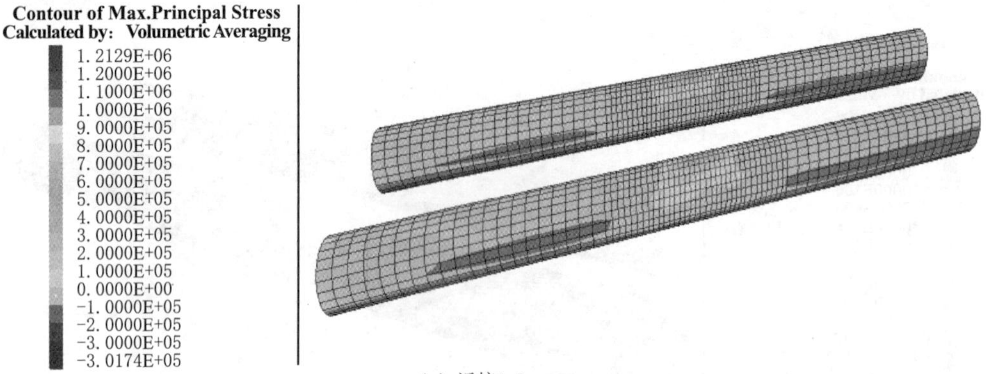

（a）近接0.5m

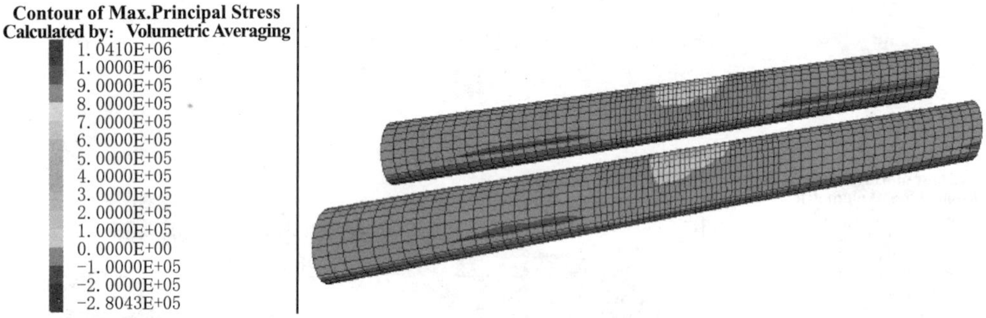

（b）近接1.0m

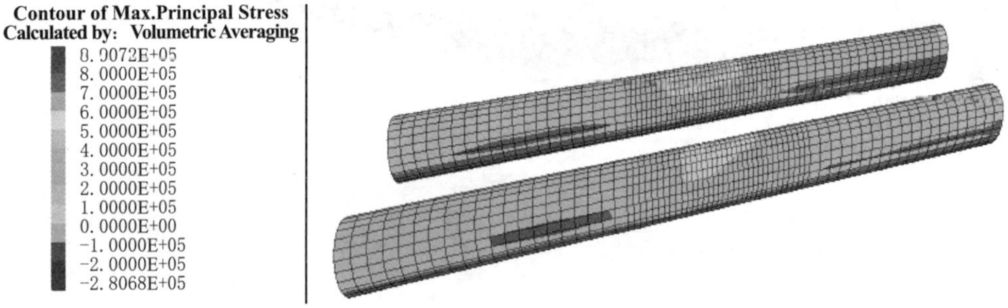

（c）近接1.5m

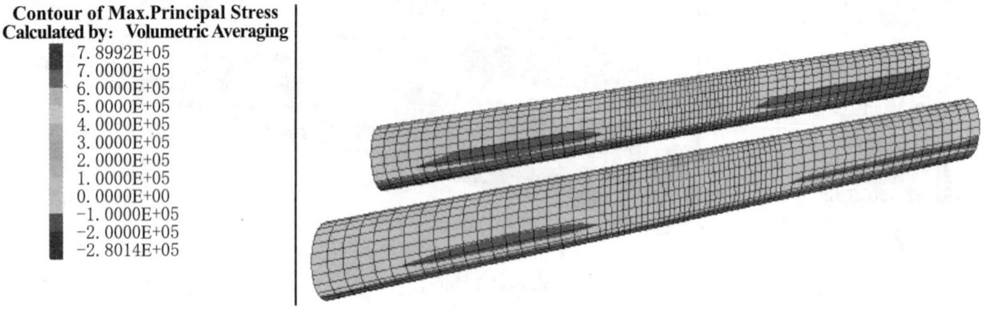

（d）近接2.0m

图 3.15　1.25D 洞径开挖后既有线隧道竖向应力云图

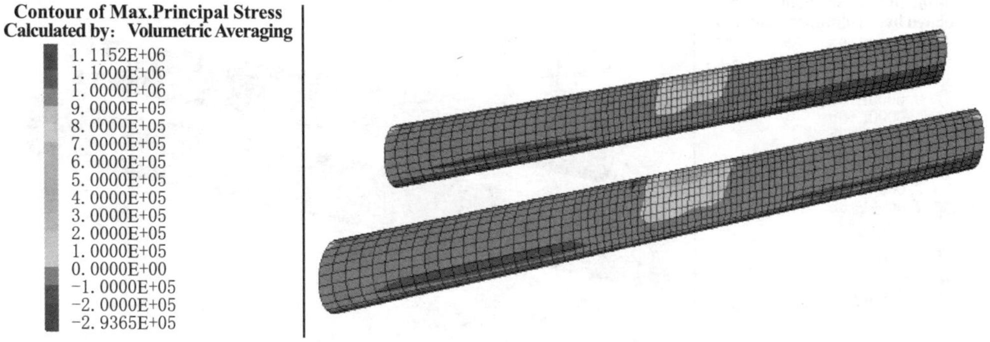

（a）近接0.5m

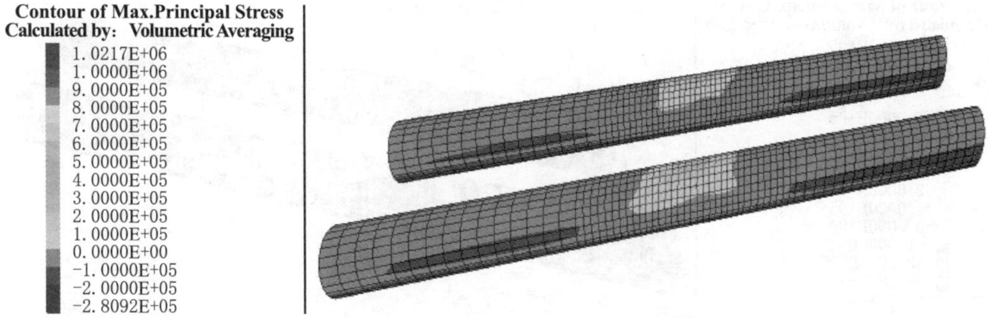

（b）近接1.0m

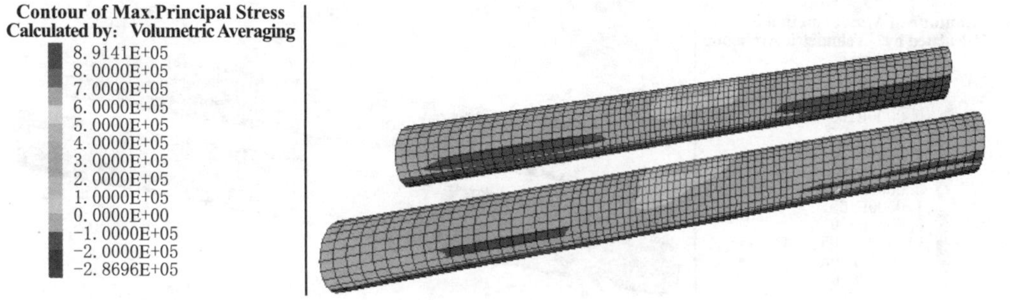

（c）近接1.5m

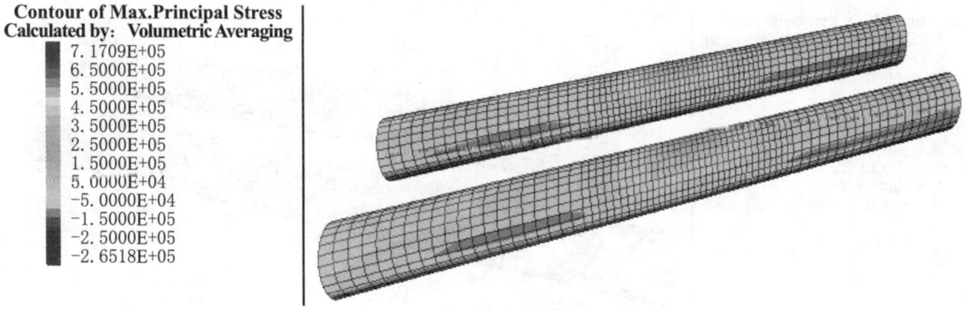

（d）近接2.0m

图 3.16　1.5D 洞径开挖后既有线隧道竖向应力云图

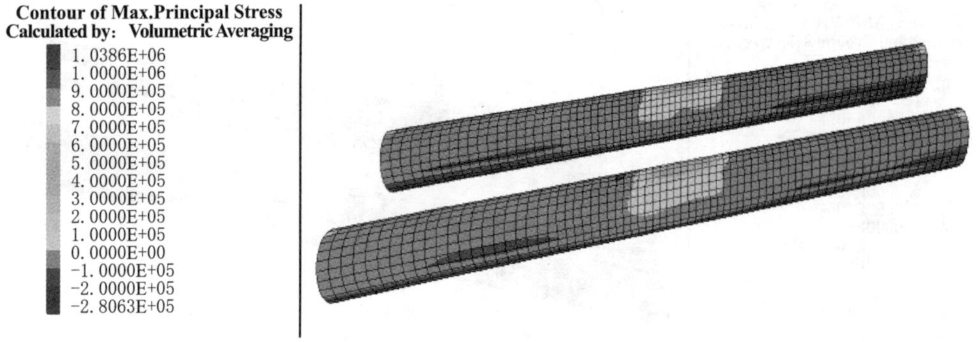

（a）近接0.5m

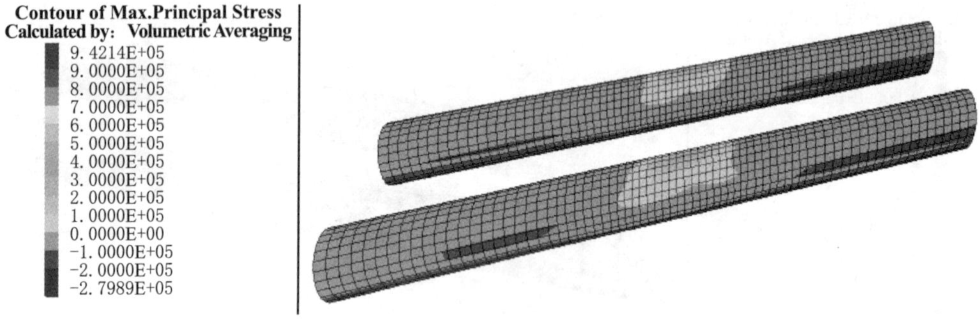

（b）近接1.0m

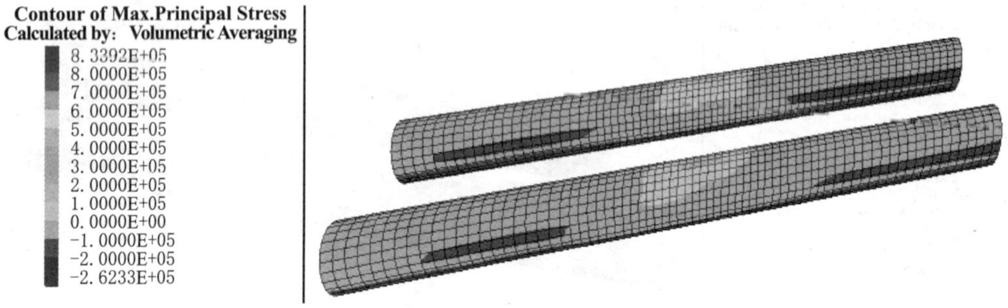

（c）近接1.5m

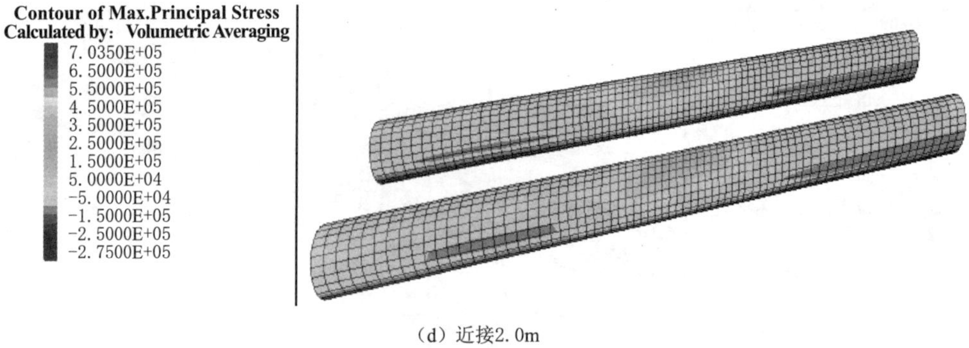

（d）近接2.0m

图 3.17　1.75D 洞径开挖后既有线隧道竖向应力云图

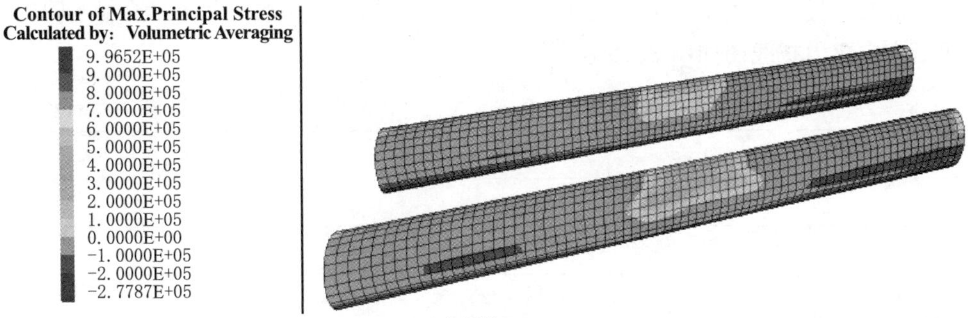

(a) 近接0.5m

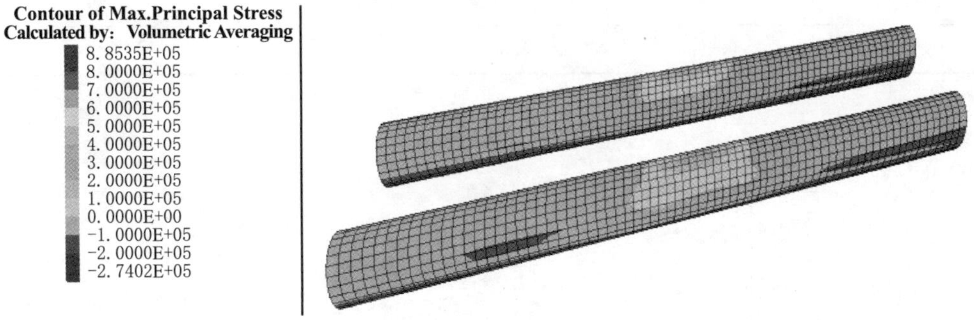

(b) 近接1.0m

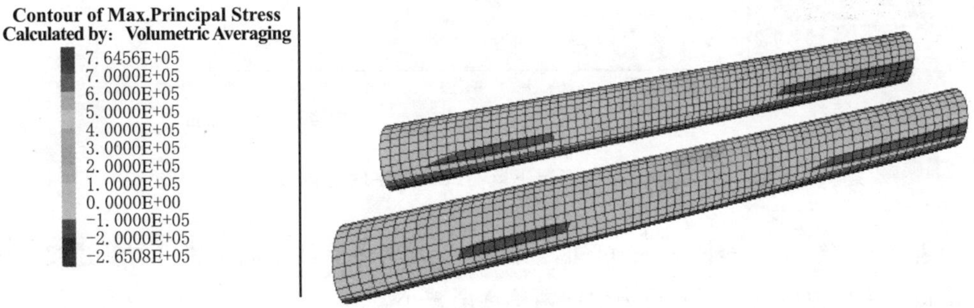

(c) 近接1.5m

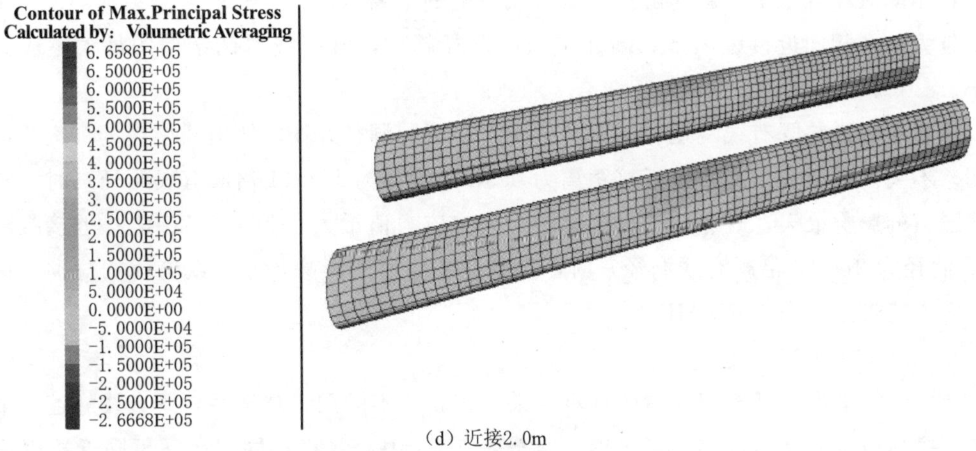

(d) 近接2.0m

图 3.18 2*D* 洞径开挖后既有线隧道竖向应力云图

提取既有线隧道最大主应力云图中的竖向应力极值汇于表 3.8 中，并绘制不同工况下既有线最大主应力折线图如图 3.19 所示。

表 3.8　　既有隧道拱顶最大主应力汇总表　　单位：MPa

洞径	近接 0.5m	近接 1m	近接 1.5m	近接 2m
1*D*	1.387	1.18	1.098	0.903
1.25*D*	1.213	1.041	0.921	0.79
1.5*D*	1.115	1.022	0.891	0.717
1.75*D*	1.039	0.942	0.834	0.704
2*D*	0.997	0.885	0.765	0.666

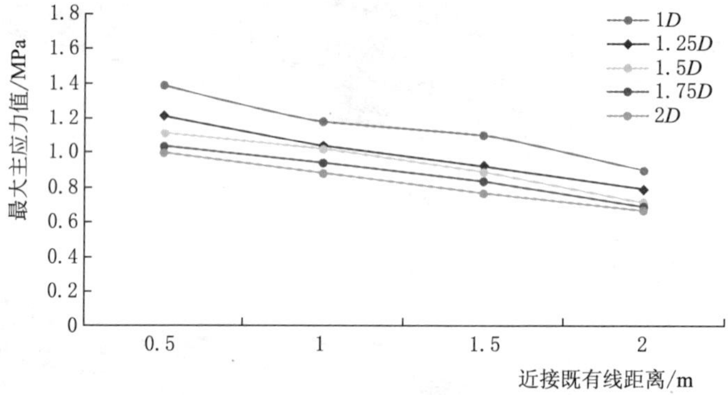

图 3.19　不同工况下既有线最大主应力折线图

由表 3.8、图 3.14 至图 3.19 可知，所有工况均为既有线中间位置（与新建隧道交叉处）的最大主应力值最大，主应力值向两侧逐渐减小。

在相同洞径开挖下，新建隧道与既有线隧道的距离越近，既有线衬砌结构的最大主应力值越大；在相同近接距离下，新建隧道的洞径越大，既有线衬砌结构的最大主应力值越小。

在新建隧道与既有线隧道相同距离情况下，不同洞径开挖时既有线隧道的最大主应力值相差不大。在所有工况中，近接距离为 0.5m、洞径为 1*D*（1 倍既有线洞径）时，对既有线隧道的影响最大，既有线的衬砌结构最大主应力值最大，为 1.387MPa；近接距离为 2m、洞径为 2*D*（2 倍既有线洞径）时，对既有线隧道的影响最小，既有线的衬砌结构最大主应力值最小，为 0.666MPa。

2. 既有线拱顶应力分析

提取计算模型在开挖完成后的计算结果，将新建不同洞径隧道后，既有线隧道各个监测断面拱顶位置的竖向位移值汇于表 3.9 至表 3.13 中，并将相同洞径下不同近接程度施工后的既有线拱顶位移变化绘于图 3.20 至图 3.24 中。

表 3.9 **1*D* 洞径开挖后既有线各断面拱顶位最大主应力汇总表** 单位：MPa

监测断面	近接 0.5m	近接 1.0m	近接 1.5m	近接 2.0m
S1	0.12	0.09	0.13	0.10
S2	0.14	0.11	0.16	0.09
S3	0.14	0.11	0.14	0.09
S4	0.14	0.11	0.12	0.09
S5	0.63	0.34	0.47	0.37
S6	1.40	1.22	1.13	0.92
S7	0.46	0.27	0.31	0.29
S8	0.13	0.10	0.12	0.11
S9	0.15	0.09	0.11	0.11
S10	0.13	0.09	0.11	0.13
S11	0.13	0.09	0.12	0.11

表 3.10 **1.25*D* 洞径开挖后既有线各断面拱顶最大主应力汇总表** 单位：MPa

监测断面	近接 0.5m	近接 1.0m	近接 1.5m	近接 2.0m
S1	0.10	0.10	0.08	0.09
S2	0.10	0.12	0.09	0.11
S3	0.11	0.11	0.08	0.10
S4	0.08	0.09	0.08	0.09
S5	0.42	0.46	0.42	0.37
S6	1.24	1.07	0.93	0.81
S7	0.35	0.34	0.32	0.35
S8	0.11	0.11	0.07	0.11
S9	0.10	0.11	0.09	0.11
S10	0.10	0.13	0.09	0.14
S11	0.11	0.10	0.10	0.15

表 3.11 **1.5*D* 洞径开挖后既有线各断面拱顶最大主应力汇总表** 单位：MPa

监测断面	近接 0.5m	近接 1.0m	近接 1.5m	近接 2.0m
S1	0.12	0.11	0.13	0.10
S2	0.11	0.12	0.10	0.10
S3	0.11	0.09	0.10	0.08
S4	0.10	0.08	0.08	0.06
S5	0.54	0.55	0.48	0.34
S6	1.13	1.05	0.92	0.73
S7	0.44	0.48	0.50	0.44
S8	0.08	0.09	0.07	0.08
S9	0.08	0.11	0.08	0.07
S10	0.08	0.09	0.10	0.10
S11	0.11	0.11	0.07	0.12

表 3.12　　**1.75*D* 洞径开挖后既有线各断面拱顶最大主应力汇总表**　　单位：MPa

监测断面	近接 0.5m	近接 1.0m	近接 1.5m	近接 2.0m
S1	0.10	0.12	0.10	0.11
S2	0.09	0.11	0.10	0.09
S3	0.10	0.09	0.09	0.08
S4	0.08	0.07	0.07	0.07
S5	0.44	0.42	0.40	0.28
S6	1.05	0.93	0.87	0.67
S7	0.43	0.49	0.52	0.45
S8	0.07	0.05	0.06	0.05
S9	0.08	0.08	0.08	0.09
S10	0.09	0.07	0.08	0.12
S11	0.15	0.12	0.08	0.13

表 3.13　　**2*D* 洞径开挖后既有线各断面拱顶最大主应力汇总表**　　单位：MPa

监测断面	近接 0.5m	近接 1.0m	近接 1.5m	近接 2.0m
S1	0.08	0.12	0.09	0.10
S2	0.10	0.10	0.10	0.08
S3	0.06	0.09	0.07	0.06
S4	0.06	0.05	0.05	0.05
S5	0.44	0.41	0.39	0.31
S6	1.00	0.88	0.74	0.65
S7	0.54	0.57	0.53	0.47
S8	0.06	0.04	0.05	0.05
S9	0.08	0.07	0.07	0.07
S10	0.08	0.09	0.08	0.08
S11	0.17	0.12	0.12	0.10

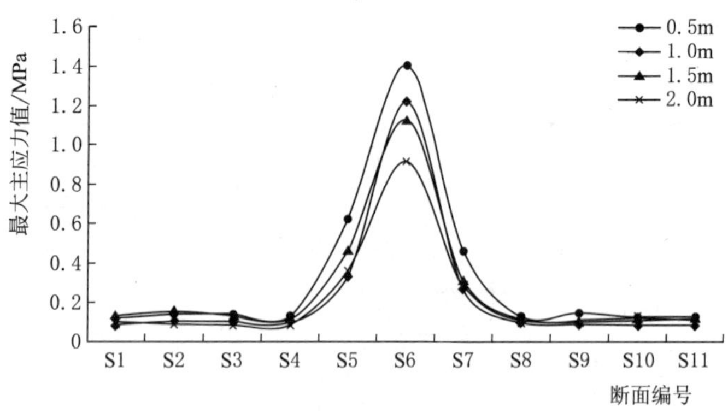

图 3.20　1*D* 洞径开挖后既有线各断面拱顶最大主应力图

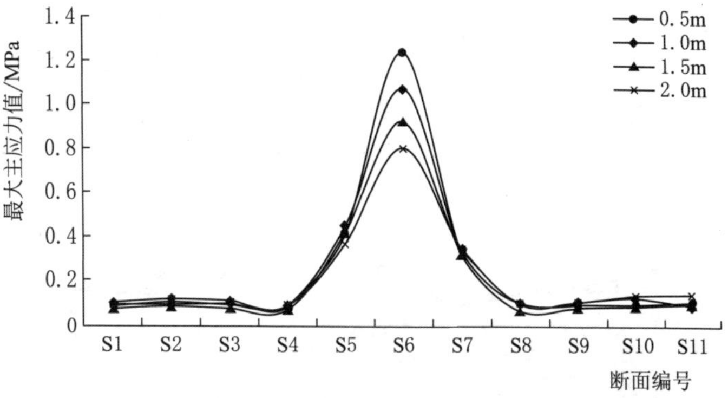

图 3.21 1.25D 洞径开挖后既有线各断面拱顶最大主应力图

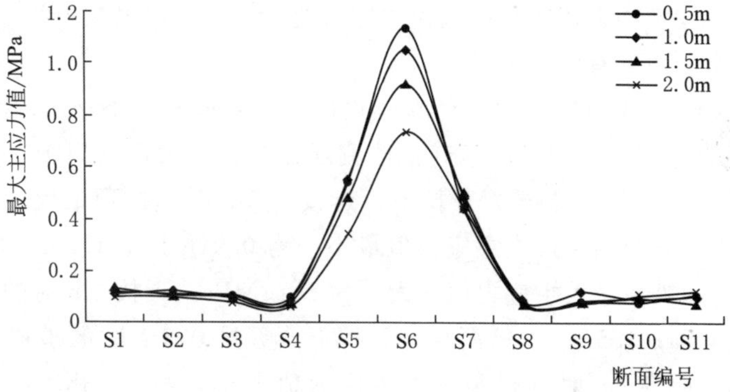

图 3.22 1.5D 洞径开挖后既有线各断面拱顶最大主应力图

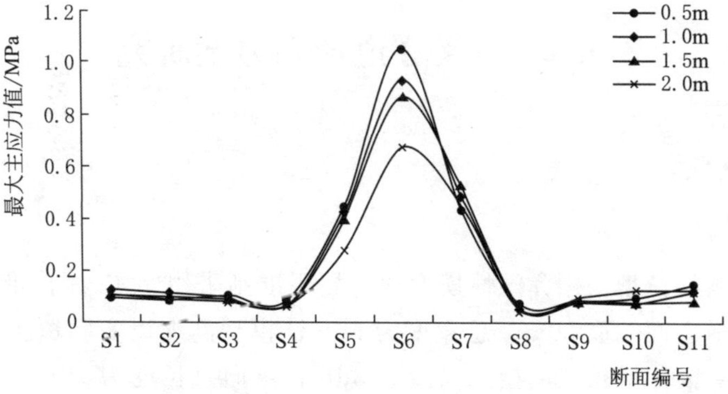

图 3.23 1.75D 洞径开挖后既有线各断面拱顶最大主应力图

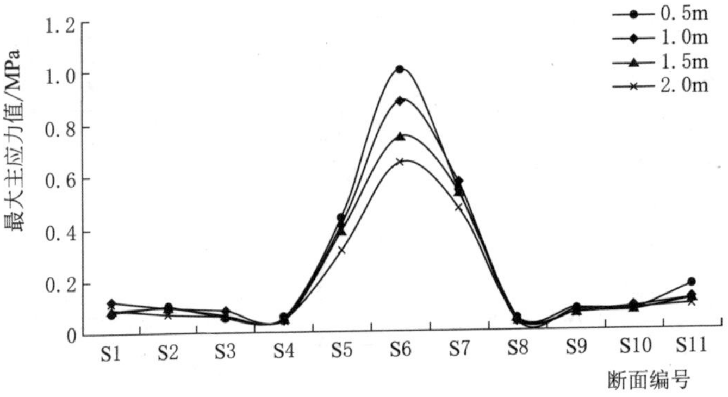

图 3.24　2D 洞径开挖后既有线各断面拱顶最大主应力图

由图 3.20 至图 3.24 可知，在相同洞径下开挖新隧道时，近接距离越近对既有线隧道衬砌的最大主应力影响越大，即距离越近既有线拱顶的最大主应力值越大。但在整个监测断面的拱顶位置中，不同近接距离的最大主应力值相差不大，仅在中间位置（两隧道交叉处）的拱顶最大主应力值有明显差异。

由图 3.20 至图 3.24 可以看出，新建隧道的施工对既有线 S5～S7 断面的影响较大，S5～S7 断面的最大主应力值明显高于其他监测断面，且最大值均出现在中间 S6 断面处。其中在 S6 断面上，1D（1 倍洞径）开挖下，近接 0.5m 时的拱顶最大主应力值最大，为 1.40MPa，近接 2m 时的拱顶最大主应力值最小，为 0.92MPa；1.25D（1 倍洞径）开挖下，近接 0.5m 时的拱顶最大主应力值最大，为 1.24MPa，近接 2m 时的拱顶最大主应力值最小，为 0.81MPa；1.5D（1 倍洞径）开挖下，近接 0.5m 时的拱顶最大主应力值最大，为 1.13MPa，近接 2m 时的拱顶最大主应力值最小，为 0.73MPa；1.75D（1 倍洞径）开挖下，近接 0.5m 时的拱顶最大主应力值最大，为 1.05MPa，近接 2m 时的拱顶最大主应力值最小，为 0.67MPa；2D（1 倍洞径）开挖下，近接 2m 时的拱顶最大主应力值最小，为 1.00MPa，近接 0.5m 时的拱顶最大主应力值最大，为 0.65MPa。

3.3　交叉隧道加固方案研究

3.3.1　计算概况

1. 计算模型

计算模型的本构模型采用弹塑性模型的，屈服准则采用摩尔-库伦准则。整个模型模拟的地层范围为横向两端取 30m，总宽度为 60m；模型高度以实际覆土厚度为准，埋深约为 4m，隧道底部取 30m，模型总高度为 30m；纵向总长度为 70m。计算模型的边界条件为：四周边界施加水平约束，下边界施加竖直约束，顶部为自由面。计算模型如图 3.25 所示。

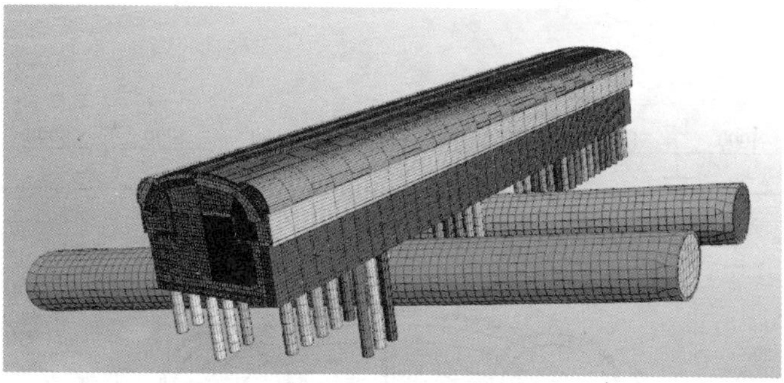

图 3.25 计算模型

2. 计算工况

计算工况设计内容汇于表 3.14 中。

表 3.14 计 算 工 况

工 况	计 算 内 容
工况一	无超前加固
工况二	只对新建隧道顶部进行超前加固
工况三	只对新建隧道底部进行超前加固
工况四	对新建隧道全环进行超前加固

3.3.2 测点布置

1. 路面测点

在 4 个小导洞拱顶正上方路面分别设置一处路面监测点，并以（1）、（4）号小导洞拱顶正上方路面向两侧每隔 4m 设置一处路面监测点，共 10 处路面监测点，监测计算模型在模拟施工过程中的路面沉降情况，测点布置如图 3.26 所示。

2. 既有线监测点

分别在隧道各小导洞的拱顶、边墙和拱脚布置监测点，记录模型的位移情况与应力变化，并根据计算模型记录下的应力值，推算初支结构的轴力、弯矩和安全系数。监测断面的测点（用“●”表示）分布如图 3.27 所示。

分别在隧道各小导洞的拱顶、边墙和拱脚布置监测点，记录模型的位移情况与应力变化，并根据计算模型记录下的应力值，推算初支结构的轴力、弯矩和/安全系数。监测断面的测点（用“▲”表示）分布如图 3.28 所示。

3.3.3 位移分析

1. 路面沉降分析

提取计算模型在开挖过程中和开挖结束后的沉降值，将新建隧道开挖结束后的路面沉降变化汇于图 3.29 和图 3.30 中，沉降值汇于表 3.15 中。

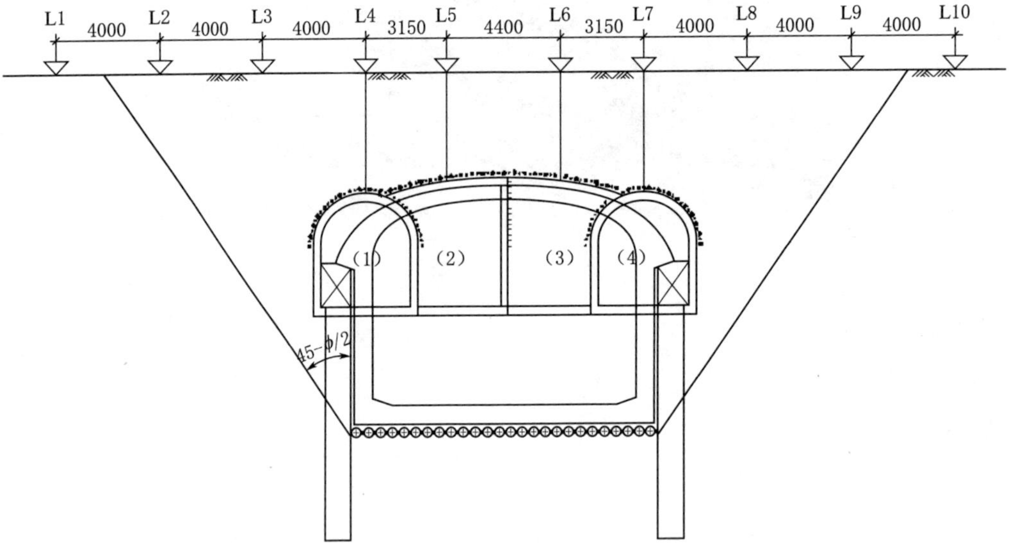

图 3.26　路面测点布置

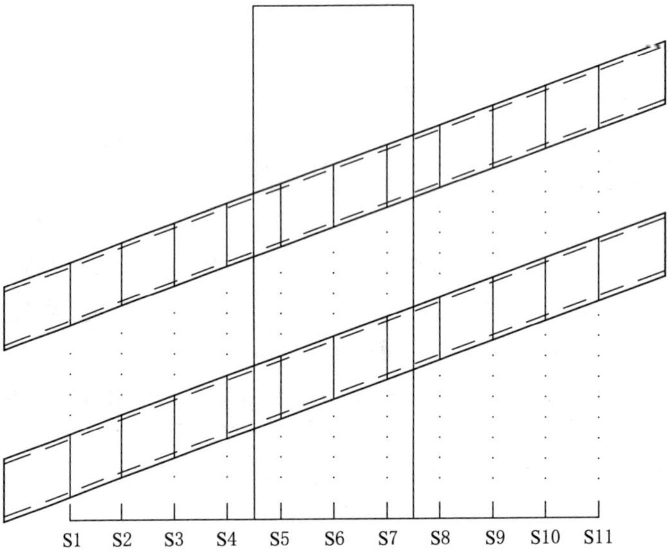

图 3.27　监测断面测点分布

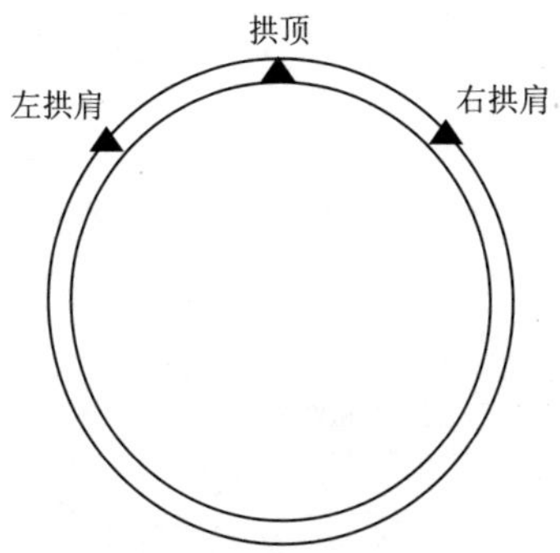

图 3.28 断面测点分布

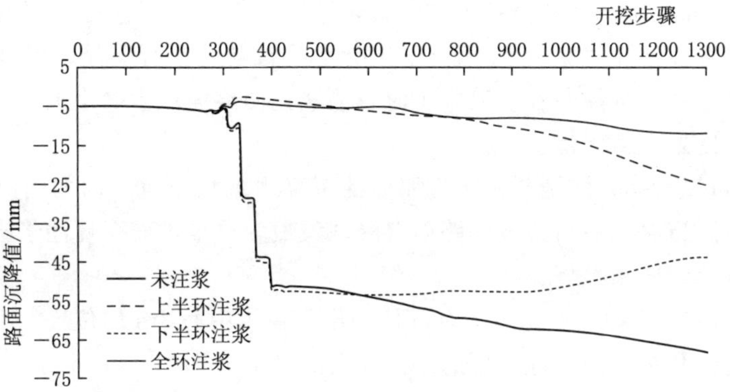

图 3.29 路面沉降图一

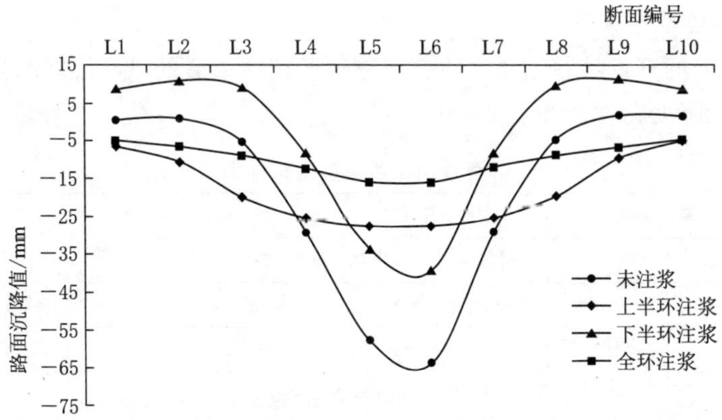

图 3.30 路面沉降图二

表 3.15　　路面最大沉降值　　单位：mm

测点编号	不注浆	上半环注浆	下半环注浆	全环注浆
L1	0.57	−6.51	8.66	−4.82
L2	0.84	−10.64	10.83	−6.55
L3	−5.42	−19.97	9.00	−8.94
L4	−29.26	−25.56	−8.39	−12.28
L5	−57.62	−27.68	−33.15	−15.97
L6	−63.51	−27.69	−39.22	−15.89
L7	−29.14	−25.45	−8.26	−12.04
L8	−4.85	−19.57	9.43	−8.82
L9	1.75	−9.63	11.12	−6.76
L10	1.63	−4.90	8.56	−4.73

由图 3.29 可知，随着隧道开挖的进行，未注浆和下半环注浆施工下的洞顶路面沉降值骤降，且下半环注浆施工的路面沉降在开挖经过测点后有所上浮，但最终沉降值仍较大，而上半环注浆和全环注浆在注浆施工时，注浆先使路面产生微小上浮现象，后经隧道开挖的进行路面随之轻微下沉。

由图 3.30 可以看出，隧道拱顶上方路面的沉降现象最严重，向两侧沉降现象有所缓解，其中不注浆隧道施工后所造成的路面沉降现象最为严重，而全环注浆施工后的路面沉降最平缓，控制沉降效果最好。

由表 3.15 可知，4 种工况中最大沉降值均出现在距中心 3m 的位置，不注浆、上半环注浆、下半环注浆和全环注浆施工后的路面最大沉降值分别为−63.51mm、−27.69mm、−39.22mm、−15.97mm，其中全环注浆施工的沉降值最小，且仅有全环注浆施工后的路面沉降值符合位移控制标准。

由此可见，隧道开挖时注浆加固有助于控制路面沉降，且全环注浆对于路面沉降的控制效果最好，并满足当地沉降控制标准。

2. 既有线拱顶位移分析

提取计算模型的开挖计算结果，将新建隧道开挖结束后的既有线隧道拱顶的沉降值汇于表 3.16 中，沉降变化汇于图 3.31 中。

表 3.16　　既有线拱顶竖向最大位移值　　单位：mm

断面编号	未注浆		上半环注浆		下半环注浆		全环注浆	
	北线	南线	北线	南线	北线	南线	北线	南线
S1	−0.01	−0.09	−0.27	−0.37	0.16	0.2	0.06	−0.01
S2	0.3	0.17	−0.15	−0.27	0.58	0.59	0.26	0.20
S3	0.83	0.65	0.16	−0.02	1.23	1.19	0.59	0.53
S4	1.63	1.46	0.83	0.64	1.93	1.93	1.01	0.94
S5	3.31	2.84	2.52	2.08	2.56	2.43	1.46	1.49

续表

断面编号	未注浆		上半环注浆		下半环注浆		全环注浆	
	北线	南线	北线	南线	北线	南线	北线	南线
S6	4.44	4.18	3.66	3.46	2.82	2.80	1.83	1.75
S7	3.06	2.88	2.26	2.09	2.47	2.52	1.52	1.41
S8	1.64	1.76	0.8	0.93	1.93	2.07	1.13	0.95
S9	0.78	0.88	0.09	0.12	1.21	1.42	0.75	0.55
S10	0.26	0.29	−0.2	−0.25	0.61	0.76	0.4	0.26
S11	−0.03	−0.06	−0.32	−0.04	0.23	0.33	0.17	0.07

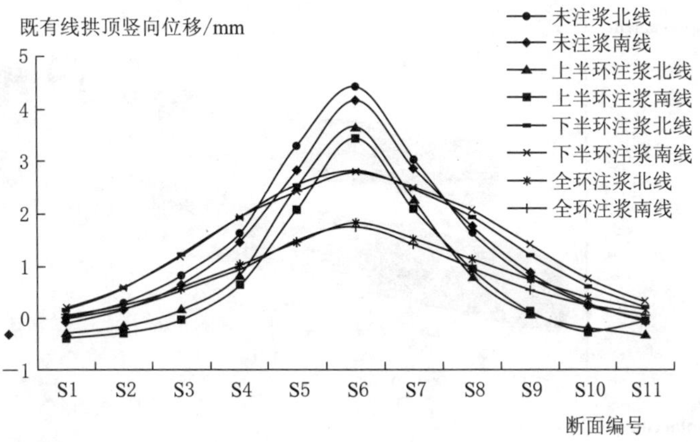

图 3.31　既有线拱顶位移图

由图 3.31 可知，由于新建隧道施工由南向北进行掘进，故既有线北线的结构受新建隧道掌子面施工扰动影响较大，使得其结构变形值较大；下半环注浆和全环注浆施工时，同工况下既有线的南线和北线的最大变形值相差不大。既有线结构变形极值均出现在新建隧道与既有隧道的交叉位置，并向两侧变形值逐渐减小。

由表 3.16 可知，既有隧道在与新建隧道交叉位置出现明显上浮现象，向两侧上浮现象逐渐减小，除下半环注浆外，其他 3 种工况在监测断面边缘位置出现下沉现象，且变形值趋于稳定。未注浆、上半环注浆、下半环注浆和全环注浆下新建隧道施工，所造成的既有线隧道的最大变形均出现在 S6 断面处，即新建与既有线的交叉位置，各工况下既有结构的最大变形值分别为 4.44mm、3.66mm、2.82mm、1.83mm。由此可见，新建隧道在全环注浆施工下，对于既有线隧道结构的变形控制效果最佳，且极值不大于 2mm，是唯一满足变形控制标准的加固措施。

3. 既有线位移云图

提取各工况下隧道及土体的竖向、横向位移云图，如图 3.32 及图 3.33 所示。提取模型位移最大值与最小值，并计算工况三至工况四的位移控制效果（与工况一进行对比），计算结果汇于表 3.17 中。

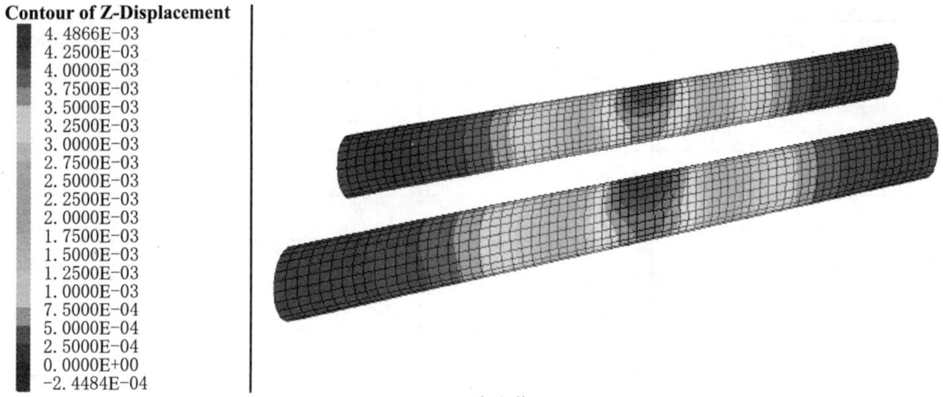

（a）未注浆

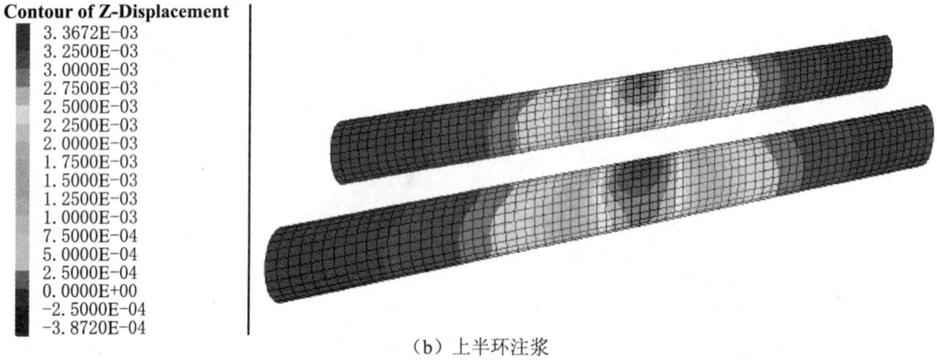

（b）上半环注浆

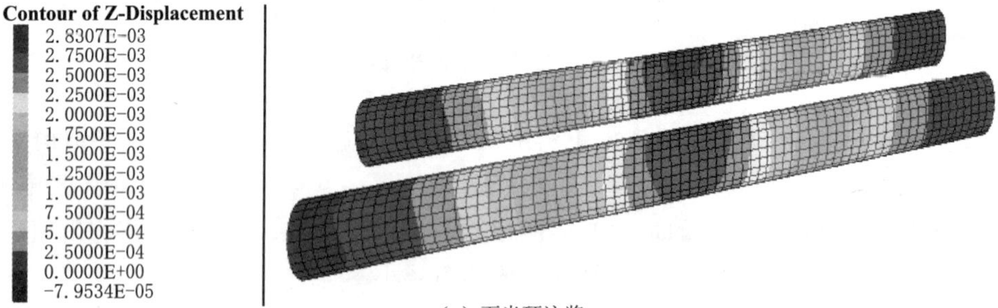

（c）下半环注浆

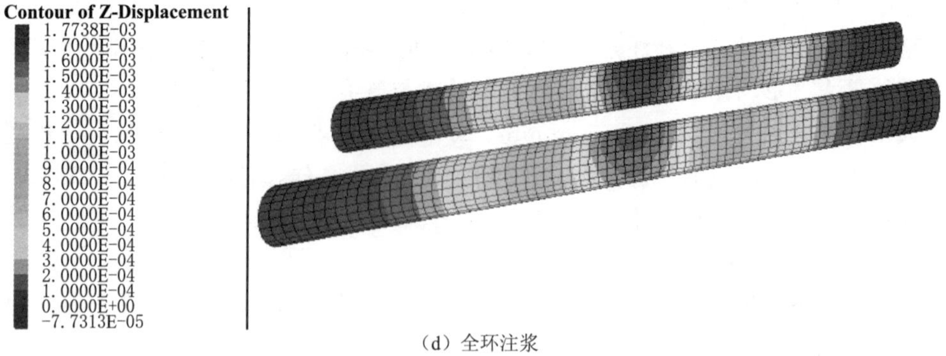

（d）全环注浆

图 3.32　竖向位移云图

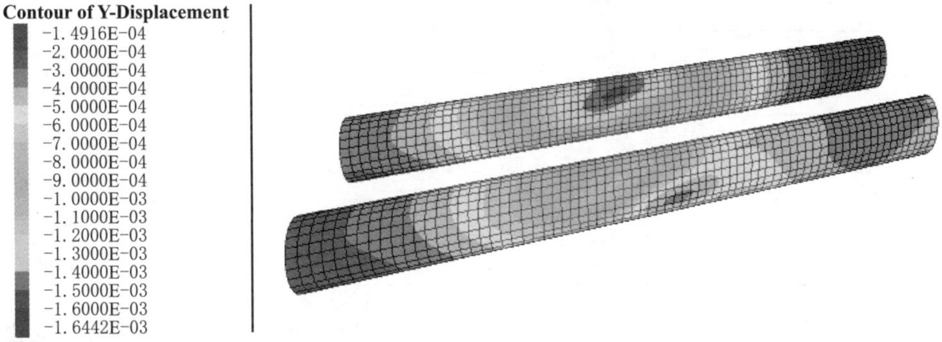

（a）未注浆

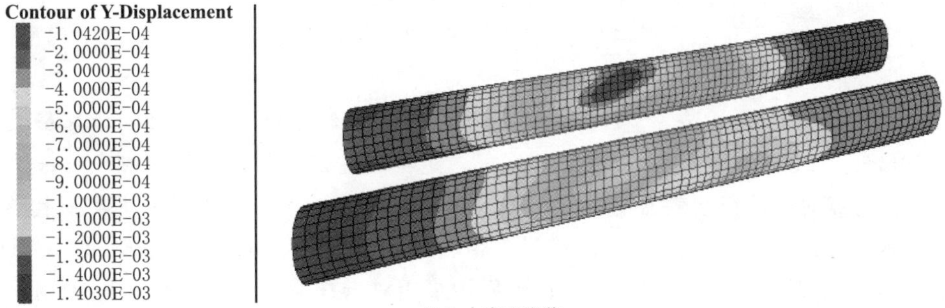

（b）上半环注浆

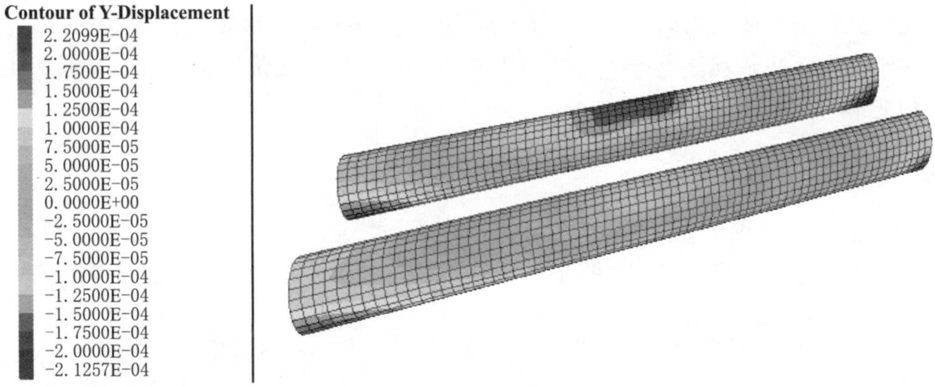

（c）下半环注浆

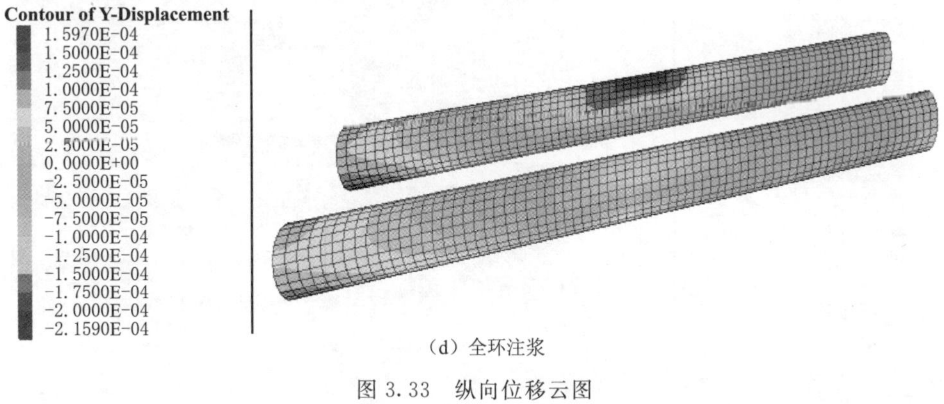

（d）全环注浆

图 3.33 纵向位移云图

表 3.17　　既有线位移值控制效果表

加固方法	竖 向 位 移		纵 向 位 移	
	最大值/mm	控制效果/%	最大值/mm	控制效果/%
未注浆	4.49	—	−1.64	—
上半环注浆	3.37	24.94	−1.40	14.63
下半环注浆	2.83	36.97	−0.21	87.20
全环注浆	1.77	60.58	−0.22	86.59

由图 3.32 和图 3.33 中竖向位移云图可知，4 种工况均在隧道顶部中间交叉位置出现位移的最大值，呈现上浮现象，最小值在隧道结构两侧位置，且均为负值，全环呈现下沉现象。由纵向位移云图可知，既有隧道南北线的中间交叉位置均向内侧出现位移最小值，即南线向北变形、北线向南变形。

由表 3.17 可知，未注浆、上半环注浆、下半环注浆和全环注浆的竖向位移最大值分别为 4.49mm、3.37mm、2.83mm、1.77mm，上半环注浆、下半环注浆和全环注浆相对未注浆施工的竖向位移控制效果分别为 24.94%、36.97%、60.58%；未注浆、上半环注浆、下半环注浆和全环注浆的竖向位移最大值分别为−1.64mm、−1.40mm、0.21mm、−0.22mm，上半环注浆、下半环注浆和全环注浆相对未注浆施工的竖向位移控制效果分别为 14.63%、87.20%、86.59%。

由此可见，全环注浆加固施工对于新建隧道的竖向位移和边墙收敛控制的效果最好，下半环注浆和全环注浆均能降低新建隧道纵向位移，故全环注浆施工可有效降低新建隧道衬砌结构变形。

3.3.4　新建隧道内力分析

1. 最大主应力分析

提取各工况下计算模型衬砌结构的最大主应力云图，如图 3.34 所示。提取结构最大

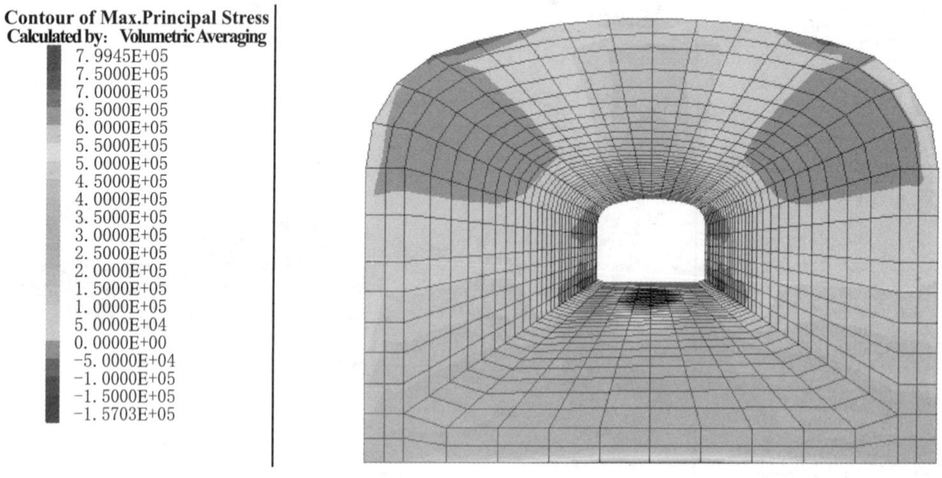

(a) 未注浆

图 3.34（一）　最大主应力云图

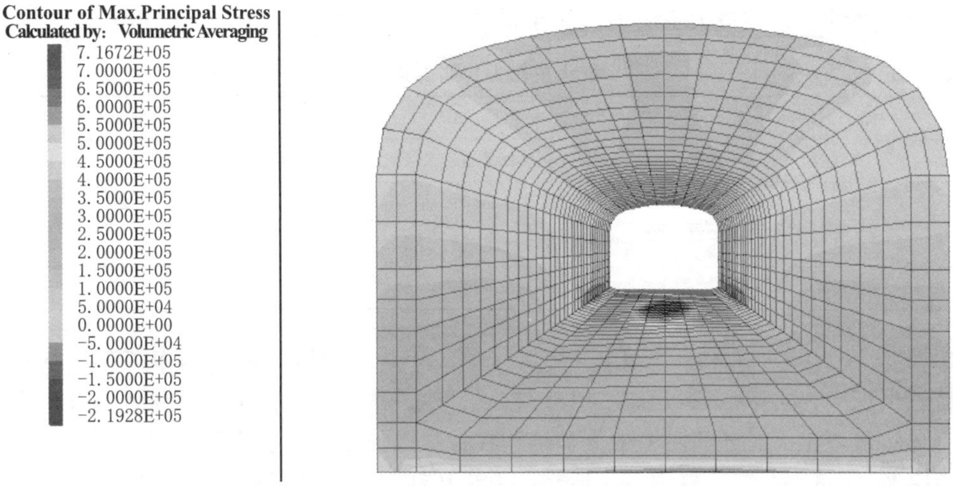

（b）上半环注浆

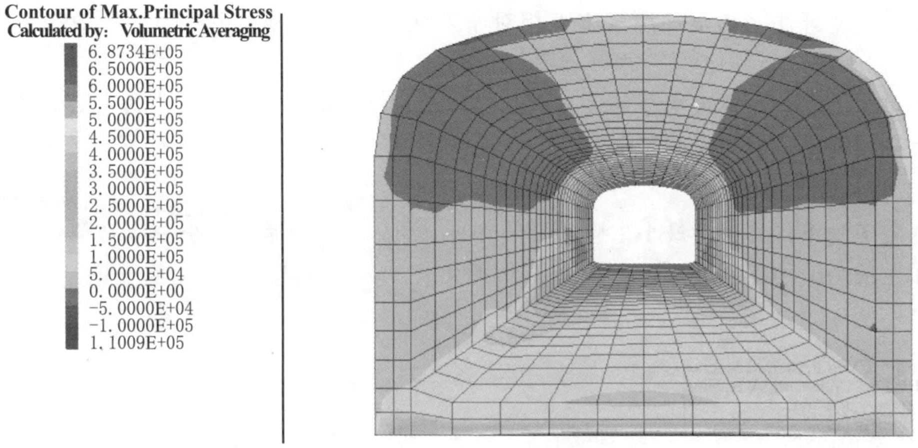

（c）下半环注浆

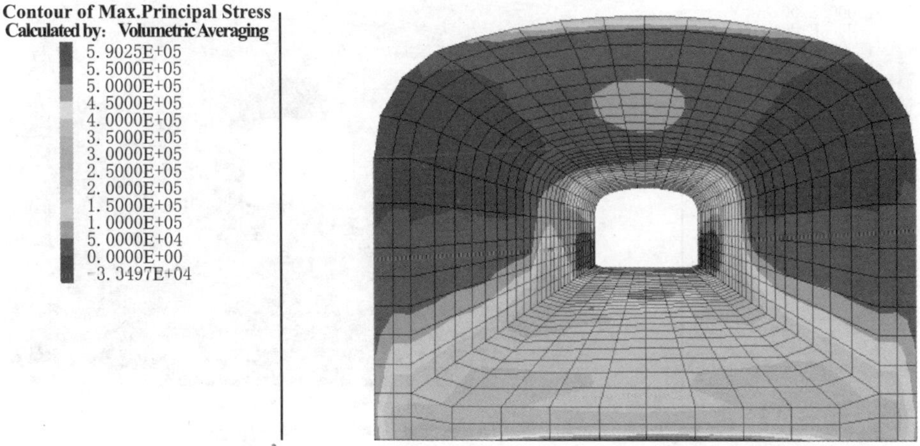

（d）全环注浆

图 3.34（二）　最大主应力云图

主应力值，并计算结构最大主应力值的控制效果，汇于表 3.18 中。

表 3.18 最大主应力控制效果表

加固方法	最大值/MPa	控制效果/%
未注浆	0.799	—
上半环注浆	0.717	10.26
下半环注浆	0.687	14.02
全环注浆	0.590	26.16

由图 3.34 可知，在未注浆和上半环注浆施工下，新建隧道的仰拱内部在与既有线的交叉位置出现应力集中现象，且在支护结构在仰拱外侧的最大主应力值较大；在下半环注浆和全环注浆施工下，新建隧道的支护结构在仰拱外侧出现主应力最大值。

由表 3.18 可知，新建隧道在未注浆、上半环注浆、下半环注浆和全环注浆下施工时，其衬砌结构的最大主应力值分别为 0.799MPa、0.717MPa、0.687MPa、0.590MPa；上半环注浆、下半环注浆和全环注浆施工相对于未注浆施工的最大主应力控制效果分别为 10.26%、14.02%、26.16%。

由此可见，新建隧道采用全环注浆施工时，其衬砌结构的最大主应力被有效降低，且全环注浆的主应力控制效果明显优于其他工况。

2. 最小主应力分析

提取各工况下计算模型最小主应力云图如图 3.35 所示。提取最小主应力值，并计算结构最小主应力值的控制效果，汇于表 3.19 中。

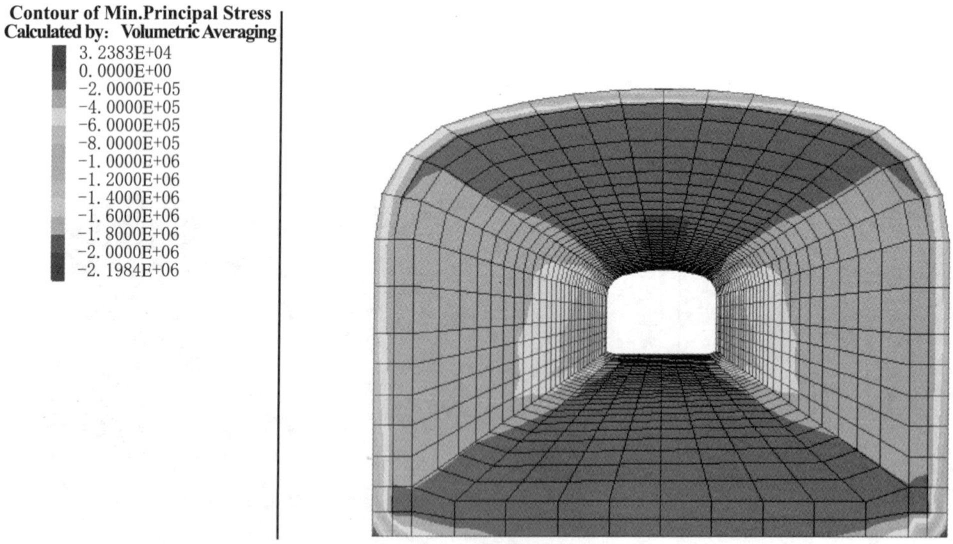

(a) 未注浆

图 3.35（一） 最小主应力云图

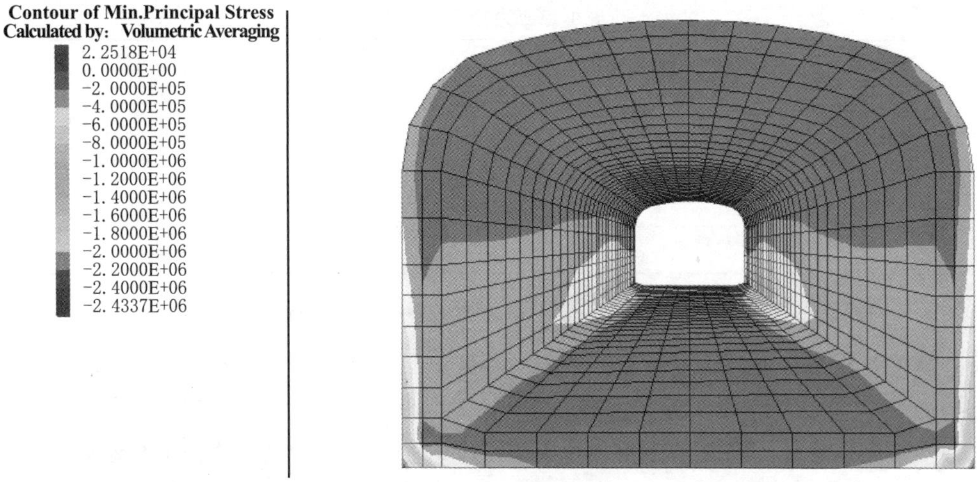

（b）上半环注浆

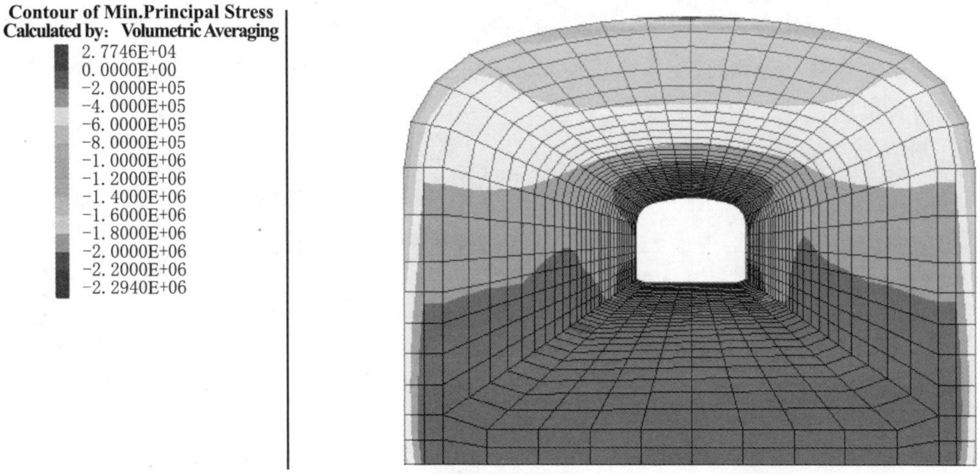

（c）下半环注浆

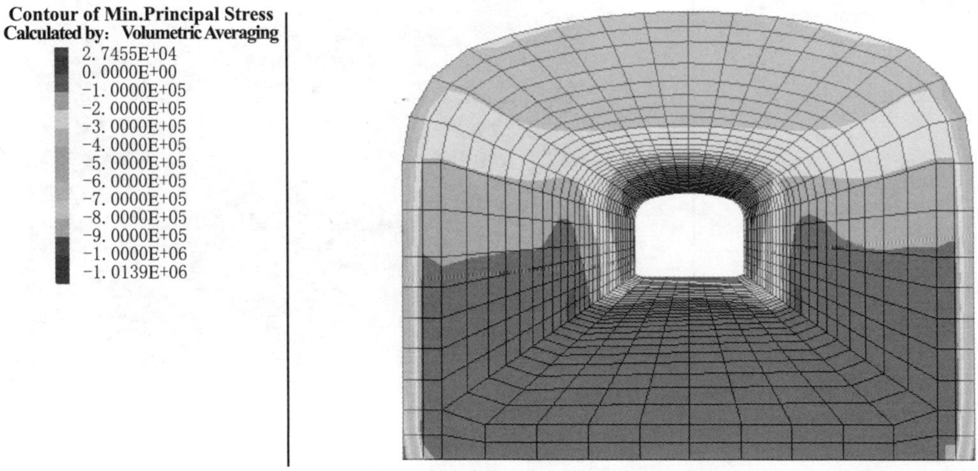

（d）全环注浆

图 3.35（二）　最小主应力云图

表 3.19　　最小主应力控制效果表

加固方法	最小值/MPa	控制效果/%
未注浆	−2.198	—
上半环注浆	−2.433	−10.69
下半环注浆	−2.294	−4.37
全环注浆	−1.014	53.87

由图 3.35 和表 3.19 可知，在 4 种工况中，新建隧道衬砌结构的最小主应力均集中在拱脚外侧位置。新建隧道在未注浆、上半环注浆、下半环注浆和全环注浆下施工时，其衬砌结构的最小主应力值分别为−2.198MPa、−2.433MPa、−2.294MPa、−1.014MPa；上半环注浆、下半环注浆和全环注浆施工相对于未注浆施工的最小主应力控制效果分别为−10.69%、−4.37%、53.87%。

由此可见，新建隧道采用全环注浆施工时，其衬砌结构的最小主应力绝对值极值被有效降低，而上半环注浆和下半环注浆使得最小主应力绝对值有所增大，其中全环注浆的主应力控制效果明显优于其他工况。

3. 剪切应力分析

提取各工况下计算模型衬砌结构的最大剪切应力云图，如图 3.36 所示。提取结构最大剪切应力值，并计算结构最大剪切应力值的控制效果，汇于表 3.20 中。

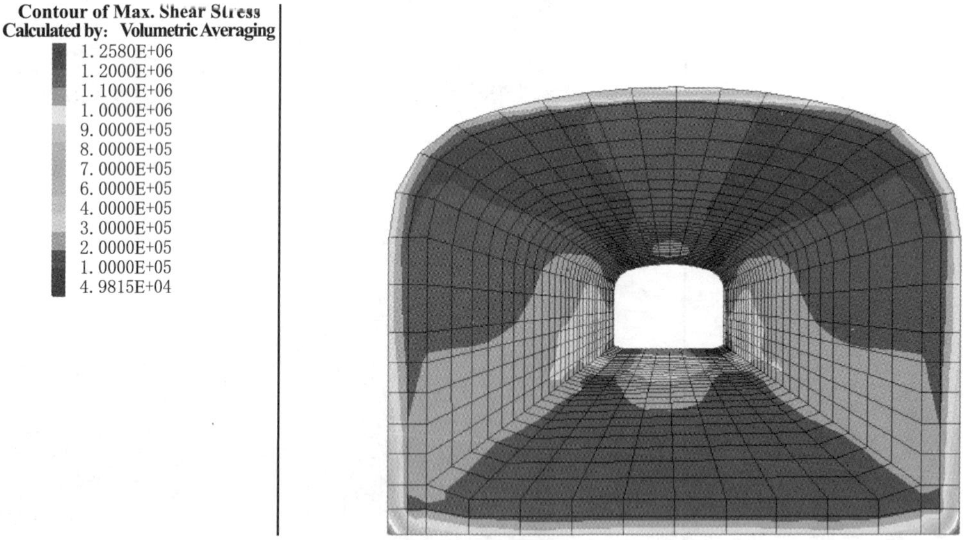

(a) 未注浆

图 3.36（一）　最大剪切应力云图

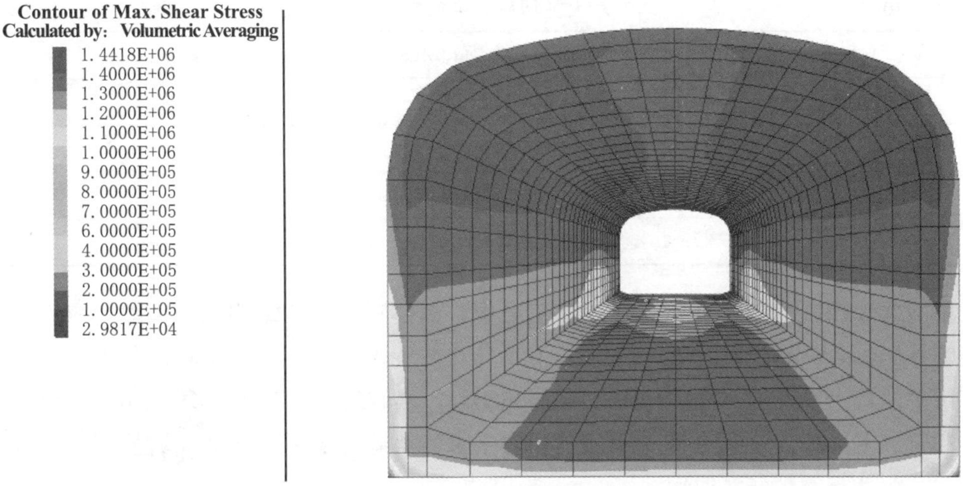

（b）上半环注浆

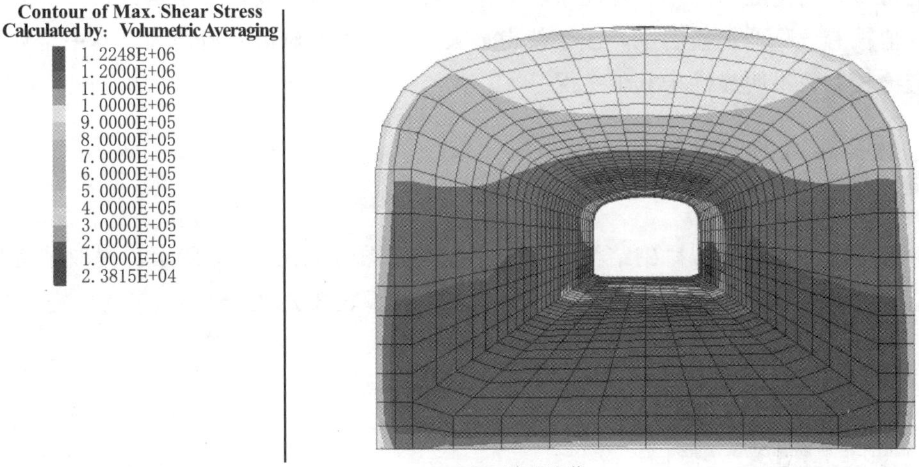

（c）下半环注浆

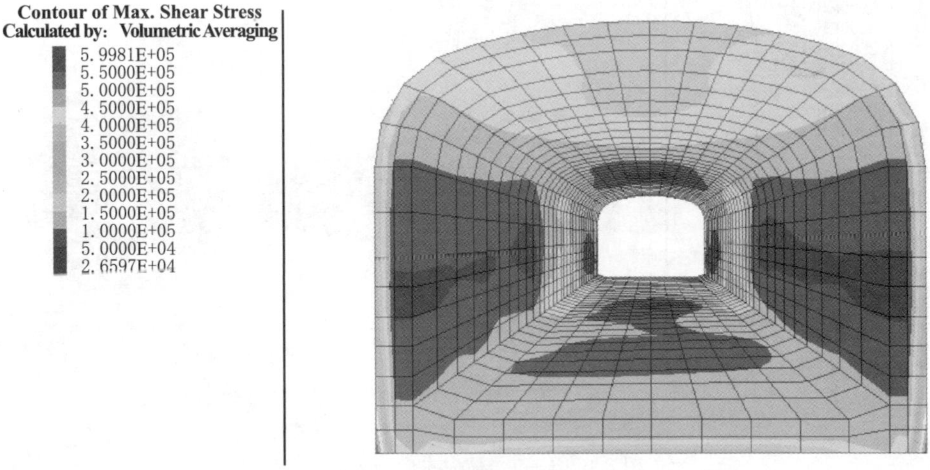

（d）全环注浆

图 3.36（二） 最大剪切应力云图

表 3.20　　最大剪切应力控制效果表

加固方法	最大剪应力值/MPa	控制效果/%
未注浆	1.258	—
上半环注浆	1.442	−14.63
下半环注浆	1.225	2.62
全环注浆	0.600	52.31

由图 3.36 和表 3.20 可知，在 4 种工况中，新建隧道衬砌结构的最大剪切应力均集中在拱脚外侧位置。新建隧道在未注浆、上半环注浆、下半环注浆和全环注浆下施工时，其衬砌结构的最大剪切应力值分别为 1.258MPa、1.442MPa、1.225MPa、0.600MPa；上半环注浆、下半环注浆和全环注浆施工相对于未注浆施工的最大剪切应力控制效果分别为 −14.63%、2.62%、52.31%。

由此可见，新建隧道采用全环注浆和下半环注浆施工时，其衬砌结构的最大剪切应力绝对值极值被有效降低，而上半环注浆使得最大剪切应力绝对值有所增大，其中全环注浆的剪切应力控制效果明显优于其他工况。

3.3.5　既有隧道内力分析

1. 最大主应力分析

提取各工况下计算模型衬砌结构的最大主应力云图，如图 3.37 所示。提取结构最大主应力值，并计算结构最大主应力值的控制效果，汇于表 3.21 中。

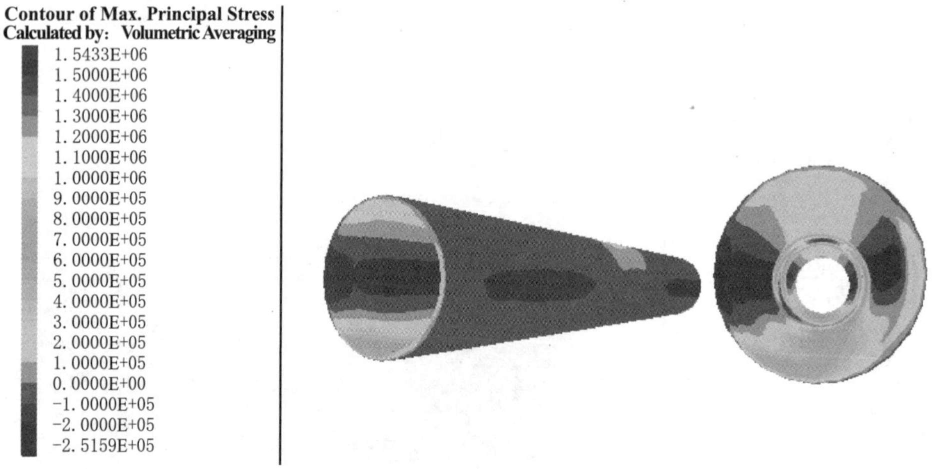

(a) 未注浆

图 3.37（一）　最大主应力云图

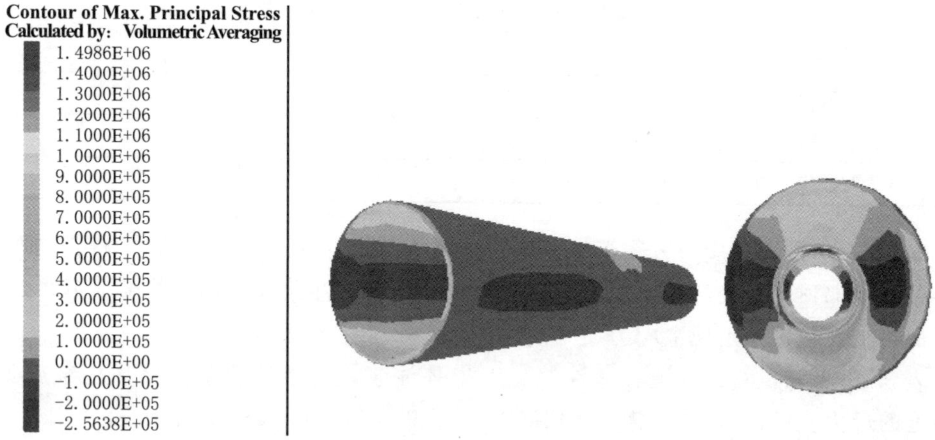

（b）上半环注浆

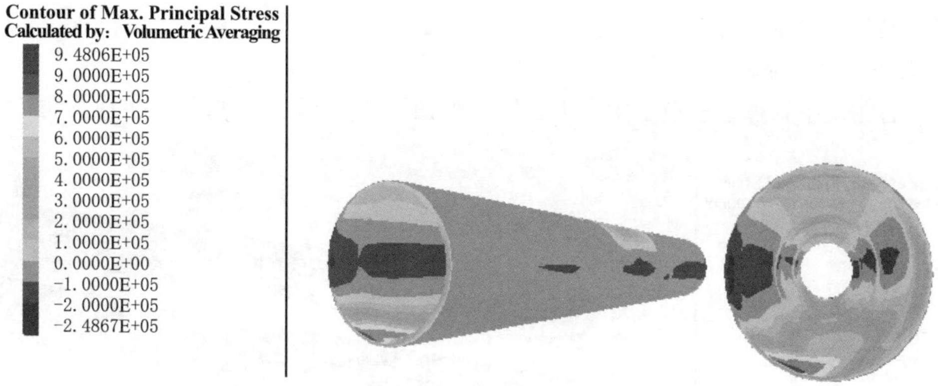

（c）下半环注浆

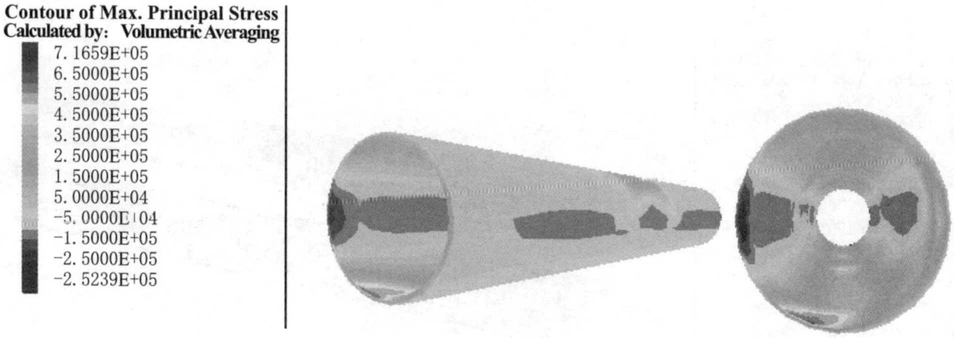

（d）全环注浆

图 3.37（二） 最大主应力云图

表 3.21　　最大主应力控制效果表

加固方法	最大主应力值/MPa	控制效果/%
未注浆	1.543	—
上半环注浆	1.499	2.85
下半环注浆	0.948	38.56
全环注浆	0.717	53.53

由图 3.37 中最大主应力云图可知，新建隧道在未注浆和上半环注浆施工下，既有线隧道在结构内部顶部交叉位置出现主应力最大值，下半环注浆和全环注浆施工下，既有线结构内部在交叉位置未出现主应力最大值。

由表 3.21 可知，新建隧道在未注浆、上半环注浆、下半环注浆和全环注浆施工下，既有隧道的最大主应力值分别为 1.543MPa、1.499MPa、0.948MPa、0.717MPa，上半环注浆、下半环注浆和全环注浆相对未注浆施工的最大主应力控制效果分别为 2.85%、38.56%、53.53%。

由此可见，新建隧道开挖时，采用下半环注浆和全环注浆的加固方式能有效减小既有线隧道的结构最大主应力，且全环注浆施工的控制效果最佳。

2. 最小主应力分析

提取各工况下计算模型最小主应力云图，如图 3.38 所示。提取最小主应力值，并计

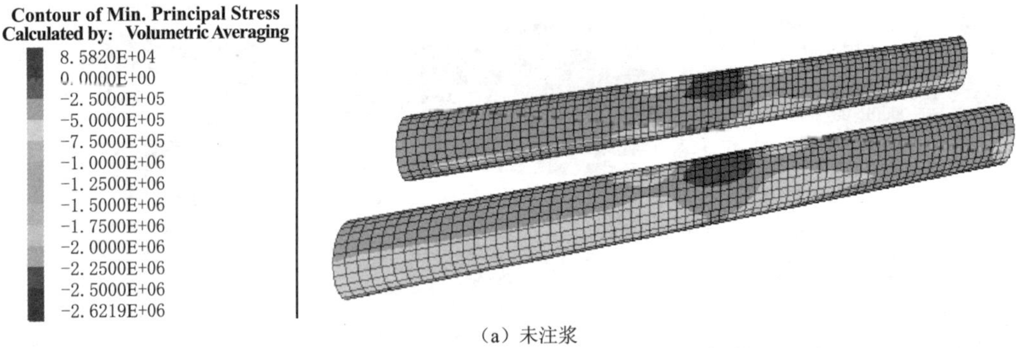

(a) 未注浆

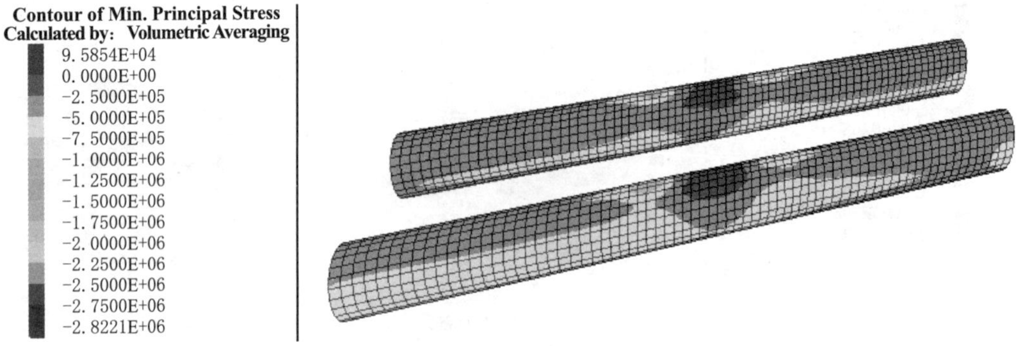

(b) 上半环注浆

图 3.38（一）　最小主应力云图

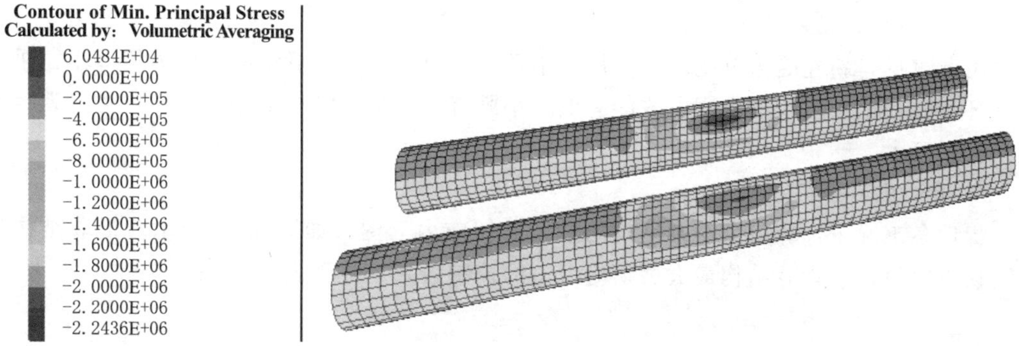

(c) 下半环注浆

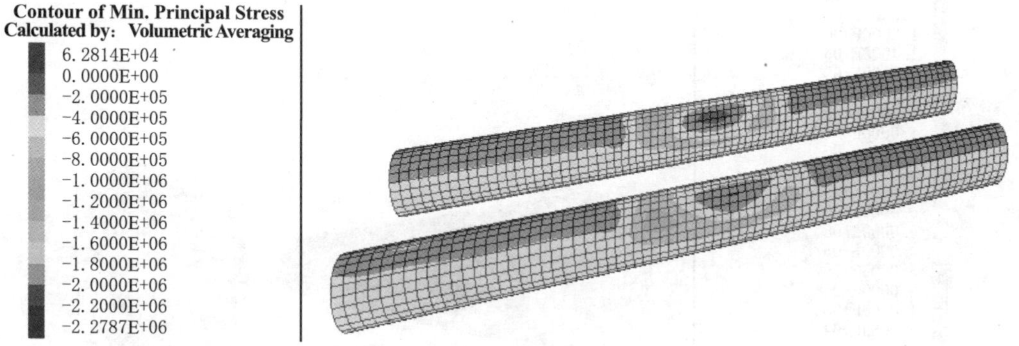

(d) 全环注浆

图 3.38（二）　最小主应力云图

算结构最小主应力值的控制效果，汇于表 3.22 中。

表 3.22　　最小主应力控制效果表

加固方法	最小主应力值/MPa	控制效果/%
未注浆	−2.622	—
上半环注浆	−2.822	−7.63
下半环注浆	−2.244	14.42
全环注浆	−2.279	13.08

由图 3.38 中最小主应力云图可知，新建隧道在未注浆和上半环注浆施工下，既有线隧道在结构外部顶部交叉位置出现主应力最小值，下半环注浆和全环注浆施工下，既有线结构外部在交叉位置未出现主应力最小值，下半环注浆和全环注浆施工下，既有线隧道结构外部的最小主应力值较大。

由表 3.22 可知，新建隧道在未注浆、上半环注浆、下半环注浆和全环注浆施工下，既有隧道的最小主应力值分别为−2.622MPa、−2.822MPa、−2.244MPa、−2.279MPa，上半环注浆、下半环注浆和全环注浆相对未注浆施工的最小主应力控制效果分别为−7.63％、14.42％、13.08％。

由此可见，新建隧道开挖时，采用上半环注浆时，既有线隧道的主应力值最小，采用下半环注浆和全环注浆的加固方式能有效减小既有线隧道的结构最小主应力，且二者控制效果相差不大。

3. 剪切应力分析

提取各工况下计算模型衬砌结构的最大剪切应力云图，如图 3.39 所示。提取结构最大剪切应力值，并计算结构最大剪切应力值的控制效果，汇于表 3.23 中。

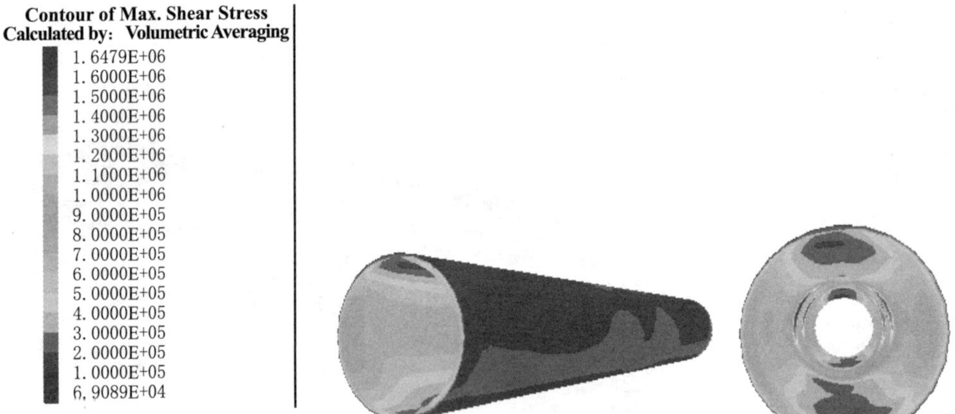

(a) 未注浆

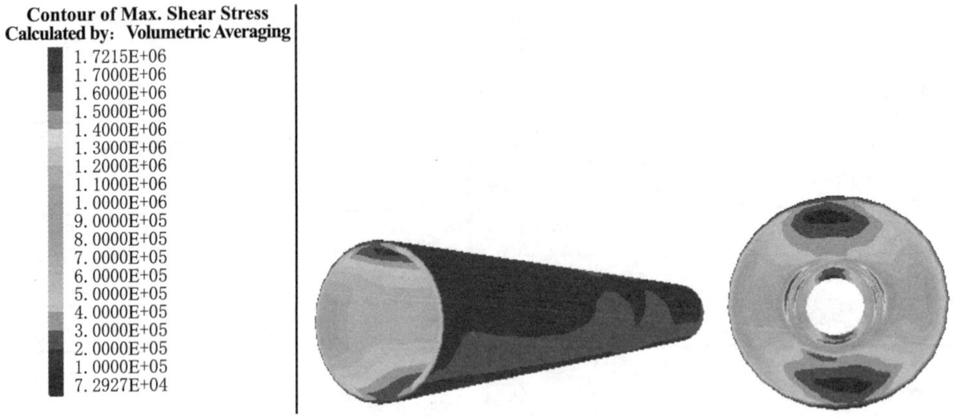

(b) 上半环注浆

图 3.39（一）　最大剪切应力云图

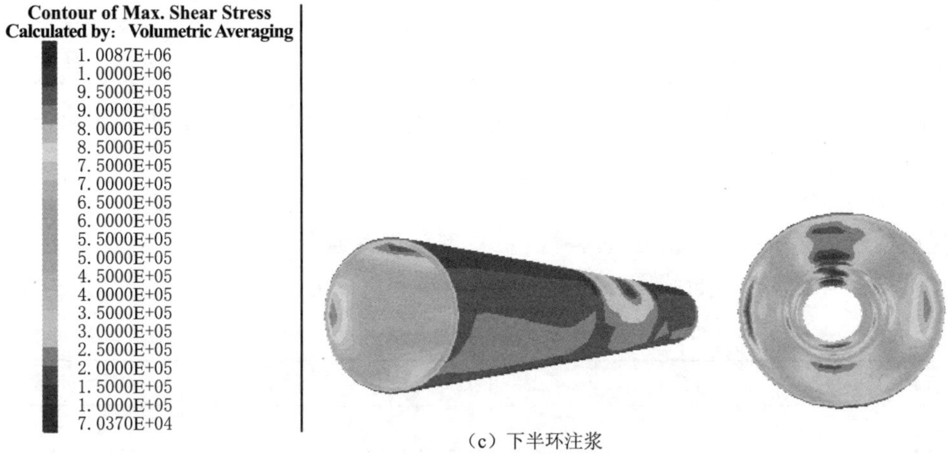

（c）下半环注浆

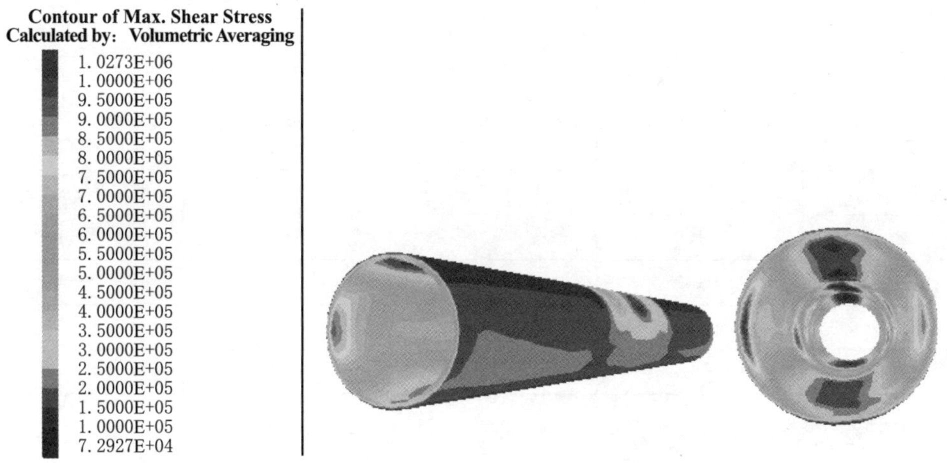

（d）全环注浆

图 3.39（二） 最大剪切应力云图

表 3.23　　最大剪切应力控制效果表

加固方法	最大主应力应力值/MPa	控制效果/%
未注浆	1.648	—
上半环注浆	1.722	−4.49
下半环注浆	1.009	38.77
全环注浆	1.027	37.68

由图 3.39 中最大剪切应力云图可知，新建隧道在未注浆和上半环注浆施工下，既有线隧道在结构内部顶部交叉位置的拱肩位置出现剪应力最大值，下半环注浆和全环注浆施工下，既有线隧道在结构内部顶部交叉位置的边墙位置出现剪应力最大值。

由表 3.23 可知，新建隧道在未注浆、上半环注浆、下半环注浆和全环注浆施工下，既有线隧道的最大剪应力值分别为 1.648MPa、1.722MPa、1.009MPa、1.027MPa，上半环注浆、下半环注浆和全环注浆相对未注浆施工的最大剪应力控制效果分别为−4.49%、38.77%、37.68%。

由此可见，新建隧道开挖时，采用上半环注浆时，既有线隧道的剪应力值最大，采用下半环注浆和全环注浆的加固方式均能有效减小既有线隧道的结构最大剪切主应力，且二者控制效果相差不大。

4. 轴力分析

提取模型运算所得应力值，并计算隧道衬砌结构各监测点的轴力汇于表 3.24 中。绘制初支结构各监测点轴力折线图如图 3.40 所示。

表 3.24　　隧道衬砌结构监测点轴力表　　单位：kN

断面编号	未注浆	上半环注浆	下半环注浆	全环注浆
S1	−138	−127	−125	−86
S2	−156	−161	−88	−70
S3	−170	−192	−23	−72
S4	−143	−157	−4	−36
S5	208	207	−43	−56
S6	516	521	−23	−28
S7	136	169	−73	−85
S8	−108	−130	9	−19
S9	−130	−156	−21	−49
S10	−112	−116	−68	−53
S11	−97	−88	−77	−45

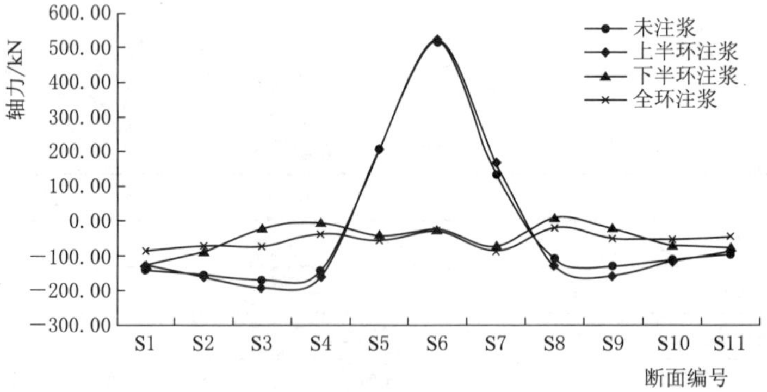

图 3.40　既有线隧道衬砌结构监测点轴力折线图

由表 3.24 可知，4 种工况下，各个断面的最大轴力值普遍为负值，为受压控制，而新建隧道未注浆和上半环注浆施工时，既有线隧道均在 S5、S6 和 S7 断面出现正值，为受拉控制，且轴力值较大。其中未注浆和上半环注浆施工下的既有线隧道轴力最大值均出现在 S6 断面处，分别为 516kN、521kN；下半环注浆施工下的既有线隧道轴力极值出现在 S1 断面处，为－125kN；全环注浆施工下的既有线隧道轴力值分布较为均匀，其极值出现在 S1 断面处，为－86kN。

由图 3.40 可知，在 4 种工况中，新建隧道在未注浆和上半环注浆施工时，既有线隧道结构的轴力绝对值普遍大于下半环注浆和全环注浆施工时的衬砌轴力。4 种工况均在 S4～S8 断面处（即新建隧道与下部既有线隧道交叉位置）出现轴力值激增现象，其中未注浆和上半环注浆施工下既有线隧道结构在交叉位置处轴力值突增明显，而下半环注浆和全环注浆施工下既有线隧道结构的轴力值较为平缓。

由此可见，相对于未注浆下施工，新建隧道采用全环注浆和下半环注浆施工时，既有线隧道结构的最大轴力极值均被有效降低，全环注浆时轴力值分布更为均匀，而上半环注浆使得最大轴力极值有所增大，其中全环注浆施工的轴力控制效果最优。

5. 弯矩分析

提取模型运算所得应力值，并计算隧道衬砌结构各监测点的弯矩汇于表 3.25 中。绘制初支结构各监测点弯矩折线图如图 3.41 所示。

表 3.25　　隧道衬砌结构监测点弯矩表　　单位：kN·m

断面编号	未注浆	上半环注浆	下半环注浆	全环注浆
S1	－3.9	－3.8	－4.0	－3.9
S2	－3.9	－4.0	－3.8	－3.8
S3	－5.0	－5.4	－4.4	－3.8
S4	－5.9	－6.9	－4.4	－4.2
S5	－4.3	－4.9	－2.9	－3.0
S6	6.3	6.0	－1.8	－1.8
S7	－3.6	－3.1	－3.0	－3.0
S8	－4.9	－6.0	－4.0	－3.9
S9	－4.5	－5.2	－4.2	－4.2
S10	－3.6	－3.8	－3.4	－3.4
S11	－3.5	－3.5	－3.4	－3.4

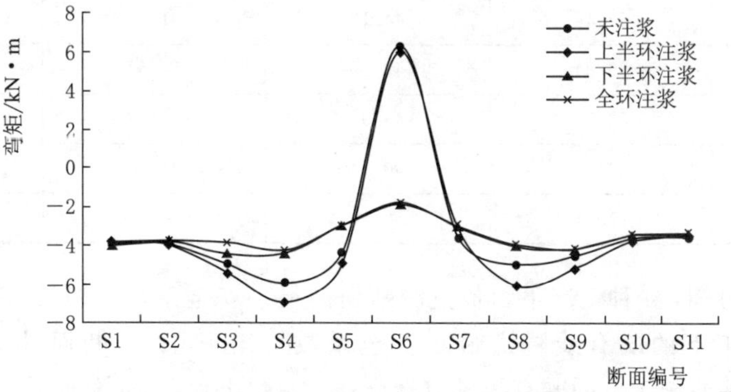

图 3.41　隧道衬砌结构监测点弯矩折线图

由表 3.25 可知，4 种工况下，各个断面的最大弯矩值普遍为负值，而新建隧道在未注浆和上半环注浆施工时，既有线隧道均在 S6 断面出现正值，且弯矩值较大。其中未注浆施工下的既有线隧道弯矩最大值出现在 S6 断面处，为 6.3kN·m；上半环注浆施工下的既有线隧道弯矩最大值出现在 S4 断面处，为－6.9kN·m；下半环注浆施工下的既有线隧道弯矩极值出现在 S3 断面处，为－4.4kN·m；全环注浆施工下的既有线隧道弯矩值分布较为均匀，其极值出现在 S9 断面处，为－4.2kN·m。

由图 3.41 可知，在 4 种工况中，新建隧道在未注浆和上半环注浆施工时，既有线隧道结构的弯矩绝对值普遍大于下半环注浆和全环注浆施工时的衬砌弯矩值。未注浆和上半环注浆施工下，既有线隧道在 S3～S4 和 S9～S8 断面处弯矩值减小，在 S6 断面处出现弯矩激增现象，即既有线隧道弯矩值在临近交叉位置处呈现先减小再增大现象；下半环注浆和全环注浆施工下既有线隧道的弯矩值在 S5～S7（交叉位置处）出现弯矩值减小现象，但变化浮动较小。

由此可见，相对于未注浆下施工，隧道采用全环注浆和下半环注浆施工时，既有线隧道的最大弯矩极值均被有效降低，且弯矩值均分布较为均匀，而上半环注浆使得最大弯矩极值有所增大，其中全环注浆施工下的弯矩极值最小，弯矩控制效果最优。

6. 安全系数分析

提取模型运算所得应力值，并计算隧道衬砌结构各监测点的安全系数汇于表 3.26 中。绘制初支结构各监测点安全系数折线图如图 3.42 所示。

表 3.26　　隧道衬砌结构监测点安全系数表

断面编号	未注浆	上半环注浆	下半环注浆	全环注浆
S1	52.17	56.27	56.49	75.40
S2	46.88	45.56	75.17	85.75
S3	42.29	37.66	15.90	83.54
S4	46.81	41.65	14.66	21.55
S5	35.71	35.45	66.66	107.62
S6	14.55	14.38	73.81	134.03
S7	53.44	44.13	91.50	81.56
S8	59.84	49.50	14.53	17.66
S9	53.76	44.99	16.92	30.82
S10	63.42	60.91	91.18	68.18
S11	71.31	76.70	84.94	46.76

由表 3.26 可知，4 种工况下，各监测断面的最小安全系数普遍较大，其中未注浆和上半环注浆施工下的既有线隧道最小安全系数均出现在 S6 断面处，分别为 14.55、14.38；下半环注浆施工下的既有线隧道最小安全系数出现在 S4 断面处，为 14.66；全环注浆施工下的既有线隧道最小安全系数出现在 S8 断面处，为 17.66。

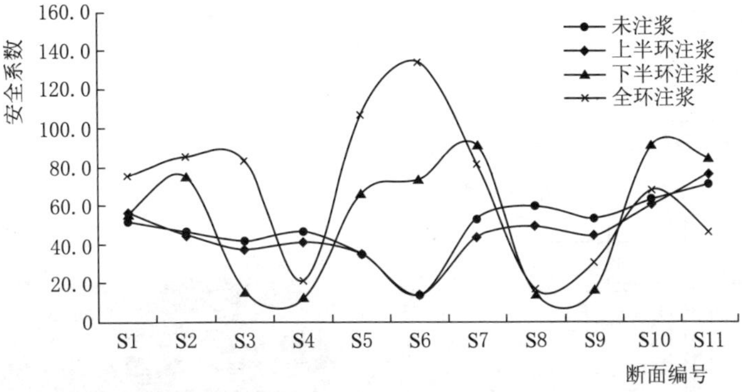

图 3.42　隧道衬砌结构监测点安全系数折线图

由图 3.42 可知，在 4 种工况中，新建隧道在未注浆和上半环注浆施工时，既有线隧道结构的最小安全系数普遍小于下半环注浆和全环注浆施工时的衬砌最小安全系数。未注浆和上半环注浆施工下，既有线隧道在 S5～S7 断面处由于近接施工，使得其衬砌结构最小安全系数锐减；下半环注浆和全环注浆施工下衬砌结构的最小安全系数在 S3～S4 和 S8～S9（临近交叉位置处）出现 S3～S4 锐减现象，其他断面处的安全系数值较大。

由此可见，相对于未注浆下施工，新建隧道采用全环注浆和下半环注浆施工时，既有线隧道的最小安全系数值均被有效降低，而上半环注浆的最小安全系数有所减小，其中全环注浆施工下的最小安全系数值最大，控制效果最优。

3.4　新机场线区间隧道现场监控量测分析

3.4.1　现场监控量测布置

为建设管理单位对轨道交通工程建设风险管理提供支持，通过现场安全监测、现场巡查和安全状态预警，较全面地掌握本工点的施工安全控制程度，为信息管理平台提供基础数据，对施工过程实施全面监控和有效控制管理。其中主要对暗挖区间隧道的洞内结构变形、路面沉降变形和底部既有 10 号线隧道结构变形进行实时监测。

1. 监测网及基准点布设形式

底部既有线的基准点以 10 号线铺轨基标高程控制系统为基准建立，采用闭合水准路线形式，起始并闭合于 10 号线铺轨基标高程控制基准点上。基准点同监测点一起布设成独立的闭合环，或形成由附合路线构成的结点网。

顶部地表沉降的变形监测控制网（点）以北京轨道交通新机场线一期工程施工高程控制系统为基准建立，起始并附合于地铁施工控制网二等精密水准点上。控制点由基准点和加密的工作基点组成，根据本明挖段（含草桥站南侧区间风井）基坑工程的具体位置及周边道路地表等监测对象分布情况，控制网布设成独立网，基准点及加密的工作基点同观测点一起布设成闭合环网。工作基点采用人工开挖或钻具成孔的方式进行埋设，监测点埋设形式如图 3.43 所示。

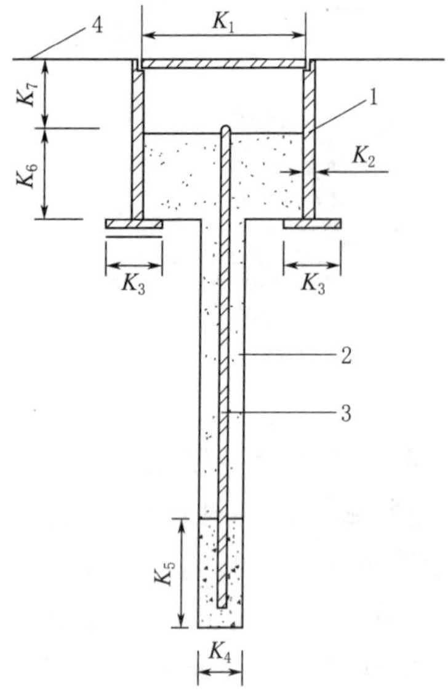

（a）地表测点工作基点

（b）地表沉降测点实景

图 3.43　地表沉降测点

1—保护井；2—钻孔回填细沙；3—螺纹钢标志；4—地面；K_1—保护井盖直径；K_2—保护井井壁厚度；K_3—井垫圈宽，K_4—钻孔孔径；K_5—底端混凝土固结长度；K_6—井圈面距测点顶部高度；K_7—测点顶部距井盖顶高度

2. 测点布置及量测方法

底部既有 10 号线和顶部路面测点的布置情况同 3.3.2 小节。

对于工程的高程控制网采用几何水准测量方法，现场使用 Trimble DINI03 电子水准仪观测，采用电子水准仪自带记录程序，记录外业观测数据文件。高程基准点选择完成后，需至少经过 3 次复测，确认高程基准点处于稳定状态时，方可使用。基准网复测时，往返校差及环线闭合差应在 $\pm 0.3\sqrt{n}$ mm（n 为测站数）以内，每站高差中误差在 0.15mm 内。

观测完成后形成原始电子观测文件，通过数据传输处理软件传输至计算机，检查合格后使用专用水准网平差软件进行严密平差，得出各点高程值。

3.4.2　现场监测结果分析

1. 地表沉降分析

提取施工完成后，现场实测的地表沉降数据和 3.3 节中优选得到的全环注浆施工的地表沉降模拟值列于表 3.27 中。并绘制地表沉降曲线图如图 3.44 所示。

表 3.27　　地表沉降值表

测点编号	模拟值/mm	实测值/mm	实测点基准值
L1	−4.82	3.62	42.9142
L2	−6.55	1.59	42.8913
L3	−8.94	−7.58	42.908
L4	−12.28	−17.96	42.9864
L5	−15.97	−37.88	42.9862
L6	−15.89	−33.02	42.9483
L7	−12.04	−21.47	42.9053
L8	−8.82	−4.6	42.8376
L9	−6.76	2.66	42.7716
L10	−4.73	2.42	42.7419

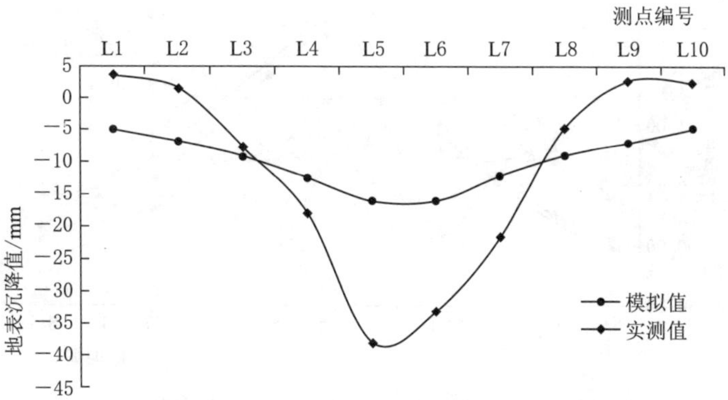

图 3.44　地表沉降图

由表 3.27 及图 3.44 可知，数值模拟和施工现场的地表沉降变化趋势相似，均为以新建隧道中心为轴，中间位置的地表沉降值最大，向两侧沉降值逐渐减小。数值模拟的地表沉降曲线较为平缓，可以满足地表沉降控制标准，而现场施工由于工期、天气、地下水等多方不可控因素的干扰，使得新机场线隧道的开挖导致的实际地表沉降值远大于变形控制值。由于新机场线为右侧小导洞先开挖，使其地表沉降槽在右侧稍大，且实测值在远端位置的测点出现竖向正位移，即在远端出现微小的地表隆起；其中现场的地表沉降监控量测在左侧 L1 测点处出现地表隆起最大值，为 3.62mm，在中间 L5 测点处出现地表沉降最大值，为−37.88mm，远超出变形控制值，未能达到预期的地表变形控制要求。

2. 既有线竖向位移分析

提取施工完成后，现场实测的既有 10 号线隧道结构的竖向变形数据和 3.3 节中优选得到的全环注浆施工下的既有线结构的竖向变形模拟值列于表 3.28 中。并绘制既有 10 号线结构竖向变形曲线图，如图 3.45 所示。

表 3.28　既有 10 号线结构竖向位移表

断面编号	南线模拟值/mm	北线模拟值/mm	南线实测值/mm	北线实测值/mm	南线误差/%	北线误差/%
S1	−0.01	0.06	0.40	0.40	102.50	85.00
S2	0.20	0.26	0.70	0.80	71.43	67.50
S3	0.53	0.59	0.60	0.70	11.67	15.71
S4	0.94	1.01	0.10	0.80	−840.00	−26.25
S5	1.49	1.46	1.00	1.20	−49.00	−21.67
S6	1.75	1.83	0.90	1.20	−94.44	−52.50
S7	1.41	1.52	0.70	0.80	−101.43	−90.00
S8	0.95	1.13	0.70	1.30	−35.71	13.08
S9	0.55	0.75	0.30	0.90	−83.33	16.67
S10	0.26	0.40	0.30	0.50	13.33	20.00
S11	0.07	0.17	0.50	0.40	86.00	57.50

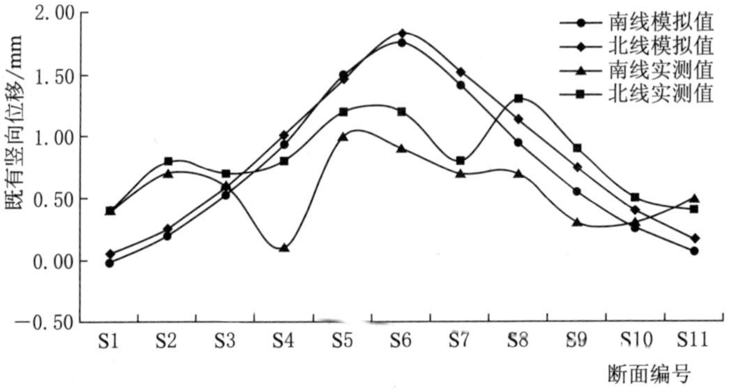

图 3.45　既有 10 号线结构竖向变形曲线

由表 3.28 和图 3.45 可知，无论是模拟值还是实测值，新建新机场线隧道完成后，均满足既有 10 号线隧道的北线结构竖向位移值普遍大于南线竖向位移值；这是由于新建隧道是由南向北进行掘进的，所以底部既有线的北线隧道受掌子面开挖的扰动更大。

由变形曲线图可以看出，理论模拟的竖直位移值规律性更强，而现场实测的测点竖向位移值分散、较为离散，但都大体呈现中间 S5～S7 断面处竖向位移较大、两端较小的趋势；即由于新机场线的开挖，扰动周围土体，导致底部既有 10 号线隧道在与新建新机场线隧道近接位置的竖向位移值较其他位置更大。

其中 10 号线南线的实测竖向位移最大值出现在 S5 测点处，为 1.00mm，而北线的竖向位移最大值出现在 S8 测点处，为 1.30mm，且在交叉位置的 S5、S6 测点处的实测值同样较大，均达到了 1.20mm。

由现场监控量测可知，新机场线的施工对地表沉降控制效果较差，未能满足预期的地表变形控制值，而对于特级风险的近接底部既有 10 号线的控制效果较好，使底部 10 号线结构的竖向位移值均未超过 1.30mm，且在交叉位置的控制效果较为明显。

3.5 本 章 小 结

（1）对于上跨既有线隧道的近接施工，新建隧道的开挖洞径和近接距离直接影响既有线的稳定性。

（2）对于既有线隧道的衬砌结构变形值，在相同的近接距离下，其位移值随新建隧道开挖洞径的增大而增大，在相同开挖洞径下，其位移值随两隧道近接距离的减小而增大。

（3）对于既有线隧道的衬砌结构内力值，在相同开挖洞径下，其最大主应力随两隧道近接距离的减小而增大，在相同的近接距离下，其最大主应力随新建隧道开挖洞径的减小而增大。

（4）在未注浆、上半环注浆、下半环注浆和全环注浆施工 4 种工况中，全环注浆对于控制路面及既有线变形效果最优，路面沉降和既有线上浮均未超过 2mm，符合位移控制标准。

（5）对于既有线隧道内力，在 4 种工况中，全环注浆的最大主应力控制效果显著，下半环注浆的最小主应力和最大剪切应力控制效果最优，但全环注浆时的对应值均与其相差不大，故全环注浆施工对既有线隧道内力控制效果最好。

（6）对于新建隧道内力，在 4 种工况中，全环注浆的最大主应力、最小主应力和最大剪切应力的控制效果均较为显著，且其施工时新建隧道衬砌结构各断面的最大轴力、弯矩值均为最小，最小安全系数值最大，故全环注浆对新建隧道结构内力控制效果最好。

第4章　19号线小净距隧道近接隧道群施工影响分析

4.1　概　　述

在我国经济高度发达的超一线城市，地下空间的利用率也相对较高，使其剩余的可开发容积已逐渐趋于饱和，故在新建地铁隧道的建设中，常常出现多条隧道交叉纵横的现象。本章依托北京地铁19号线小净距隧道新草区间工程段，对新建的小净距隧道近接隧道群的施工力学行为进行研究，其中新建19号线上跨底部10号线双盾构隧道，西邻新机场线大断面区间隧道。对新建隧道的预加固方案和两隧道开挖顺序进行结构变形分析，并根据优选工序进行加固方案研究，进而确定出更为安全有效、经济合理的隧道群施工方案，为在建工程提供有力的理论依据。

4.2　研　究　情　况

4.2.1　计算模型

以北京地铁19号线暗挖区间隧道为背景，依据实际隧道洞径、间隔建立数值计算模型。模拟运用弹塑性本构模型结合摩尔-库伦准则进行有限差分计算，边界条件为：底部边界施加竖直约束，前后左右边界施加水平约束，顶部为自由面。计算模型横向 x 总宽度为100m，纵向纵 y 总长度为80m，竖向 z 总高度为30m。其中底部既有线隧道为洞径6m的双洞双向盾构隧道，两洞间距10m；左侧（西侧）既有隧道为新机场线单洞双向大断面隧道，隧道宽约10.3m，高约7.7m。新建的小净距隧道西侧为CD法开挖，洞径约6.5m，东侧为洞桩法开挖，最大开挖断面宽约15.8m，高约8.8m，两洞净距仅为1.3m，顶部覆土厚度以实际工程为准，即埋深约4.8m。新建小净距隧道区间与西侧既有线隧道平行，间距约11.8m，与底部既有线隧道交叉，交叉角度约110°，最小间距约0.9m。计算模型如图4.1所示。

4.2.2　测点布置

1. 路面测点

为便于区分，将新建小净距隧道中的西侧小断面隧道编号为新建1号隧道，东侧大断面隧道编号为新建2号隧道。以东侧2号隧道顶为中心，向两侧每隔4m设置一处路面监测点，共12处路面监测点，监测计算模型在模拟施工过程中的路面沉降情况，测点布置

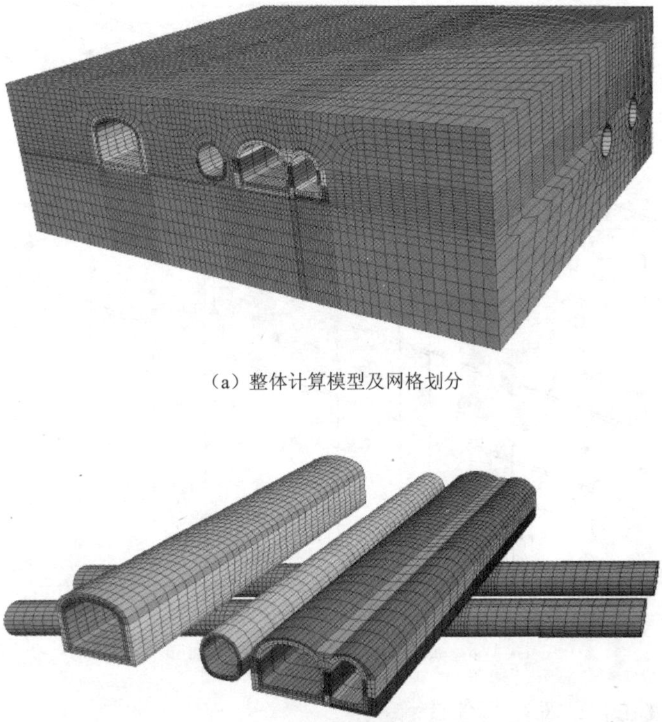

（a）整体计算模型及网格划分

（b）交叉隧道模型

图 4.1　计算模型

及隧道编号如图 4.2 所示。

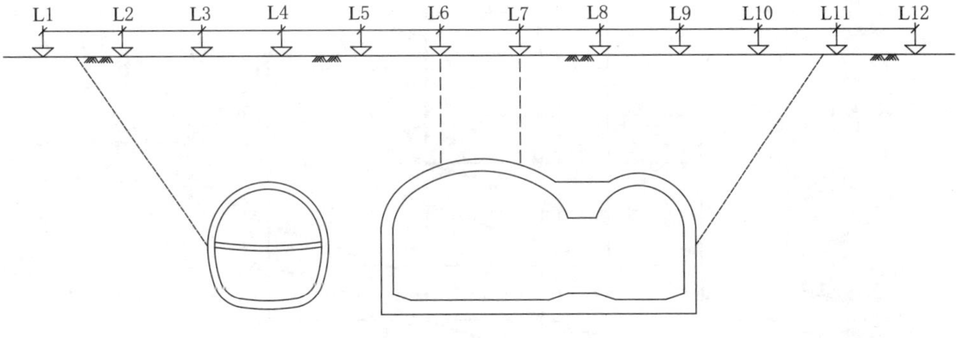

图 4.2　路面测点布置

2. 既有线监测点

在底部既有线隧道每隔 5m 布置一个监测断面，有 S1～S11 共 11 个监测断面，在各断面上记录拱顶位置的位移情况与应力变化。具体测点（用“•”表示）布置如图 4.3 所示。

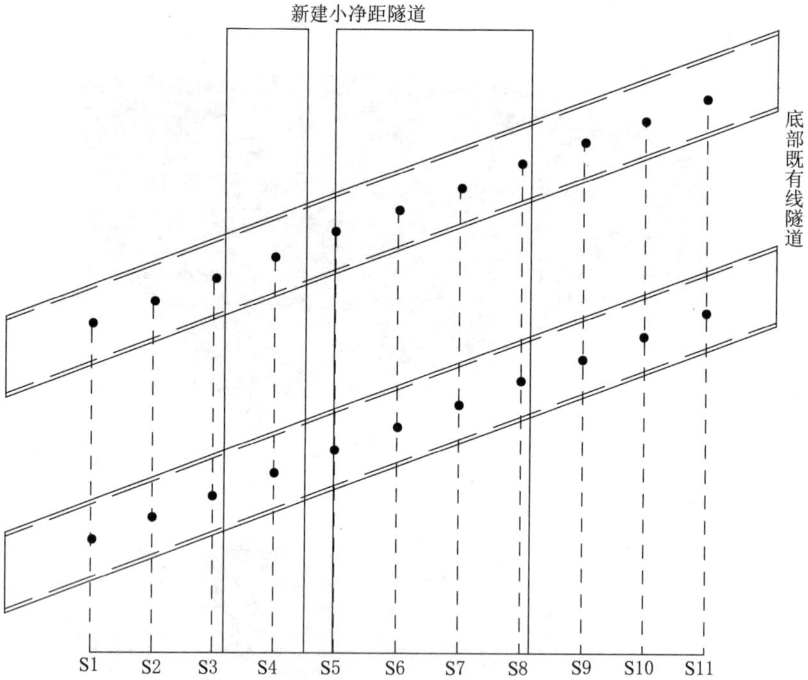

图 4.3　底部既有线隧道监测断面布置

3. 新建隧道及西侧既有线隧道监测点

由于新建隧道小净距隧道与西侧平行的既有线隧道平行，故选用同一监测断面，具体断面布置如图 4.4 所示，其中新建隧道在 N1～N4、N6～N9 断面之间的间隔为 7m，N4～N6断面之间的间距为 8m。西侧既有线隧道在各监测断面处记录其在开挖中的横向

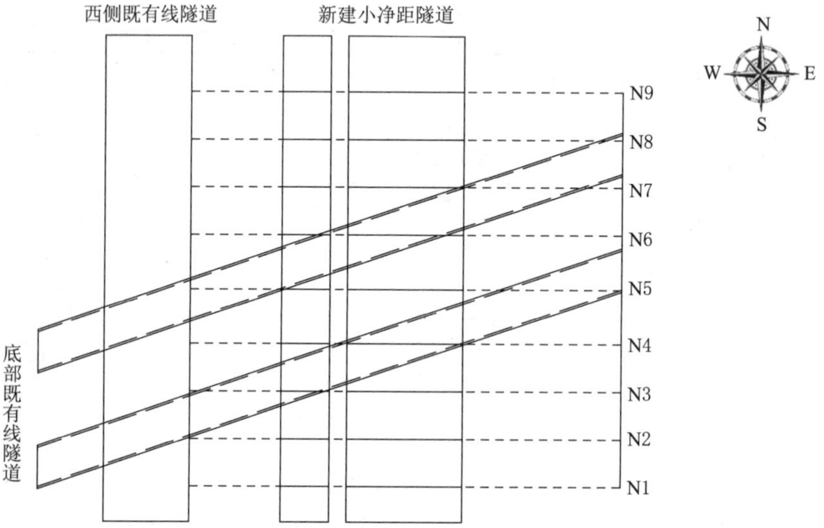

图 4.4　新建隧道及西侧既有线隧道监测断面布置

位移值；新建小净距隧道在监测断面处记录其各测点的位移情况及应力变化，其中两新建隧道的断面内监测点分布如图 4.5 所示。

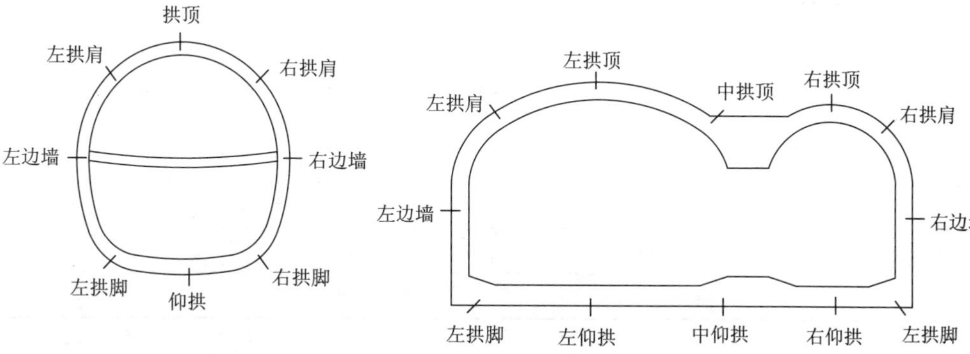

（a）新建1号隧道　　（b）新建2号隧道

图 4.5　新建隧道监测点分布

4.3　小径距隧道近接隧道群施工顺序分析

4.3.1　计算工况

计算工况为两新建隧道防护措施及开挖顺序的研究，具体计算内容见表 4.1。

表 4.1　　**计　算　工　况**

工　况	施　工　顺　序	防　护　措　施
工况一	西侧小洞完工后东侧开挖	未加固
工况二	西侧小洞完工后东侧开挖	管棚、管幕防护
工况三	东侧大洞完工后西侧开挖	管棚、管幕防护

注　西侧隧道为 CD 法开挖，东侧隧道为 PBA 法开挖，两隧道与新机场线平行、与10 号线夹角为 110°。

4.3.2　位移分析

1. 路面沉降分析

提取计算模型在开挖中的路面最大沉降值，并汇于表 4.2 中。将路面沉降分布图绘于图 4.6 中。

表 4.2　　**路 面 最 大 沉 降 值**　　单位：mm

测点编号	工　况　一	工　况　二	工　况　三
L1	－11.08	－2.34	－5.97
L2	－16.61	－5.73	－8.48
L3	－24.60	－10.90	－12.83

续表

测点编号	工　况　一	工　况　二	工　况　三
L4	−32.61	−17.03	−17.74
L5	−36.56	−20.67	−19.49
L6	−42.92	−25.35	−20.67
L7	−43.75	−26.14	−20.95
L8	−41.51	−23.94	−19.15
L9	−37.53	−19.26	−15.51
L10	−28.42	−11.97	−8.96
L11	−23.42	−8.97	−5.96

由图 4.6 可以看出，3 种工况均在新建隧道顶部的路面沉降现象最严重，向两侧沉降现象有所缓解；由于工况一和工况二均为先开挖西侧小洞后开挖东侧大洞，所以这两工况的路面沉降曲线相似，东侧大洞顶的路面沉降值明显大于西侧小洞顶的路面沉降值，施加防护措施的工况二在各个监测点的沉降值均小于对应的工况一；工况三为先开挖东侧大洞后开挖西侧小洞，使得两隧道顶部路面沉降值较为平缓。由表 4.2 可知，3 种工况下的路面最大沉降值均出现在 L7 测点位置，最大沉降值分别为−43.75mm、−26.14mm、−20.95mm，其中工况三的路面沉降值普遍较小，但最大沉降值仍不满足控制标准。

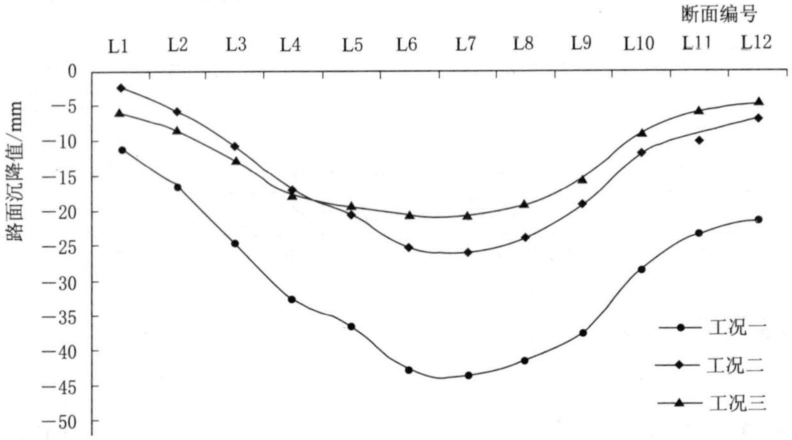

图 4.6　路面沉降分布

由此可见，施加有效的防护措施可明显降低路面沉降，且先开挖东侧大洞后开挖西侧小洞可使路面沉降较为平缓。

2. 底部既有线拱顶位移分析

提取计算模型的开挖计算结果，将新建隧道开挖结束后的既有线隧道拱顶的沉降值汇于表 4.3 中，并绘制底部既有线结构变形图如图 4.7 所示。

表 4.3　　底部既有线拱顶竖向最大位移值　　单位：mm

断面编号	工况一		工况二		工况三	
	北线	南线	北线	南线	北线	南线
S1	−0.35	−0.25	0.19	0.43	0.20	0.37
S2	0.69	0.40	0.26	0.58	0.35	0.57
S3	1.71	1.43	0.24	0.59	0.49	0.68
S4	4.04	3.35	−0.70	−0.05	−0.92	0.34
S5	6.61	5.61	−1.13	−0.33	−1.09	−0.36
S6	6.34	5.60	−1.79	−0.94	−1.46	−0.75
S7	4.90	4.49	−2.12	−1.28	−1.65	−1.00
S8	1.02	1.47	−1.88	−1.16	−1.33	−0.87
S9	−0.84	−0.54	−1.37	−0.84	−0.82	−0.61
S10	−0.98	−0.93	−0.82	−0.59	−0.39	−0.41
S11	−0.92	−0.92	−0.40	−0.29	−0.10	−0.19

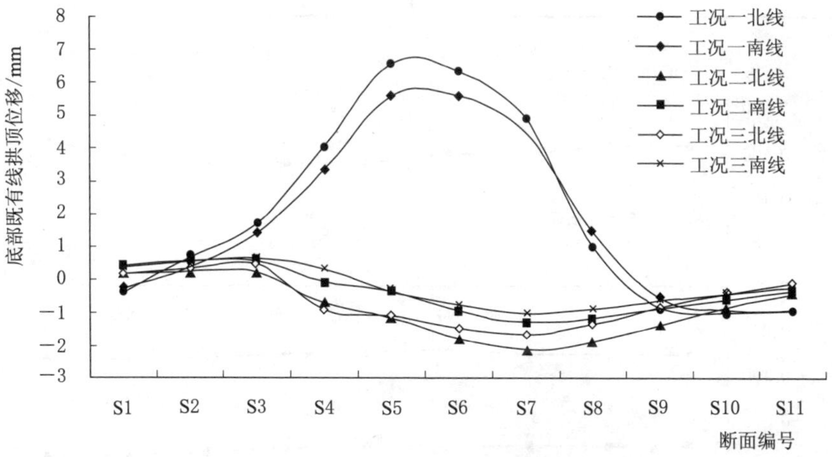

图 4.7　底部既有线拱顶位移图

由图 4.7 可知，由于新建隧道施工由南向北进行掘进，故底部既有线隧道北线的结构受新隧道掌子面施工扰动影响较大，使其结构变形值较大，且均在 S4～S8 监测断面（新建隧道底部）的变形值较大；未采取防护措施的工况一，底部既有线的变形主要为向上位移，而采取防护措施后的工况二和工况三，由于管棚与管幕的施作面积较大、重量较大，使底部既有线的变形主要为向下位移。

由表 4.3 可知，既有线隧道在与新建隧道交叉位置出现明显变形，向两侧变形现象逐渐减小；未采取防护措施的工况一在 S5 监测断面，即新建 1 号隧道底部出现变形极值，为南线的 6.61mm；采取防护措施的工况二和工况三均在 S7 监测断面，即新建 2 号隧道底部南线出现变形极值，分别为−2.12mm、−1.65mm。

由此可见，采取管棚与管幕防护措施的工况二和工况三，能有效降低底部既有线的结构变形，工况三的底部既有线变形极值最小，且不大于 2mm，满足变形控制标准。

3. 西侧既有线横向位移

提取计算模型的开挖计算结果，将新建隧道开挖结束后的既有线隧道拱顶的沉降值汇于表 4.4 中，沉降变化汇于图 4.8 中。

表 4.4　　西侧既有线拱顶横向最大位移值　　单位：mm

测点编号	工　况　一	工　况　二	工　况　三
N1	0.160	−0.180	−0.077
N2	0.160	−0.179	−0.076
N3	0.150	−0.178	−0.075
N4	0.150	−0.180	−0.070
N5	0.140	−0.178	−0.074
N6	0.140	−0.183	−0.076
N7	0.140	−0.187	−0.080
N8	0.145	−0.191	−0.082
N9	0.164	−0.192	−0.083

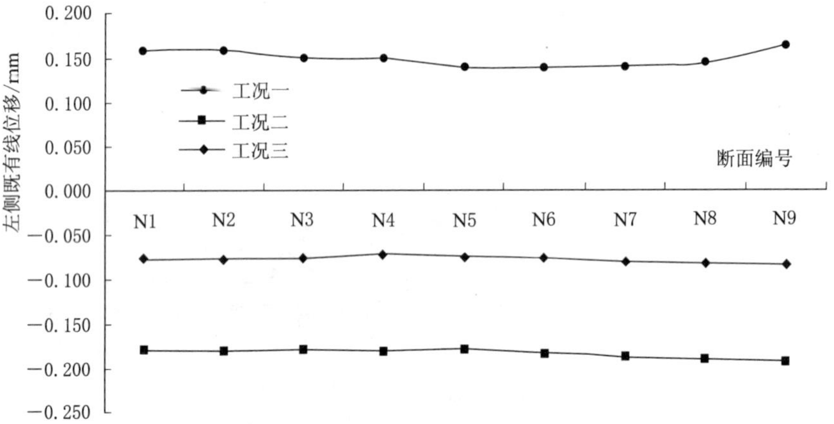

图 4.8　既有线拱顶位移图

由图 4.8 可知，由于新建隧道与西侧既有线同向且平行，所以既有线的变形值在各个监测点处相差不大；未采取防护措施的工况一，西侧既有线的变形为正向位移，即向右侧新建隧道位移，而采取防护措施后的工况二和工况三，西侧既有线的变形为负向位移，即向左远离新建隧道位移。

由表 4.4 可知，在各工况下，西侧既有线的变形值均未超过 0.20mm，变形较为平缓；其中工况一、工况二、工况三的位移极值分别为 0.164mm、－0.192mm 和－0.083mm。

由此可见，由于西侧既有线隧道与新建隧道的距离较大，使新建隧道施工时对既有线的变形影响较小。

4. 新建1号隧道位移

提取模型位移最大值与最小值，并计算工况一至工况三的位移控制效果（与工况一进行对比），计算结果汇于表4.5中。

表4.5　新建1号隧道位移值控制效果表

工　况	竖　向　位　移		横　向　位　移	
	极值/mm	控制效果/%	极值/mm	控制效果/%
工况一	−9.71	—	−2.58	—
工况二	−4.85	50.05	−1.98	23.26
工况三	−4.29	55.82	−1.70	34.11

由表4.5可知，新建1号隧道竖向位移以向上变形为主，横向位移以向西为主；未采取防护措施的工况一的新建1号隧道的变形值明显大于采取防护措施的工况二和工况三；其中工况一、工况二和工况三的新建1号隧道竖向位移值分别为−9.71mm、−4.85mm、−4.29mm，横向位移值分别为−2.58mm、−1.98mm、−1.70mm；工况二和工况三相对工况一的竖向位移控制效果分别为50.05%、55.82%，横向位移控制效果分别为23.26%、34.11%。由此可见，新建隧道施加防护措施后能有效降低衬砌结构变形，且先施工东侧后施工西侧的顺序能减少西侧隧道的结构变形。

5. 新建2号隧道位移

提取模型位移最大值与最小值，并计算工况一至工况三的位移控制效果（与工况一进行对比），计算结果汇于表4.6中。

表4.6　新建2号隧道位移值控制效果表

工　况	竖　向　位　移		横　向　位　移	
	极值/mm	控制效果/%	极值/mm	控制效果/%
工况一	−15.53	—	−2.69	—
工况二	−3.97	74.44	−1.61	40.15
工况三	−3.78	75.66	−1.44	46.47

由表4.6可知，新建2号隧道竖向位移以向下变形为主，横向位移以向西为主；未采取防护措施的工况一的新建2号隧道的变形值明显大于采取防护措施的工况二和工况三；其中工况一、工况二和工况三的新建2号隧道竖向位移值分别为−15.53mm、−3.97mm、−3.78mm，横向位移值分别为−2.69mm、−1.61mm、−1.44mm；工况二和工况三相对工况一的竖向位移控制效果分别为74.44%、75.66%，横向位移控制效果分别为40.15%、46.47%。由此可见，新建隧道施加防护措施后能有效降低衬砌结构变形，且先施工东侧后施工西侧的顺序能减少东侧隧道的结构变形。

4.3.3　既有线内力分析

1. 底部既有线最大主应力

提取各工况下计算模型衬砌结构的最大主应力云图，如图 4.9 所示。提取结构最大主应力值，并计算结构最大主应力值的控制效果，汇于表 4.7 中。

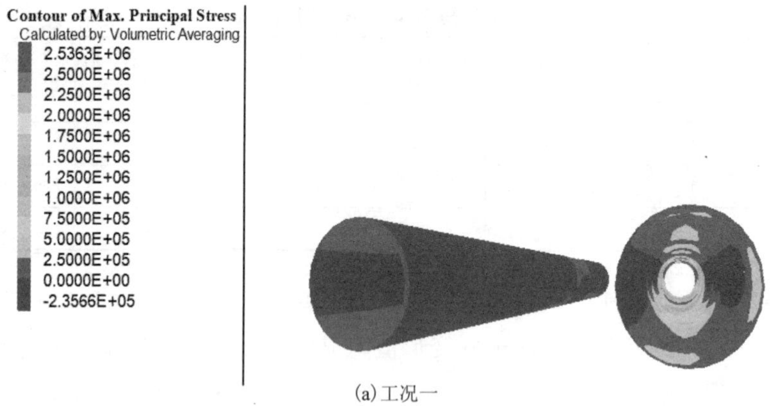

(a) 工况一

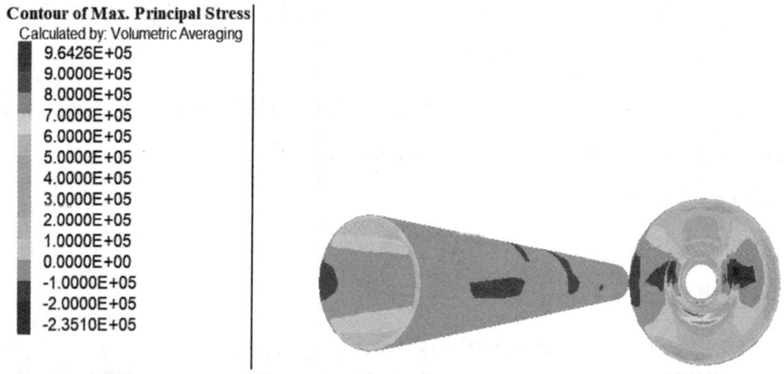

(b) 工况二

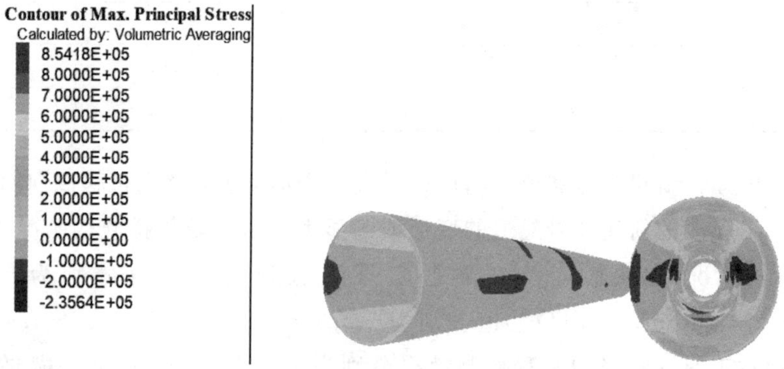

(c) 工况三

图 4.9　最大主应力云图

表 4.7　　　　最大主应力控制效果表

工　况	最大值/MPa	控制效果/%
工况一	2.536	—
工况二	0.964	61.99
工况三	0.854	66.32

由图 4.9 中最大主应力云图可知，新建隧道施工过程中未采取防护措施时，底部既有线在交叉位置拱顶处出现最大主应力极值，采取防护措施后，底部既有线在交叉位置仰拱处出现最大主应力极值。

由表 4.7 可知，未采取防护措施的工况一的最大主应力极值为 2.536MPa，而采取防护措施的工况二和工况三的最大主应力极值分别为 0.964MPa 和 0.854MPa，采取防护措施后，底部既有线的最大主应力明显减小；西侧先开挖的工况二相对工况一的最大主应力控制效果为 61.99%，东侧先开挖的工况三相对工况一的最大主应力控制效果为 66.32%。由此可见，施加防护后新建隧道东侧先开挖可有效降低底部既有线的最大主应力。

2. 底部既有线最小主应力分析

提取各工况下计算模型最小主应力云图，如图 4.10 所示。提取最小主应力值，并计

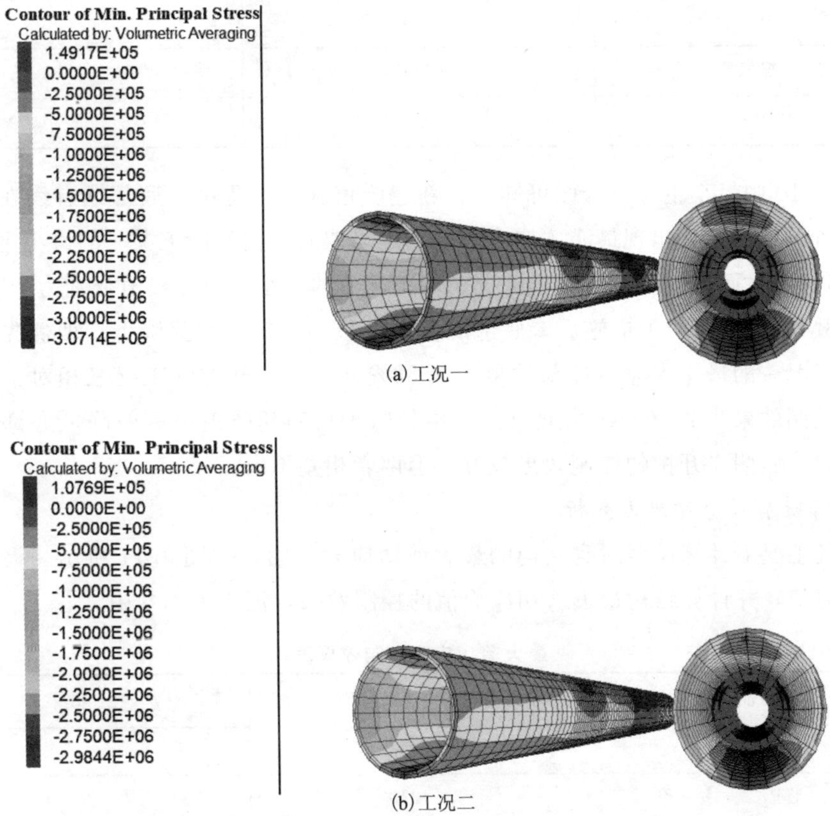

图 4.10（一）　最小主应力云图

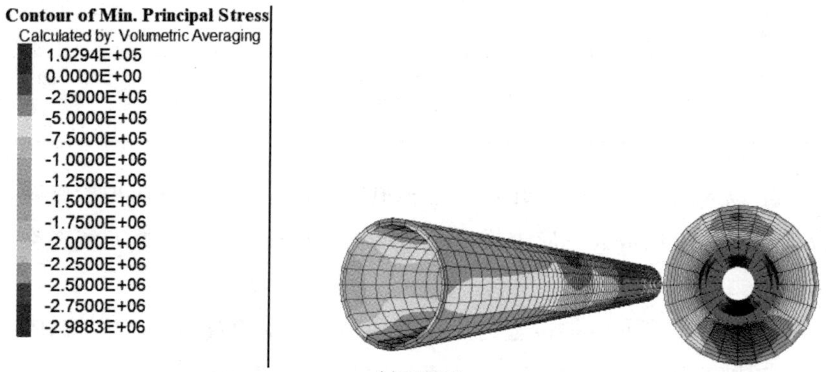

(c)工况三

图 4.10（二）　最小主应力云图

算结构最小主应力值的控制效果，汇于表 4.8 中。

表 4.8　最小主应力控制效果表

工　况	最小值/MPa	控制效果/%
工况一	－3.071	—
工况二	－2.984	2.83
工况三	－2.988	2.70

由图 4.10 中最小主应力云图可知，在新建隧道施工过程中，底部既有线在与新建隧道交叉位置的两拱肩处出现最小主应力极值，未采取防护措施的工况一的最小主应力极值为－3.071MPa，而采取防护措施的工况二和工况三的最小主应力极值分别为－2.984MPa和－2.988MPa，采取防护措施后，底部既有线的最小主应力明显降低；西侧先开挖的工况二相对工况一的最小主应力控制效果为 2.83%，东侧先开挖的工况三相对工况一的最小主应力控制效果为 2.70%。由此可见，施加防护后新建隧道可有效降低底部既有线的最小主应力，西侧先开挖的控制效果较好，但两者相差不大。

3. 底部既有线剪切应力分析

提取各工况下计算模型衬砌结构的最大剪切应力云图，如图 4.11 所示。提取结构最大剪切应力值，并计算结构最大剪切应力值的控制效果，汇于表 4.9 中。

表 4.9　最大剪切应力控制效果表

工　况	最大剪切应力值/MPa	控制效果/%
工况一	1.983	—
工况二	1.422	28.29
工况三	1.440	27.38

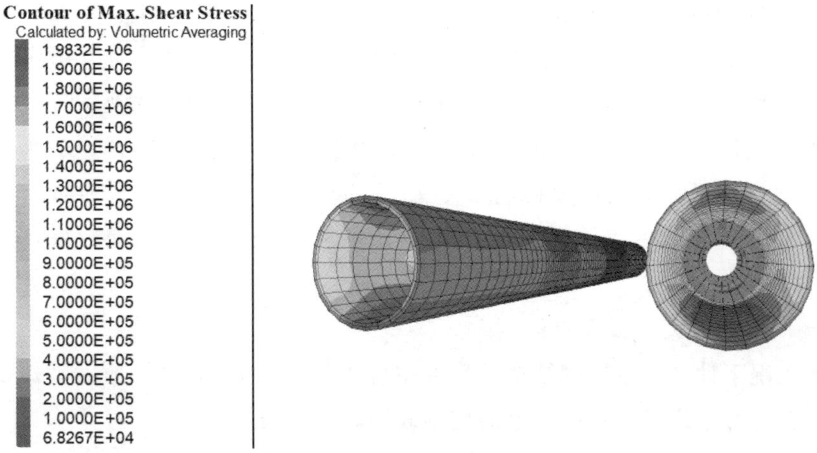

(a)工况一

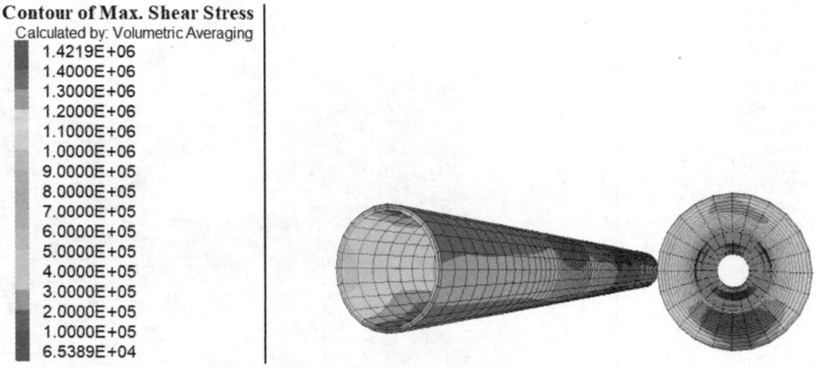

(b)工况二

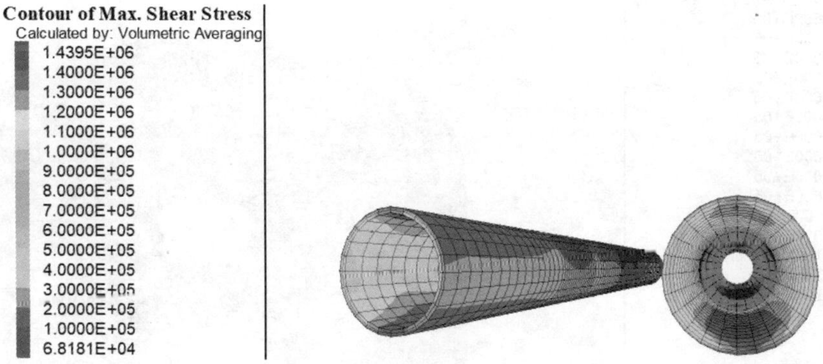

(c)工况三

图 4.11 最大剪切应力云图

由图 4.11 中最大剪切应力云图可知，在新建隧道施工过程中，底部既有线在与新建隧道交叉位置的两拱肩处出现最大剪切应力极值，未采取防护措施的工况一的最大剪切应力极值为 1.983MPa，而采取防护措施的工况二和工况三的最大剪切应力极值分别为 1.422MPa 和 1.440MPa，采取防护措施后，底部既有线的最大剪切应力明显降低；西侧先开挖的工况二相对工况一的最大剪切应力控制效果为 28.29%，东侧先开挖的工况三相对工况一的最大剪切应力控制效果为 27.38%。由此可见，施加防护后新建隧道可有效降低底部既有线的最大剪切主应力，西侧先开挖的控制效果较好，但两者相差不大。

4. 西侧既有线最大主应力分析

提取各工况下计算模型衬砌结构的最大主应力云图，如图 4.12 所示。提取结构最大主应力值，并计算结构最大主应力值的控制效果，汇于表 4.10 中。

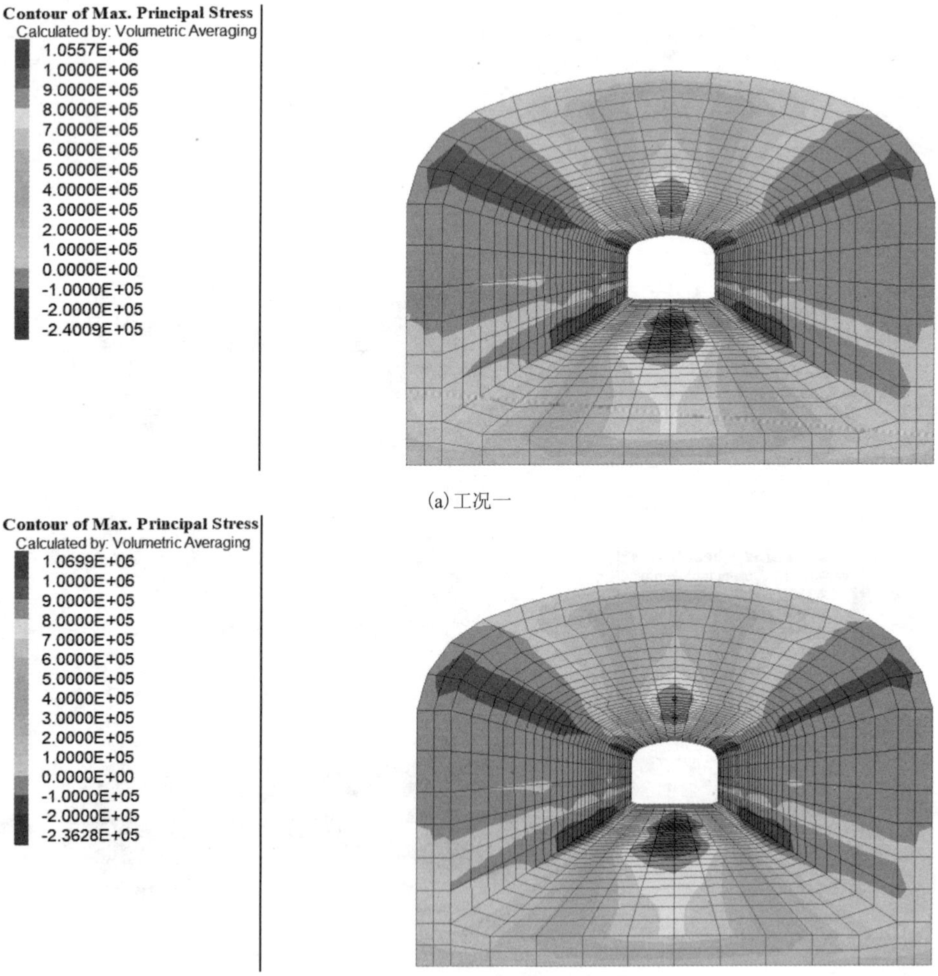

(a) 工况一

(b) 工况二

图 4.12（一）　最大主应力云图

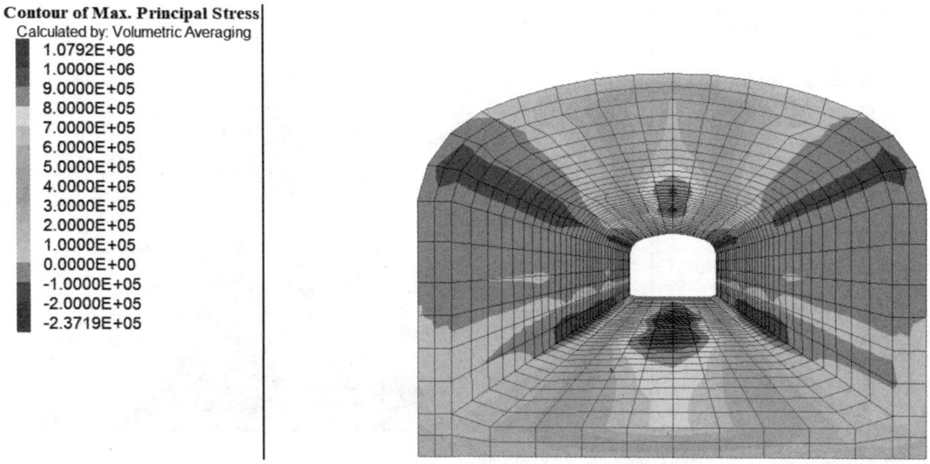

(c)工况三

图 4.12（二） 最大主应力云图

表 4.10 **最大主应力控制效果表**

工　况	最大值/MPa	控制效果/%
工况一	1.056	—
工况二	1.070	0.014
工况三	1.079	0.023

由图 4.12 中最大主应力云图可知，新建隧道施工过程中，西侧既有线在与底部既有线交叉位置仰拱处出现最大主应力极值。

由表 4.10 可知，未采取防护措施的工况一的最大主应力极值为 1.056MPa，而采取防护措施的工况二和工况三的最大主应力极值分别为 1.070MPa 和 1.079MPa，采取防护措施后，底部既有线的最大主应力稍有增大；西侧先开挖的工况二相对工况一的最大主应力的控制效果为 0.014%，东侧先开挖的工况三相对工况一的最大主应力的控制效果为 0.023%。由此可见，防护后西侧既有线的最大主应力有所增大，但相差不大。

5. 西侧既有线最小主应力分析

提取各工况下计算模型最小主应力云图，如图 4.13 所示。提取最小主应力值，并计算结构最小主应力值的控制效果，汇于表 4.11 中。

表 4.11 **最小主应力控制效果表**

工　况	最小值/MPa	控制效果/%
工况一	−1.764	—
工况二	−1.792	−0.028
工况三	−1.800	−0.036

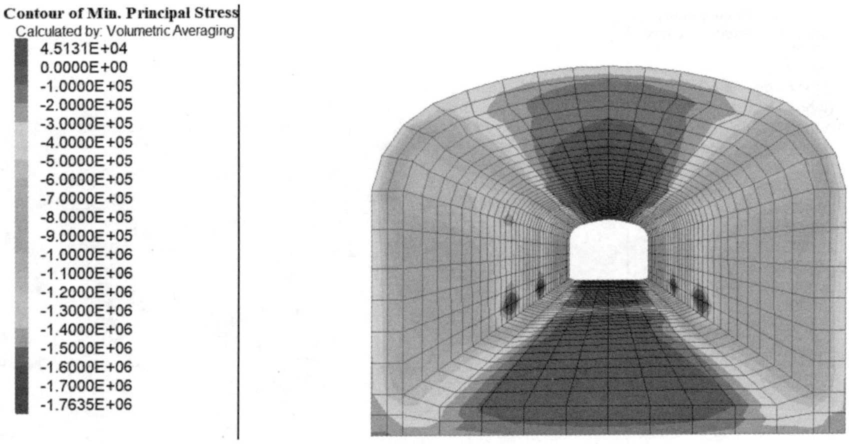

(a) 工况一

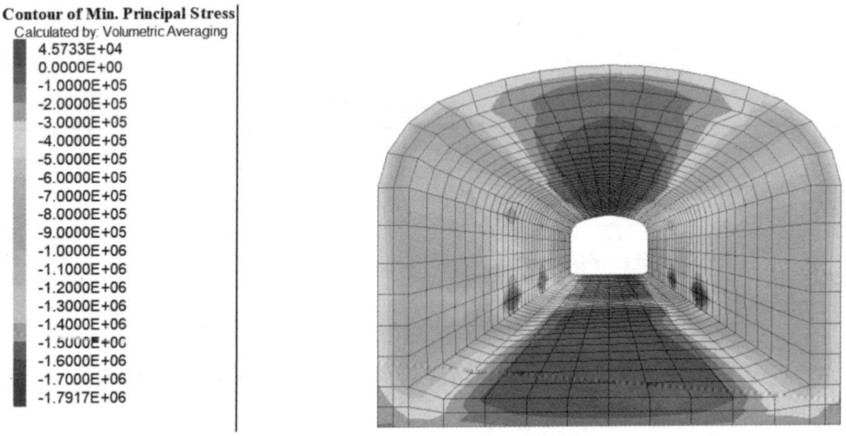

(b) 工况二

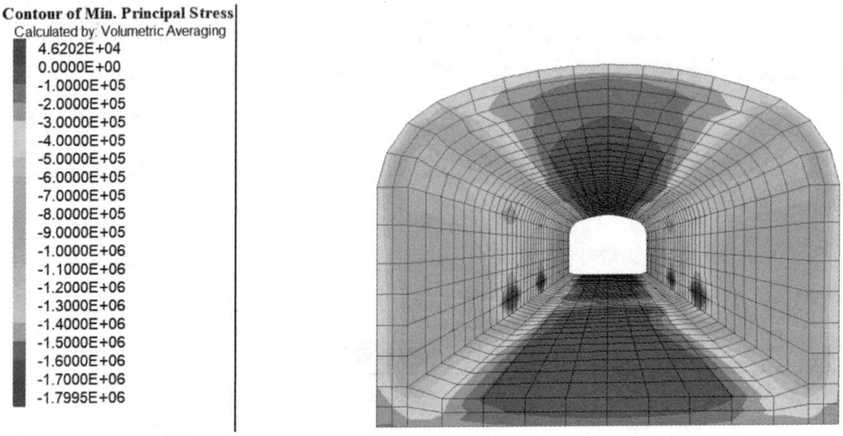

(c) 工况三

图 4.13　最小主应力云图

由图 4.13 中最小主应力云图可知，新建隧道施工过程中，西侧既有线在与底部既有线交叉位置两拱脚处出现最小主应力极值。

由表 4.11 可知，未采取防护措施的工况一的最小主应力极值为－1.764MPa，而采取防护措施的工况二和工况三的最小主应力极值分别为－1.792MPa 和－1.800MPa；西侧先开挖的工况二相对工况一的最小主应力的控制效果为－0.028%，东侧先开挖的工况三相对工况一的最小主应力的控制效果为－0.036%。由此可见，施加防护后西侧既有线的最小主应力极值有所增大，但相差不大。

6. 西侧既有线剪切应力分析

提取各工况下计算模型衬砌结构的最大剪切应力云图，如图 4.14 所示。提取结构最大剪切应力值，并计算结构最大剪切应力值的控制效果，汇于表 4.12 中。

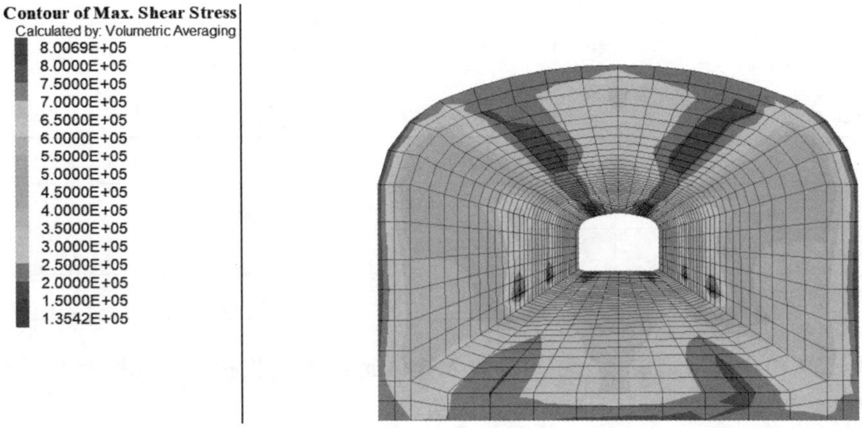

(a)工况一

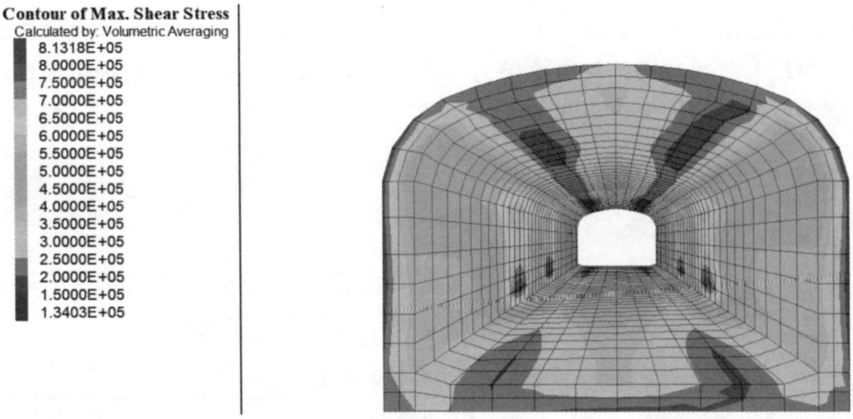

(b)工况二

图 4.14（一） 最大剪切应力云图

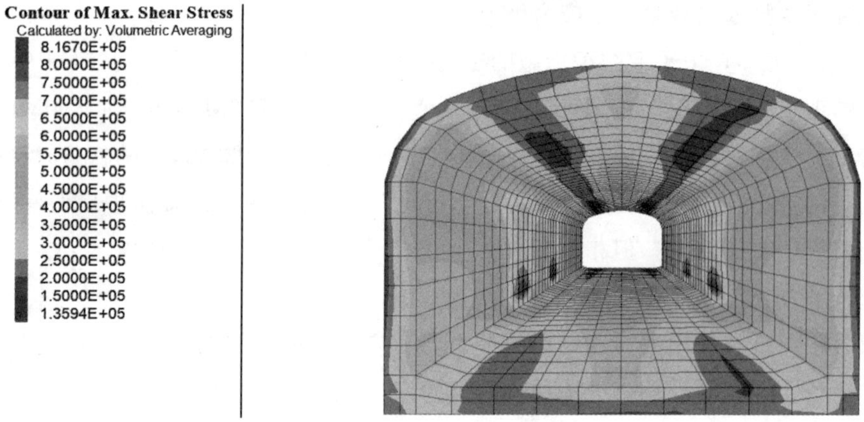

(c) 工况三

图 4.14（二）　最大剪切应力云图

表 4.12　　最大剪切应力控制效果表

工　况	最大剪切应力值/MPa	控制效果/%
工况一	0.801	—
工况二	0.813	0.012
工况三	0.817	0.016

由图 4.14 中最大剪切应力云图可知，新建隧道施工过程中，西侧既有线在与底部既有线交叉位置两拱脚处出现最大剪切应力极值。

由表 4.12 可知，未采取防护措施的工况一的最大剪切应力极值为 0.801MPa，而采取防护措施的工况二和工况三的最大剪切应力极值分别为 0.813MPa 和 0.817MPa；西侧先开挖的工况二相对工况一的最大剪切应力的控制效果为 0.012%，东侧先开挖的工况三相对工况一的最大剪切应力的控制效果为 0.016%。由此可见，施加防护后西侧既有线的最大剪切应力极值有所增大，但相差不大。

4.3.4　新建 1 号隧道内力分析

1. 最大主应力分析

提取各工况下计算模型衬砌结构的最大主应力云图，如图 4.15 所示。提取结构最大主应力值，并计算结构最大主应力值的控制效果，汇于表 4.13 中。

表 4.13　　最大主应力控制效果表

工　况	最大主应力值/MPa	控制效果/%
工况一	1.292	—
工况二	1.005	22.21
工况三	0.925	28.41

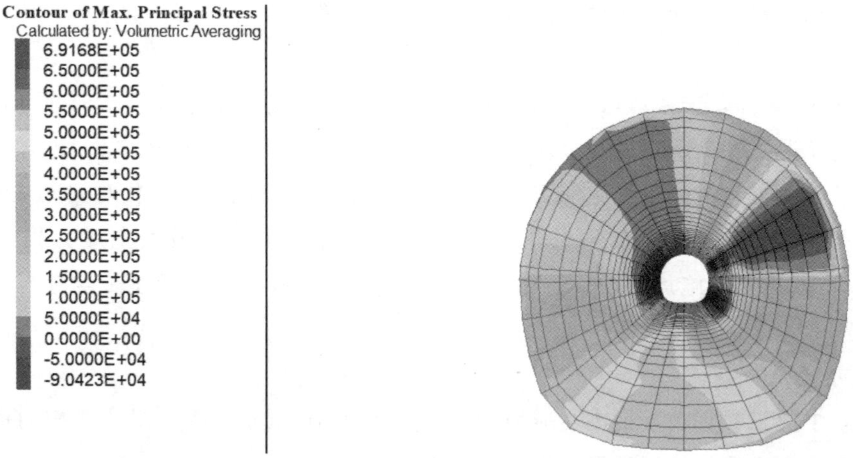

(a)工况一

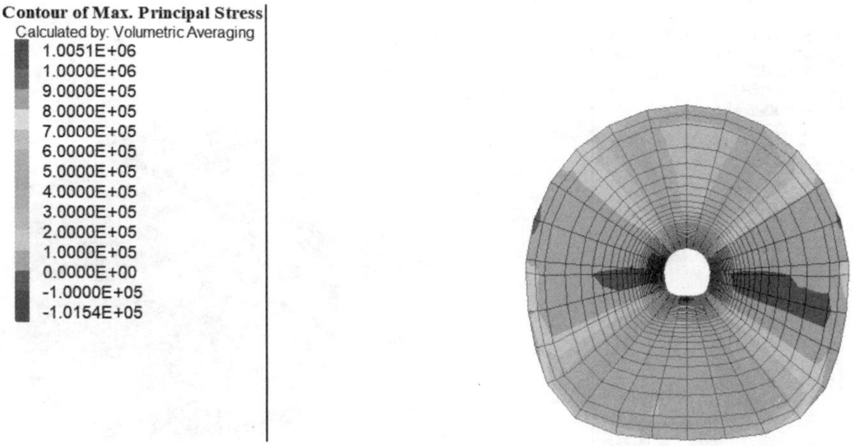

(b)工况二

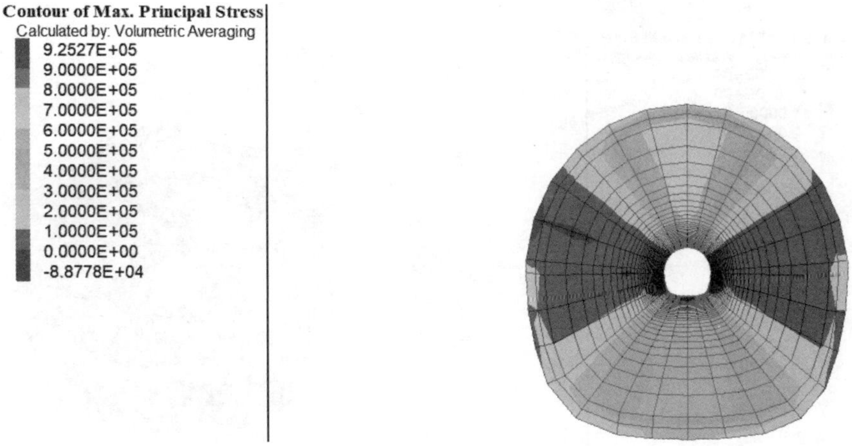

(c)工况三

图 4.15　最大主应力云图

由图 4.15 中最大主应力云图可知，施工过程中未采取防护措施时，新建 1 号隧道在右拱肩位置出现最大主应力极值；采取防护措施后，新建 1 号隧道在仰拱位置出现最大主应力极值。

由表 4.13 可知，未采取防护措施的工况一的最大主应力极值为 1.292MPa，而采取防护措施的工况二和工况三的最大主应力极值分别为 1.005MPa 和 0.925MPa，采取防护措施后，新建 1 号隧道的最大主应力明显减小；西侧先开挖的工况二相对工况一的最大主应力控制效果为 22.21%，东侧先开挖的工况三相对工况一的最大主应力控制效果为 28.41%。由此可见，施加防护后新建隧道东侧先开挖可有效降低新建 1 号隧道的最大主应力。

2. 最小主应力分析

提取各工况下计算模型最小主应力云图，如图 4.16 所示。提取最小主应力值，并计算结构最小主应力值的控制效果，汇于表 4.14 中。

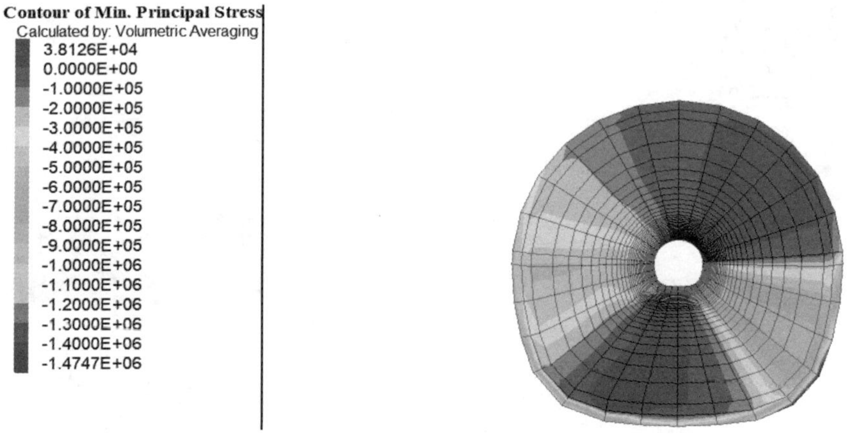

(a)工况一

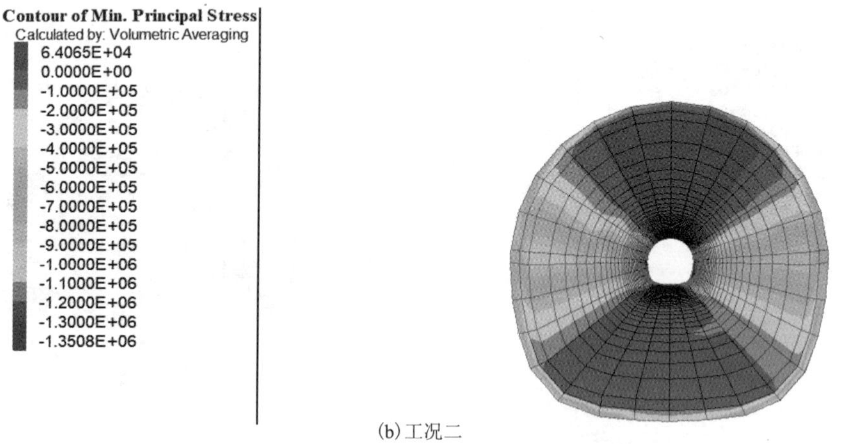

(b)工况二

图 4.16（一）　最小主应力云图

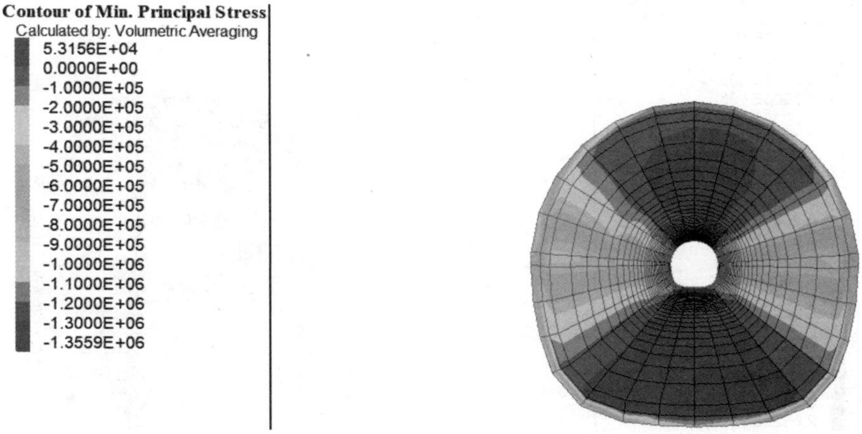

(c)工况三

图 4.16（二） 最小主应力云图

表 4.14　　最小主应力控制效果表

工　况	最小主应力值/MPa	控制效果/%
工况一	−1.475	—
工况二	−1.351	8.41
工况三	−1.356	8.07

由图 4.16 中最小主应力云图可知，各工况下施工时，新建 1 号隧道均在右拱脚位置出现最小主应力极值。

由表 4.14 可知，未采取防护措施的工况一的最小主应力极值为−1.475MPa，而采取防护措施的工况二和工况三的最小主应力极值分别为−1.351MPa 和−1.356MPa，采取防护措施后，新建 1 号隧道的最小主应力略有减小；西侧先开挖的工况二相对工况一的最小主应力控制效果为 8.41%，东侧先开挖的工况三相对工况一的最小主应力控制效果为 8.07%。由此可见，施加防护后可有效降低新建 1 号隧道的最小主应力，开挖顺序对最小主应力的影响较小。

3. 最大剪切应力分析

提取各工况下计算模型衬砌结构的最大剪切应力云图，如图 4.17 所示。提取结构最大剪切应力值，并计算结构最大剪切应力值的控制效果，汇于表 4.15 中。

表 4.15　　最大剪切应力控制效果表

工　况	最大剪应力值/MPa	控制效果/%
工况一	0.911	—
工况二	0.759	16.68
工况三	0.699	23.27

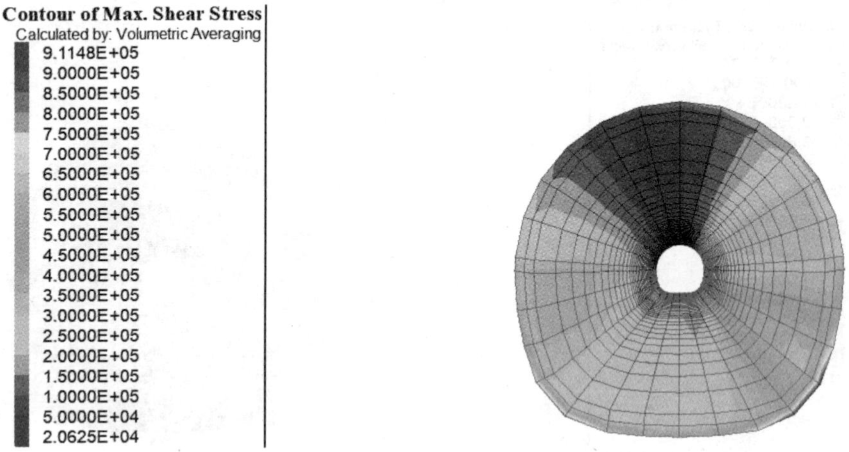

(a) 工况一

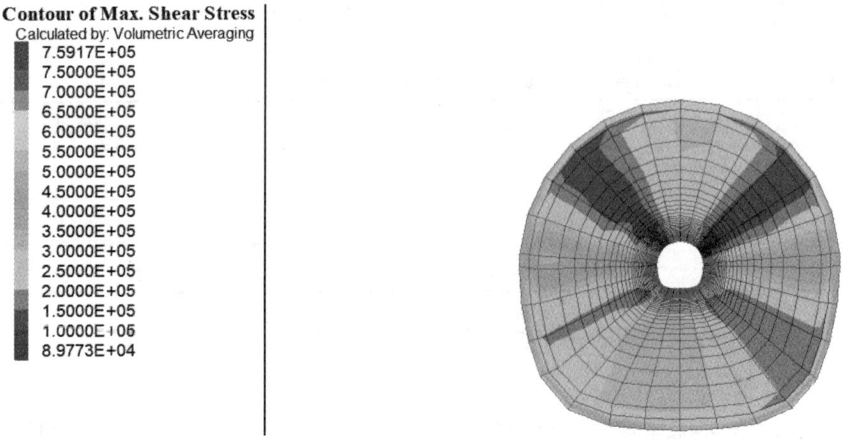

(b) 工况二

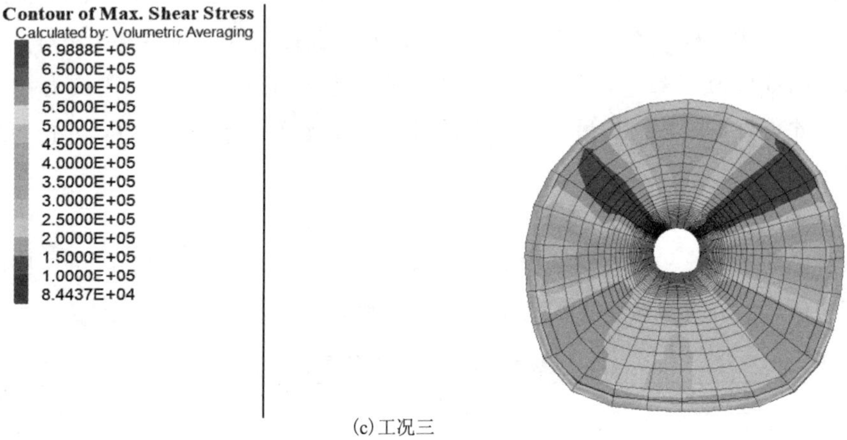

(c) 工况三

图 4.17　最大剪切应力云图

由图4.17中最大剪切应力云图可知，各工况下施工时，新建1号隧道均在右拱脚位置出现最大剪切应力极值。

由表4.15可知，未采取防护措施的工况一的最大剪切应力极值为0.911MPa，而采取防护措施的工况二和工况三的最大剪切应力极值分别为0.759MPa和0.699MPa，采取防护措施后，新建1号隧道的最大剪切应力明显减小；西侧先开挖的工况二相对工况一的最大剪切应力控制效果为16.68%，东侧先开挖的工况三相对工况一的最大剪切应力控制效果为23.27%。由此可见，施加防护后新建隧道东侧先开挖可有效降低新建1号隧道的最大剪切应力。

4.3.5　新建2号隧道内力分析

1. 最大主应力分析

提取各工况下计算模型衬砌结构的最大主应力云图，如图4.18所示。提取结构最大主应力值，并计算结构最大主应力值的控制效果，汇于表4.16中。

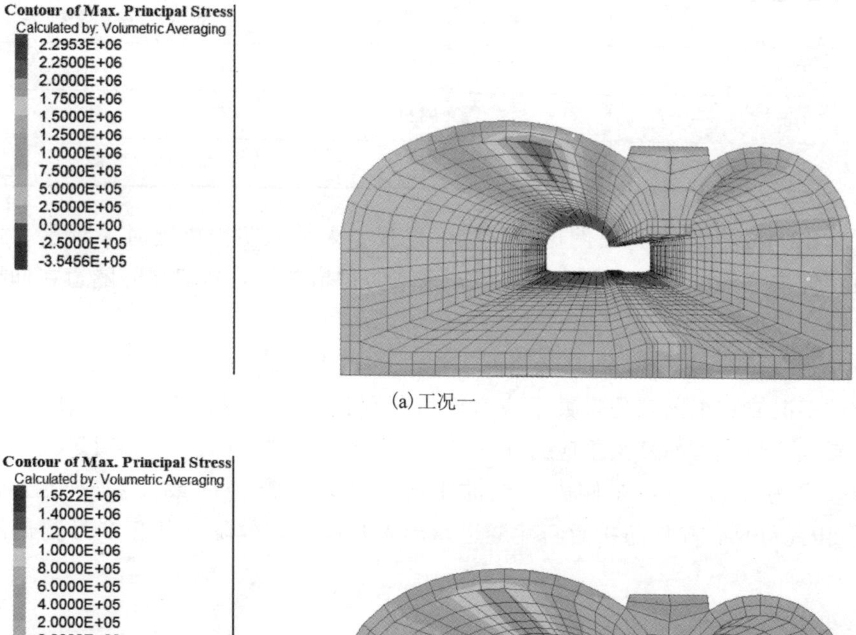

(a)工况一

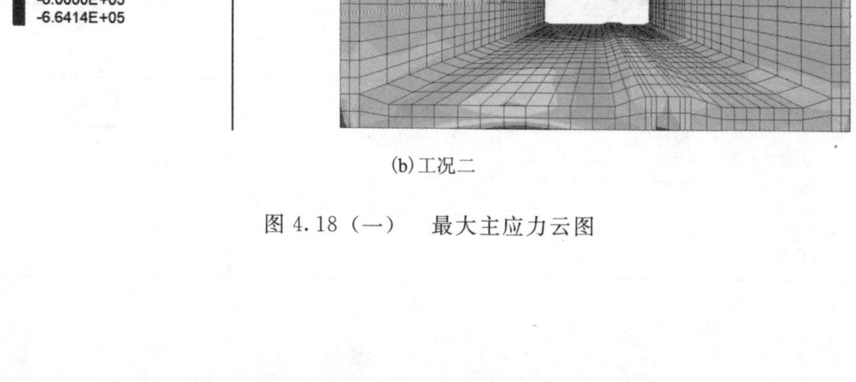

(b)工况二

图4.18（一）　最大主应力云图

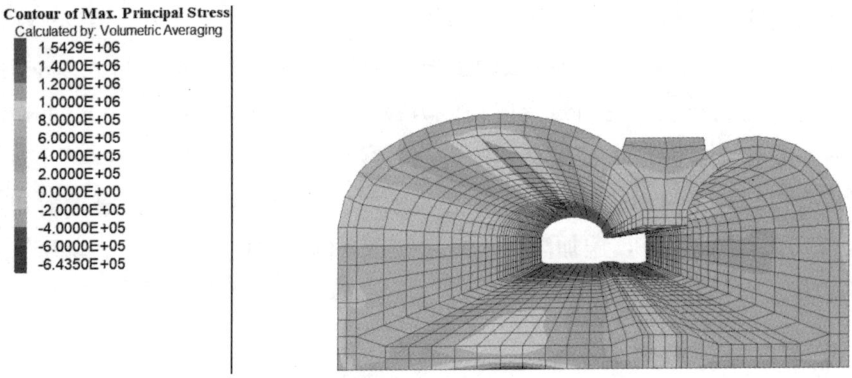

(c)工况三

图 4.18（二）　最大主应力云图

表 4.16　　**最大主应力控制效果表**

工　况	最大主应力值/MPa	控制效果/%
工况一	2.295	—
工况二	1.552	32.37
工况三	1.542	32.81

由图 4.18 中最大主应力云图可知，施工过程中未采取防护措施时，新建 2 号隧道在右侧拱顶和仰拱位置出现最大主应力极值，采取防护措施后，新建 2 号隧道在仰拱位置出现最大主应力极值。

由表 4.16 可知，未采取防护措施的工况一的最大主应力极值为 2.295MPa，而采取防护措施的工况二和工况三的最大主应力极值分别为 1.552MPa 和 1.542MPa，采取防护措施后，新建 2 号隧道的最大主应力明显减小；西侧先开挖的工况二相对工况一的最大主应力控制效果为 32.37%，东侧先开挖的工况三相对工况一的最大主应力控制效果为 32.81%。由此可见，施加防护后新建隧道东侧先开挖可有效降低新建 2 号隧道的最大主应力。

2. 最小主应力分析

提取各工况下计算模型最小主应力云图，如图 4.19 所示。提取最小主应力值，并计算结构最小主应力值的控制效果，汇于表 4.17 中。

表 4.17　　**最小主应力控制效果表**

工　况	最小主应力值/MPa	控制效果/%
工况一	−2.880	—
工况二	−2.754	4.38
工况三	−2.760	4.17

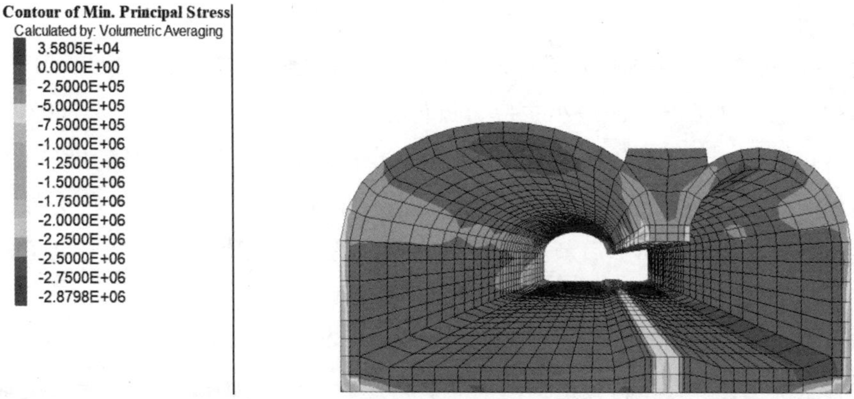

(a)工况一

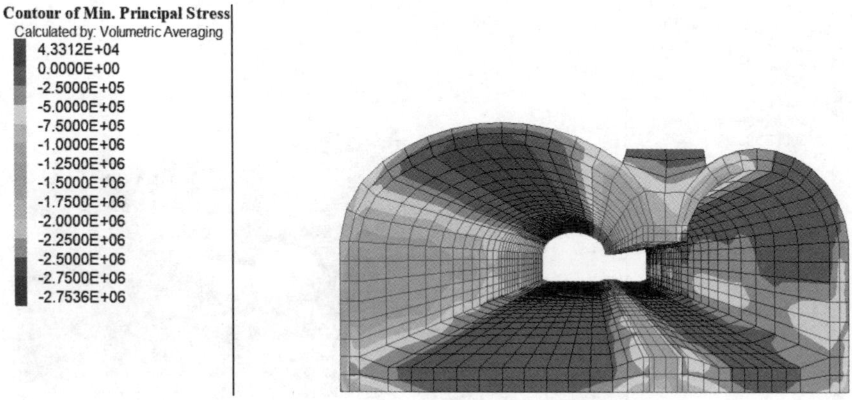

(b)工况二

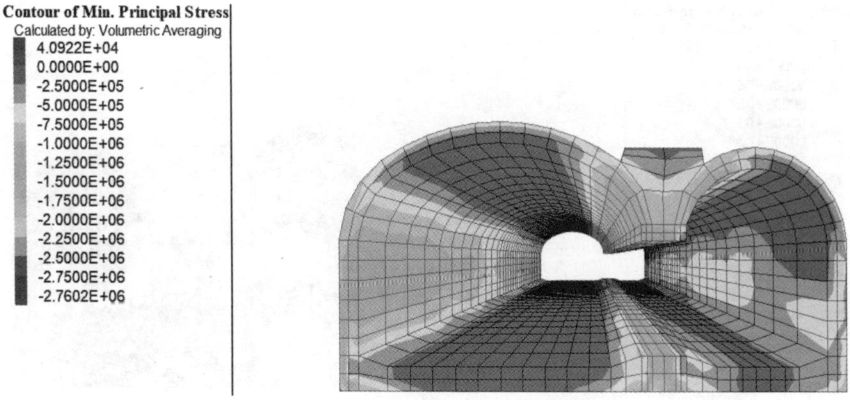

(c)工况三

图 4.19　最小主应力云图

由图4.19中最小主应力云图可知，施工过程中，新建2号隧道在两侧拱脚位置出现最小主应力极值。

由表4.17可知，未采取防护措施的工况一的最小主应力极值为−2.880MPa，而采取防护措施的工况二和工况三的最小主应力极值分别为−2.754MPa和−2.760MPa，采取防护措施后，新建2号隧道的最小主应力稍有减小；西侧先开挖的工况二相对工况一的最小主应力控制效果为4.38%，东侧先开挖的工况三相对工况一的最小主应力控制效果为4.17%。由此可见，施加防护后新建隧道西侧先开挖可有效降低新建2号隧道的最小主应力。

3. 最大剪切应力分析

提取各工况下计算模型衬砌结构的最大剪切应力云图，如图4.20所示。提取结构最大剪切应力值，并计算结构最大剪切应力值的控制效果，汇于表4.18中。

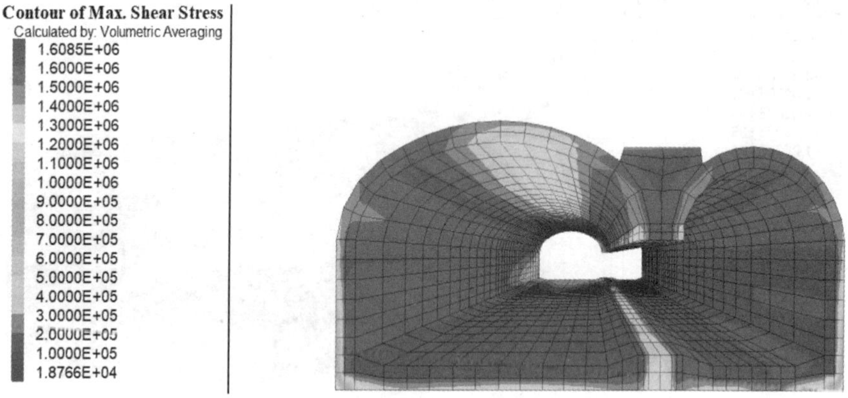

(a)工况一

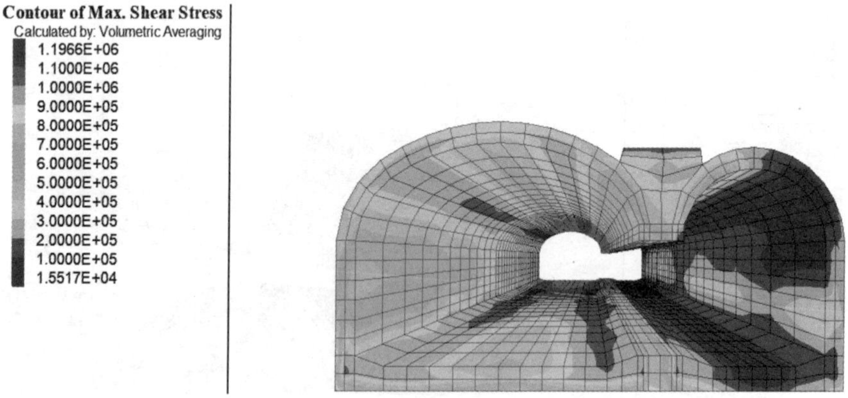

(b)工况二

图4.20（一）　最大剪切应力云图

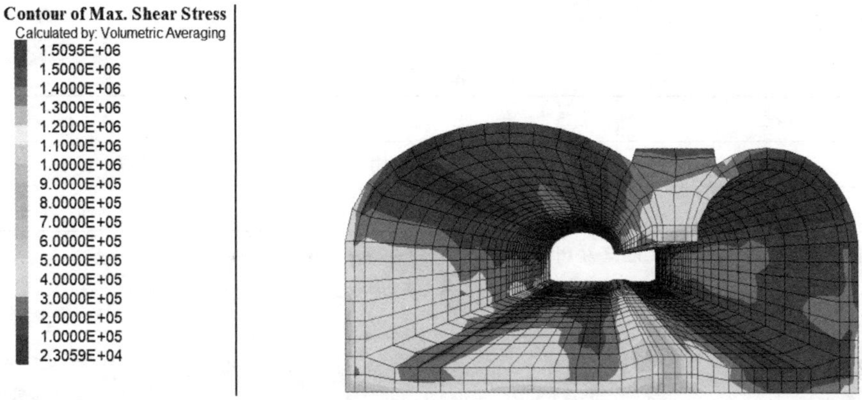

(c)工况三

图 4.20（二） 最大剪切应力云图

表 4.18 **最大剪切应力控制效果表**

工　况	最大剪应力值/MPa	控制效果/%
工况一	1.609	—
工况二	1.197	25.61
工况三	1.510	6.15

由图 4.20 中最大剪切应力云图可知，施工过程中未采取防护措施时，新建 2 号隧道在两拱脚位置出现最大剪切应力极值，采取防护措施后，底部既有线在中间仰拱位置出现最大剪切应力极值。

由表 4.18 可知，未采取防护措施的工况一的最大剪切应力极值为 1.609MPa，而采取防护措施的工况二和工况三的最大剪切应力极值分别为 1.197MPa 和 1.510MPa，采取防护措施后，新建 2 号隧道的最大剪切应力明显减小；西侧先开挖的工况二相对工况一的最大剪切应力控制效果为 25.61%，东侧先开挖的工况三相对工况一的最大剪切应力控制效果为 6.15%。由此可见，施加防护后新建隧道西侧先开挖可有效降低新建 2 号隧道的最大剪切应力。

4.4 小径距隧道近接隧道群加固方案分析

4.4.1 计算情况

根据前文研究可知，现需要针对工况三，对新建隧道的顶部采取进一步的加固措施，使得新建结构的位移和路面变形满足控制标准，故根据第 3 章的研究内容，拟对新建隧道进行上半环注浆。

现对隧道群施工做进一步的开挖模拟，以确保实际工程的安全稳定性，具体计算工况设计内容汇于表 4.19 中。

表 4.19　　计 算 工 况

工　况	施　工　顺　序	加　固　措　施
工况三	东侧大洞完工后西侧开挖	管棚、管幕加固
工况四	东侧大洞完工后西侧开挖	管棚和管幕加固、上半环注浆

注　西侧隧道为 CD 法开挖，东侧隧道为 PBA 法开挖，两隧道与新机场线平行，与 10 号线夹角为 110°。

4.4.2　位移分析

1. 路面沉降分析

提取计算模型在开挖过程中和开挖结束后的沉降值，将新建隧道开挖结束后的路面沉降值汇于表 4.20 中，沉降变化汇于图 4.21 中。

表 4.20　　路 面 最 大 沉 降 值

测点编号	工况三/mm	工况四/mm	控制效果/%
L1	−5.97	−3.63	39.22
L2	−8.48	−6.48	23.61
L3	−12.83	−11.56	9.91
L4	−17.74	−14.02	20.98
L5	−19.49	−15.13	22.35
L6	−20.67	−14.59	29.43
L7	−20.95	−13.97	33.31
L8	−19.15	−14.46	24.53
L9	−15.51	−11.60	25.23
L10	−8.96	−7.85	12.39
L11	−5.96	−4.85	18.63

由图 4.21 可以看出，两种工况均在新建隧道顶部路面出现集中沉降变形，向两侧沉降逐渐缓解，采取上半环注浆的工况四在各监测点的路面沉降相对工况三均得到有效缓解。

由表 4.20 可知，由于东侧大洞径隧道先开挖，故工况三在东侧隧道拱顶位置出现的最大沉降值，即 L7 测点的−20.95mm，而在上半环注浆施工后，由于东侧隧道洞径大埋深浅，使得工况四在 L7 测点处路面下沉被浆液稍稍顶起，所以其最大沉降值出现在西侧小洞径隧道拱顶路面，即 L5 测点的−15.13mm，路面沉降最大控制效果达到 39.22%。

由此可见，针对工况三再采取上半环注浆，可有效地控制路面沉降，使得加固后的工况四的路面沉降值满足变形控制标准。

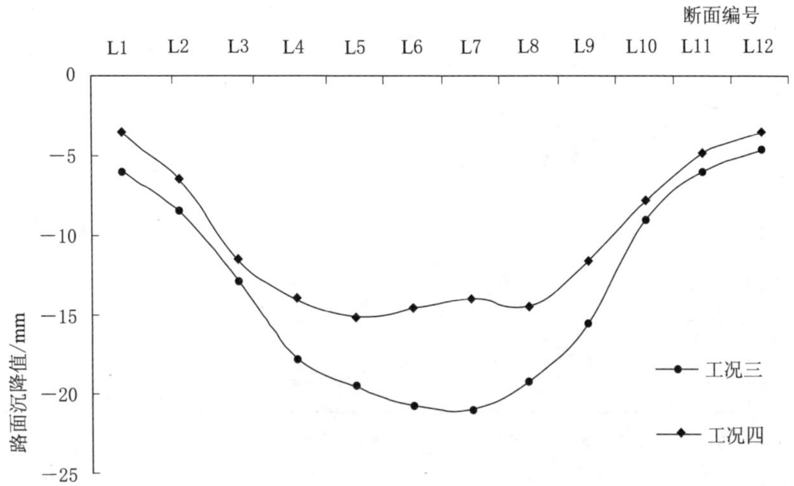

图 4.21 路面沉降图

2. 底部既有线拱顶位移分析

提取计算模型的开挖计算结果，将新建隧道开挖结束后的既有线隧道拱顶的沉降值汇于表 4.21 中，沉降变化汇于图 4.22 中。

表 4.21 **既有线拱顶竖向最大位移值** 单位：mm

断面编号	工况三		工况四	
	北线	南线	北线	南线
S1	0.20	0.37	0.05	0.07
S2	0.35	0.57	0.08	0.14
S3	0.49	0.68	−0.02	0.04
S4	−0.92	0.34	−0.98	−0.79
S5	−1.09	−0.36	−1.24	−0.87
S6	−1.46	−0.75	−1.67	−1.16
S7	−1.65	−1.00	−1.77	−1.29
S8	−1.33	−0.87	−1.41	−0.97
S9	−0.82	−0.61	−0.99	−0.62
S10	−0.39	−0.41	−0.57	−0.38
S11	−0.10	−0.19	−0.26	−0.13

由图 4.22 可知，两种工况下底部既有线变形轨迹相似，由于两新建隧道施工由南向北进行掘进，故底部既有线北线的结构受新隧道施工扰动影响较大，使得其结构变形值较大，由于两工况均为 2 号大洞径隧道先开挖，故新建 2 号隧道底部的既有线

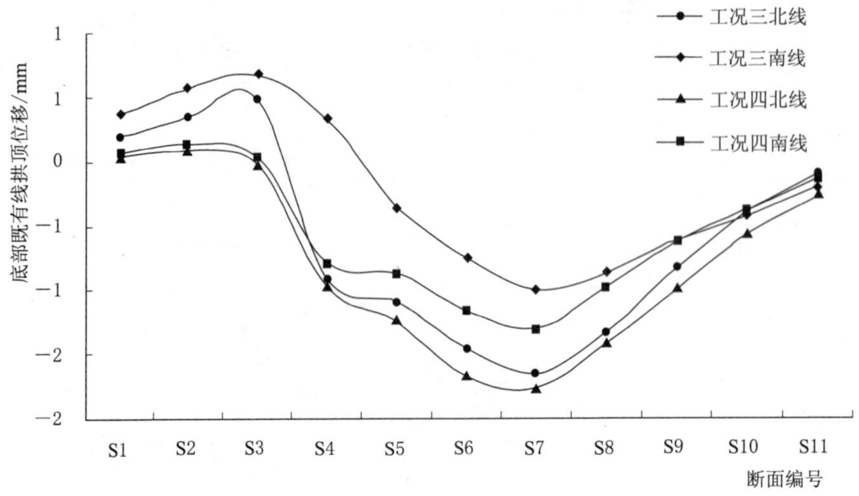

图 4.22　既有线拱顶位移图

（S6～S8监测断面）变形值较大，均为向下位移变形，而远端的 S1～S3 断面处为向上位移变形。

由表 4.21 可知，两工况下底部既有隧道的最大变形均出现在 S7 断面处，工况三中底部两隧道最大变形分别为北线的－1.65mm 和南线的－1.00mm，工况四中底部两隧道最大变形分别为北线的－1.77mm 和南线的－1.29mm。

由此可见，新建隧道在采取上半环注浆施工后，底部既有隧道的变形值有所增大，但其位移值仍在允许范围 2mm 以内，满足变形控制标准。

3. 西侧既有线横向位移分析

提取计算模型的开挖计算结果，将新建隧道开挖结束后的既有线隧道拱顶的沉降值汇于表 4.22 中，沉降变化汇于图 4.23 中。

表 4.22　既有线拱顶竖向最大位移值　单位：mm

测点编号	工　况　三	工　况　四	变　化　量
N1	－0.077	－0.081	0.004
N2	－0.076	－0.082	0.006
N3	－0.075	－0.084	0.009
N4	－0.070	－0.085	0.015
N5	－0.074	－0.085	0.011
N6	－0.076	－0.090	0.014
N7	－0.080	－0.091	0.011
N8	－0.082	－0.089	0.007
N9	－0.083	－0.086	0.003

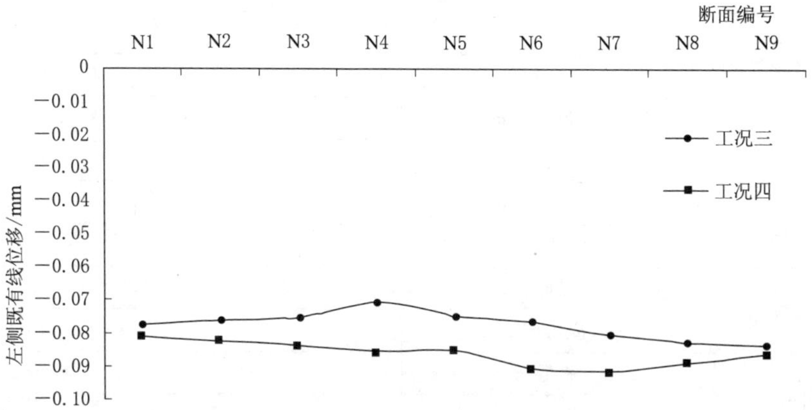

图 4.23　既有线拱顶位移图

由图 4.23 可知，与新建隧道平行的西侧既有线隧道变形以横向负位移为主，各监测点的位移值相差不大；由于浆液的挤压，采取上半环注浆的工况四的西侧既有隧道的变形值普遍稍大于工况三。由于新建隧道与西侧既有线同向且平行，所以既有线的变形值在各个监测点处相差不大；其中工况三和工况四的最大横向位移极值分别为－0.083mm、－0.091mm，工况四相对工况三最大变化量仅为 0.015mm。由此可见，由于西侧既有隧道与新建隧道的距离较大，使得新建隧道施工时对既有线的变形影响较小。

4. 新建 1 号隧道位移分析

提取各工况下新建 1 号隧道的拱顶、仰拱和横向位移极值，并计算变形控制效果，汇于表 4.23 中。

表 4.23　新建 1 号隧道位移值及控制效果表

工　况	拱　顶　沉　降		仰　拱　隆　起		横　向　位　移	
	极值/mm	控制效果/%	极值/mm	变化量/mm	极值/mm	控制效果/%
工况三	−2.58	—	0.32	—	−2.59	—
工况四	−1.59	38.37	1.34	1.02	−1.59	38.61

由表 4.23 可知，新建 1 号隧道在同一工况下，其结构的拱顶沉降与横向位移值明显大于仰拱沉降；工况三和工况四下，新建 1 号隧道的拱顶沉降极值分别为－2.58mm、－1.59mm，横向位移极值分别为－2.59mm、－1.59mm，工况四相对工况三的拱顶沉降和横向位移控制效果分别为 38.37%和 38.61%，结构仰拱隆起最大值分别为 0.32mm、1.34mm，工况四相对工况三增大了 1.02mm。

5. 新建 2 号隧道位移分析

提取各工况下新建 2 号隧道的两拱顶、两仰拱和横向位移极值，并计算变形控制效果，汇于表 4.24 中。

表 4.24　　新建 2 号隧道位移值及控制效果表

		工况三	工况四
左拱顶沉降	极值/mm	−2.23	−1.82
	控制效果/%	—	18.39
左仰拱隆起	极值/mm	1.82	1.99
	变化量/mm	—	0.17
右拱顶沉降	极值/mm	−1.72	−1.28
	控制效果/%	—	25.58
右仰拱隆起	极值/mm	1.62	1.78
	变化量/mm	—	0.16
横向位移	极值/mm	−1.44	−1.72
	变化量/mm	—	0.28

由表 4.24 可知，新建 2 号隧道在同一工况下，由于其左侧拱结构的断面更大，使得其左侧拱结构的拱顶沉降与仰拱隆起均大于右侧拱结构；工况三和工况四下，新建 2 号隧道的左拱顶沉降极值分别为−2.23mm、−1.82mm，右拱顶沉降极值分别为−1.72mm、−1.28mm，工况四相对工况三的左、右拱顶沉降控制效果分别为 18.39%和 25.58%；左侧仰拱隆起极值分别为 1.82mm、1.99mm，右侧仰拱隆起极值分别为 1.62mm、1.78mm，结构横向位移极值分别为−1.44mm、−1.72mm，工况四相对工况三的左、右仰拱隆起和横向位移分别增大了 0.17mm、0.16mm、0.28mm。

由此可见，上半环注浆施工后，新建的西侧和东侧隧道的拱顶沉降均被有效减小，而由于注浆后的围岩整体重力增大及底部既有线的作用，使仰拱部位的隆起变形值有所增大，但均在变形控制范围内。

4.4.3　既有线内力分析

1. 底部既有线内力分析

提取两工况下底部既有线结构的最大主应力、最小主应力和最大剪切应力云图，如图 4.24至图 4.26 所示。提取其结构的各应力极值，并计算对应控制效果，汇于表 4.25中。

表 4.25　　底部既有隧道衬砌结构应力控制表

工况	最大主应力/MPa	变化量/MPa	最小主应力/MPa	变化量/MPa	最大剪切应力/MPa	变化量/MPa
工况三	0.854	—	−2.988	—	1.440	—
工况四	0.916	0.062	−2.979	0.009	1.430	0.010

由图 4.24 至图 4.26 中应力云图可知，在新建隧道施工过程中，底部既有线在与新建隧道交叉位置仰拱处出现最大主应力极值，交叉位置的两拱肩处出现最小主应力和最大剪切应力极值。在采取上半环注浆施工后，底部既有线隧道的最大主应力有所增大，而最小主应力、最大剪切应力均被相对减小。由表 4.25 可知，工况三和工况四的最大主应力分别为

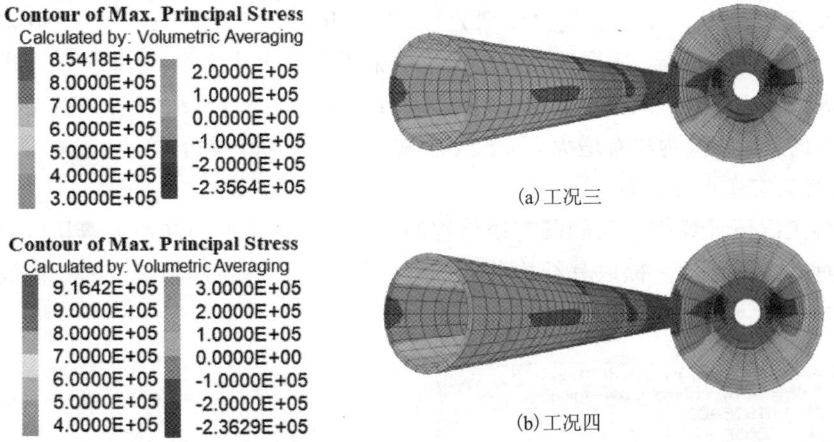

(a)工况三

(b)工况四

图 4.24　最大主应力云图（单位：Pa）

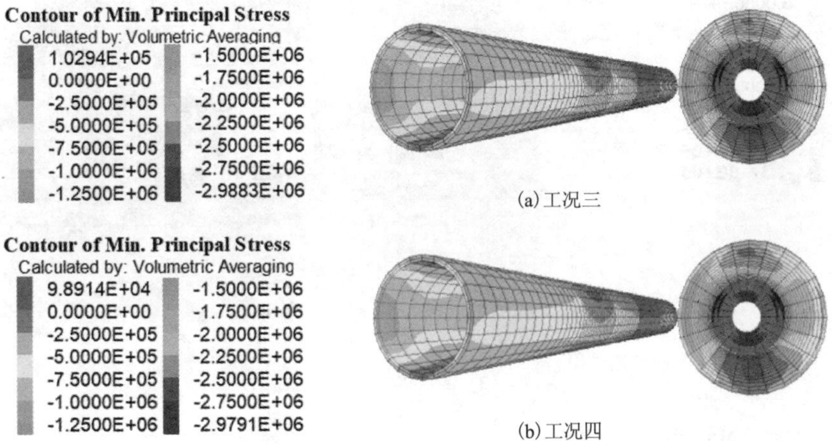

(a)工况三

(b)工况四

图 4.25　最小主应力云图（单位：Pa）

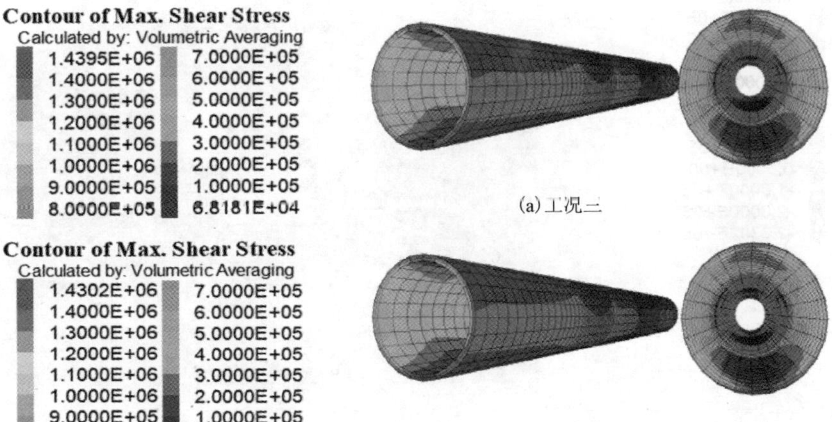

(a)工况三

(b)工况四

图 4.26　最大剪切应力云图（单位：Pa）

0.854MPa、0.916MPa，最小主应力分别为－2.988MPa、－2.979MPa，最大剪切应力分别为 1.440MPa、1.430MPa，工况四相对工况三的最大主应力增大了 0.062MPa，最小主应力极值和最大剪切应力分别减小了 0.009MPa、0.010MPa。可见，采取上半环注浆施工后，底部既有隧道的最大主应力稍有增大，而最小主应力和最大剪切应力均得到减小。

2. 西侧既有线内力分析

提取各工况下计算模型西侧既有线结构的最大、最小主应力和最大剪切应力云图，如图 4.27 至图 4.29 所示。提取其结构的各应力极值，并计算各应力极值的控制效果，汇于表 4.26 中。

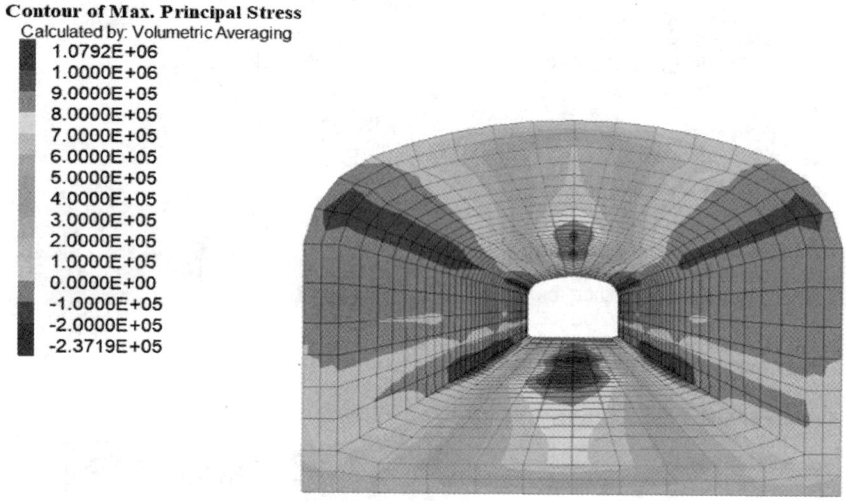

(a)工况三

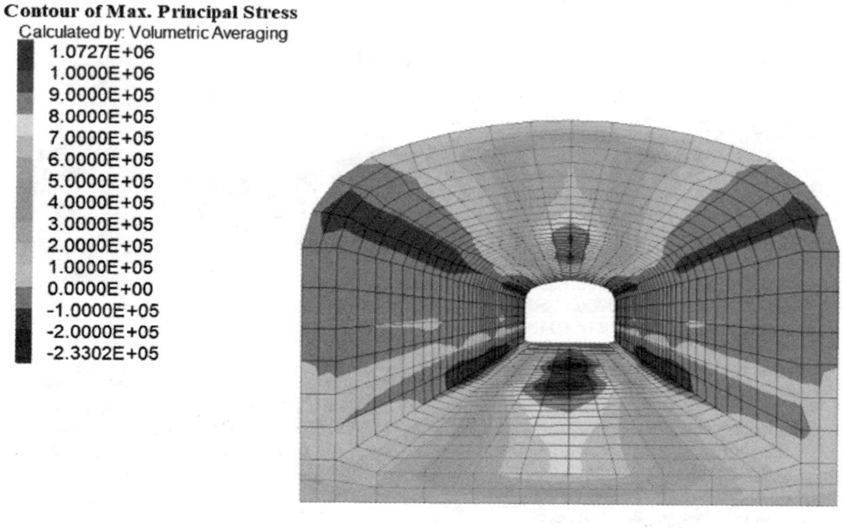

(b)工况四

图 4.27　最大主应力云图（单位：Pa）

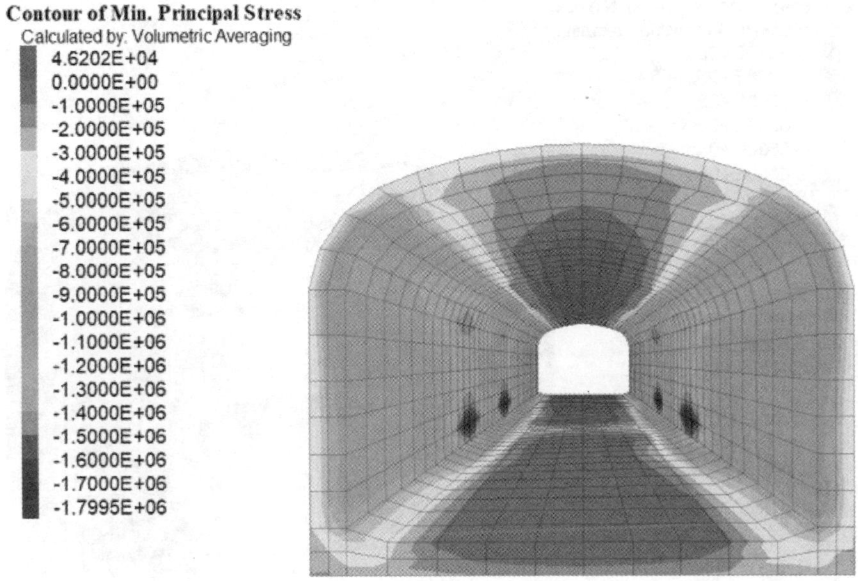

(a)工况三

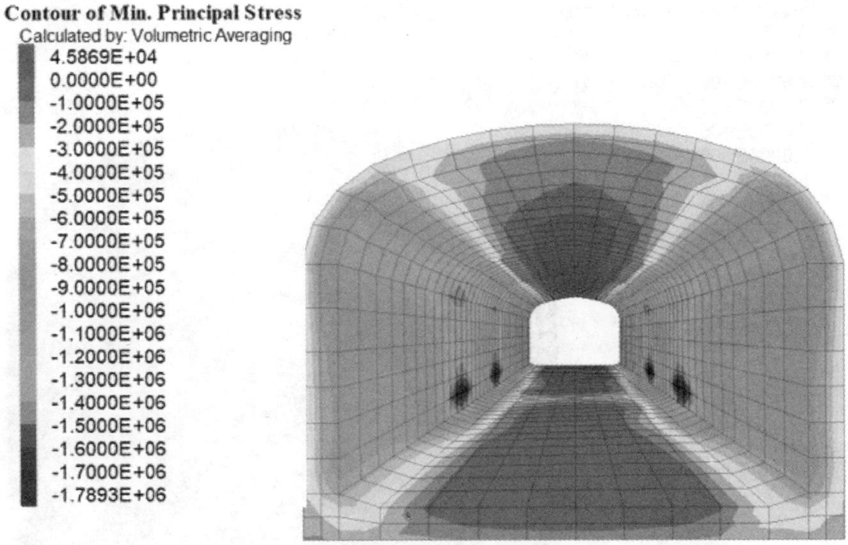

(b)工况四

图 4.28 最小主应力云图（单位：Pa）

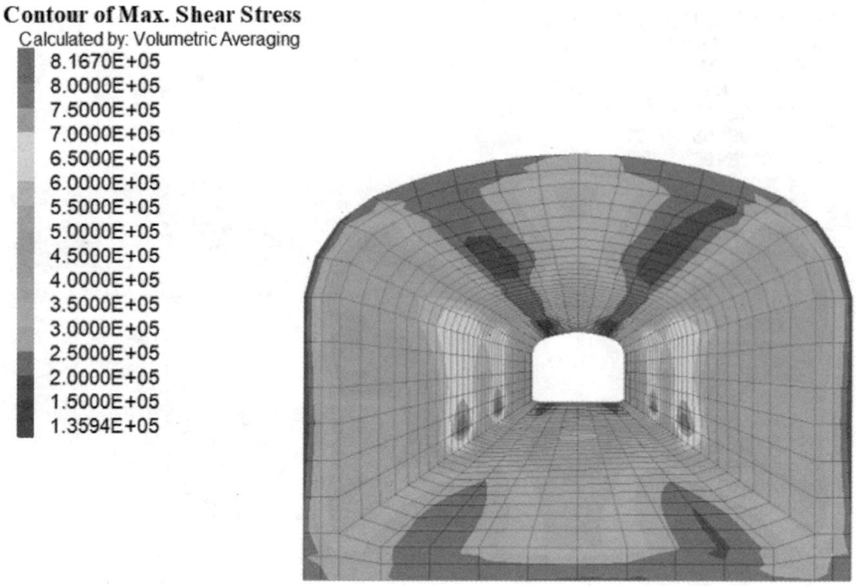

(a)工况三

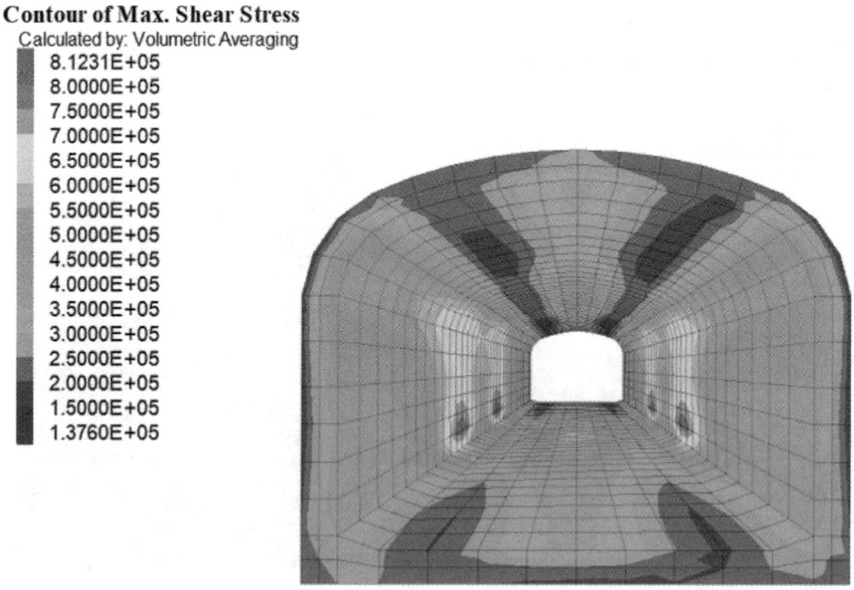

(b)工况四

图 4.29　最大剪切应力云图（单位：Pa）

表 4.26 西侧既有隧道衬砌结构应力控制表

工况	最大主应力/MPa	控制效果/%	最小主应力/MPa	控制效果/%	最大剪切应力/MPa	控制效果/%
工况三	1.079	—	−1.800	—	0.817	—
工况四	1.073	0.56	−1.789	0.611	0.812	0.612

由图 4.27 至图 4.29 中应力云图可知，新建隧道施工过程中，西侧既有线在与底部既有线交叉位置的仰拱处出现最大主应力极值，交叉位置的两拱脚处出现最小主应力和最大剪切应力极值；西侧既有线隧道在采取上半环注浆施工后的最大、最小主应力和最大剪切应力均被相对减小。由表 4.26 可知，其中工况三和工况四的最大主应力分别为 1.079MPa、1.073MPa，最小主应力分别为−1.800MPa、−1.789MPa，最大剪切应力分别为 0.817MPa、0.812MPa，工况四相对工况三的最大、最小主应力和最大剪切应力的控制效果分别为 0.56%、0.611%、0.612%。由此可见，采取上半环注浆施工后，西侧既有隧道的应力值均得到减小，但变化量较小，控制效果不明显、影响较小。

4.4.4 新建隧道内力分析

1. 最大主应力分析

提取各工况下记录的模型衬砌结构的最大主应力，汇于表 4.27 中。提取各个监测断面的最大主应力值，绘制主应力纵向分布图如图 4.30 所示。

表 4.27 隧道衬砌结构各断面最大主应力表 单位：MPa

断面编号	1 号 隧 道			2 号 隧 道		
	工况三	工况四	控制效果/%	工况三	工况四	控制效果/%
N1	0.652	0.423	35.12	1.376	1.292	6.10
N2	0.647	0.399	38.33	1.428	1.342	6.02
N3	0.622	0.445	28.46	1.509	1.406	6.83
N4	0.598	0.411	31.27	1.493	1.360	8.91
N5	0.580	0.408	29.66	1.511	1.431	5.29
N6	0.633	0.480	24.17	1.455	1.308	10.10
N7	0.579	0.420	27.46	1.454	1.294	11.00
N8	0.557	0.335	39.86	1.403	1.239	11.69
N9	0.514	0.303	41.05	1.308	1.158	11.47

由图 4.30 可知，在同一工况下，2 号隧道的最大主应力均大于 1 号隧道，且采取上半环注浆施工后的工况四在各个监测断面的最大主应力值均比未注浆的工况三更小；两种工况下，1 号隧道均在 N6 断面，即底部既有隧道顶处出现最大主应力增大现象，2 号隧道均在 N5 断面，即底部既有隧道顶处出现最大主应力增大现象。其中，1 号隧道在工况三和工况四下的最大主应力分别为 0.633MPa、0.480MPa，最大控制效果达到 39.86%；2 号隧道在两工况下的最大主应力分别为 1.511MPa、1.431MPa，最大控制效果达到 11.69%。由此可见，施工时采用上半环注浆的加固方式，能有效降低两新建隧道结构的

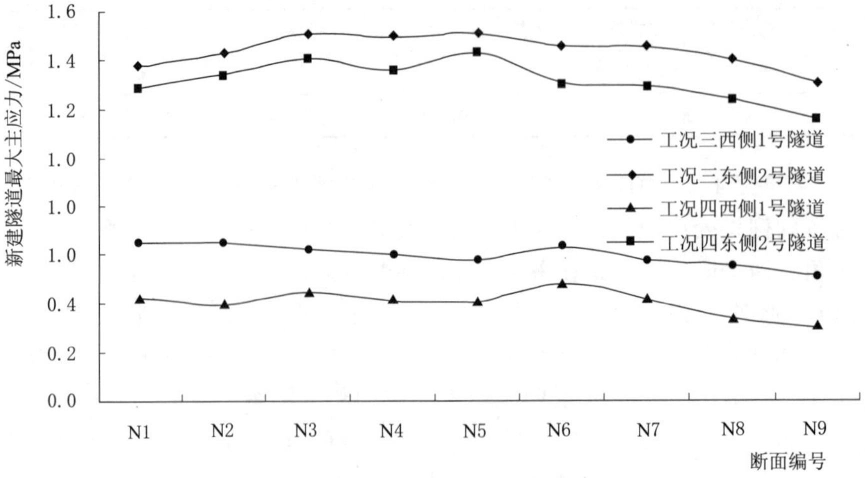

图 4.30　新建隧道最大主应力纵向分布

最大主应力。

2. 最小主应力分析

提取各工况下记录的模型衬砌结构的最小主应力，汇于表 4.28 中。提取各个监测断面的最小主应力值，绘制最小主应力纵向分布图，如图 4.31 所示。

表 4.28　　**隧道衬砌结构各断面最小主应力表**　　单位：MPa

断面编号	1 号 隧 道			2 号 隧 道		
	工况三	工况四	控制效果/%	工况三	工况四	控制效果/%
N1	−1.143	−1.117	2.27	−2.323	−2.547	−9.64
N2	−1.045	−0.959	8.23	−2.548	−2.820	−10.68
N3	−0.983	−0.976	0.71	−2.545	−2.955	−16.11
N4	−0.896	−0.860	4.02	−2.371	−2.838	−19.70
N5	−1.148	−1.124	2.09	−2.476	−3.122	−26.09
N6	−0.876	−0.889	−1.48	−2.307	−2.808	−21.72
N7	−1.062	−1.076	−1.32	−2.475	−3.003	−21.33
N8	−0.986	−0.994	−0.81	−2.485	−2.956	−18.95
N9	−0.898	−0.867	3.45	−2.364	−2.688	−13.71

由图 4.31 可知，在两工况下，新建隧道的最小主应力在纵向上的分布规律相似，两新建隧道均在临近底部既有线隧道位置呈现最小主应力绝对值先减小后增大的现象。1 号隧道在采取上半环注浆后的工况四下的最小主应力绝对值普遍小于未注浆的工况三，而 2 号隧道由于近接底部既有线距离更近，受其影响较大，故最小主应力绝对值在注浆施工后反而增大。由于 2 号隧道断面大且近接距离更近，故在同一工况下，2 号大隧道的最小主应力绝对值均明显大于 1 号隧道，其中 1 号隧道在工况三和工况四下的最小主应力分别为−1.148MPa、−1.124MPa，最大控制效果达到 8.23%；2 号隧道在两工况下的最大主应力分别为−2.476MPa、−3.122MPa。

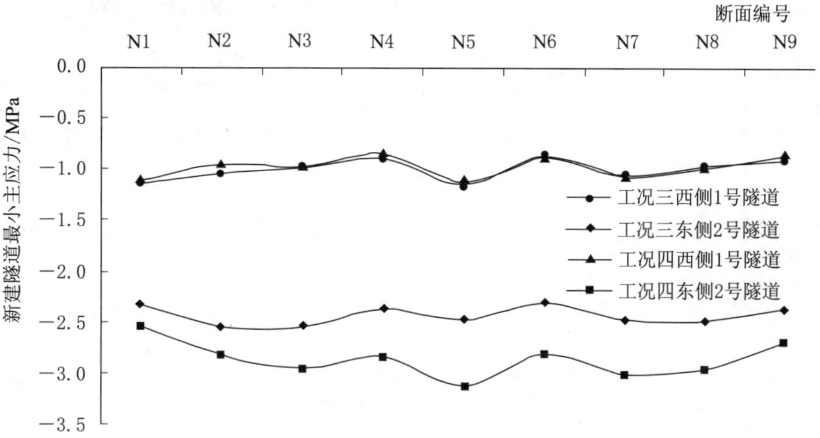

图 4.31　新建隧道最小主应力纵向分布

3. 轴力分析

提取模型运算所得应力值，并计算隧道衬砌结构各监测断面的最大轴力汇于表 4.29 中。绘制衬砌结构各监测断面最大轴力变化折线图如图 4.32 所示。

表 4.29　**隧道衬砌结构监测点轴力表**　单位：kN

断面编号	1 号 隧 道			2 号 隧 道		
	工况三	工况四	控制效果/%	工况三	工况四	控制效果/%
N1	134.80	73.02	45.83	445.46	368.92	17.18
N2	133.69	77.02	42.39	438.95	325.72	25.80
N3	129.76	78.87	39.21	460.03	325.53	29.24
N4	122.45	66.99	45.29	372.81	241.10	35.33
N5	127.45	73.02	42.71	532.28	411.53	22.68
N6	145.88	89.77	38.46	383.59	268.23	30.07
N7	128.06	69.83	45.47	446.26	309.01	30.76
N8	110.41	62.54	43.36	411.26	337.96	17.82
N9	103.27	50.20	51.39	485.43	346.10	28.70

由图 4.32 可知，工况三和工况四下，两新建隧道各断面内轴力极值分布趋势相似，其中，1 号隧道均在 N6 断面，即底部既有线隧道顶处出现轴力值突增现象，2 号隧道均在 N5 断面，即底部既有线隧道顶处出现轴力值激增现象，且两侧的 N4 和 N6 断面的轴力极值较小。在同一工况下，2 号隧道的轴力最大值均远大于 1 号隧道，且采取上半环注浆施工后的工况四在同一监测断面的轴力最大值均比未注浆的工况三更小。由表 4.29 可知，其中 1 号隧道在工况三和工况四下的最大轴力分别为 145.88kN、89.77kN，最大控制效果达到 45.83%；2 号隧道在两工况下的最大轴力分别为 532.28kN、411.53kN，最大控制效果达到 35.33%。

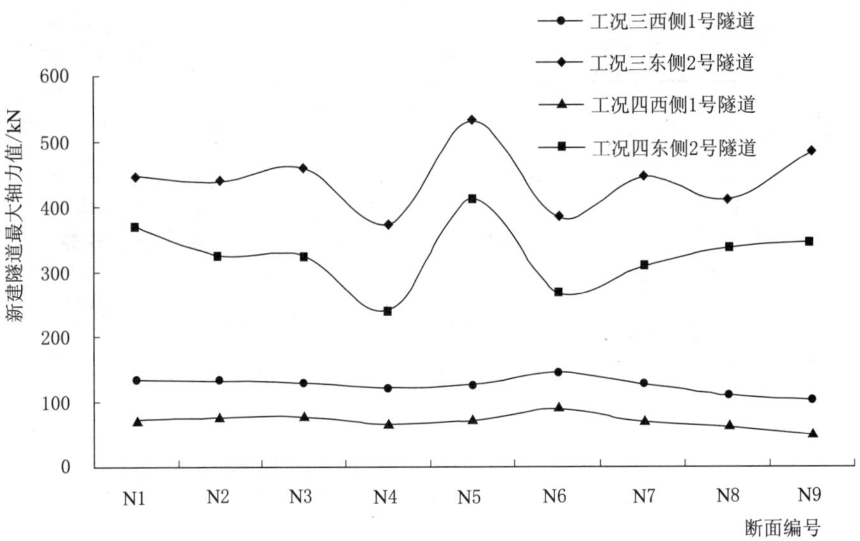

图 4.32　隧道衬砌结构监测断面最大轴力变化折线图

提取两种工况中轴力最大值的监测断面，即底部既有线顶处的新建隧道监测断面，并绘制该断面各监测点的轴力分布图如图 4.33 所示。

由图 4.33 可知，两工况在监测断面处的轴力分布规律相似，且采取上半环注浆施工的工况四的各个监测点轴力值普遍小于对应位置未注浆的工况三。其中，1 号隧道均在拱顶及仰拱位置的轴力值较大，在底部由于近接既有线隧道，其两拱脚的轴力值较上部边墙和拱肩更大，注浆后拱顶的轴力控制效果最好；2 号隧道均在左侧仰拱位置出现轴力最大

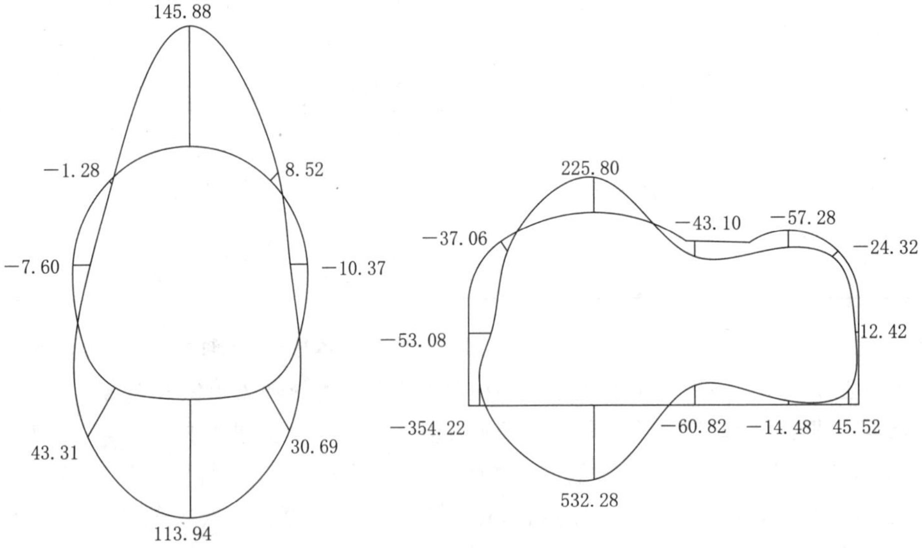

(a) 工况三西侧1号隧道　　(b) 工况三东侧2号隧道

图 4.33（一）　隧道衬砌结构监测点轴力分布图（单位：kN）

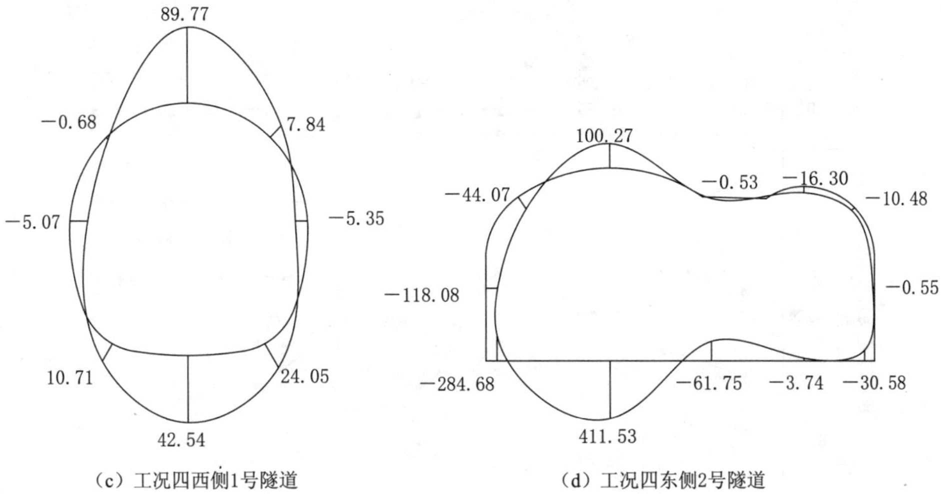

图 4.33（二）　隧道衬砌结构监测点轴力分布图（单位：kN）

值，由于隧道左侧埋深浅且底部近接既有线隧道，所以左侧顶部和左拱脚的轴力值较大，右侧各监测点的轴力值较小，左侧边墙由于受到后施工的新建 1 号隧道扰动，使得左边墙的轴力值也相对右侧更大。

由此可见，新建 1 号隧道在临近既有线隧道处轴力极值增大，新建 2 号隧道在临近既有线隧道处的轴力极值先减小后增大，施工时采用上半环注浆的加固方式，能有效降低两新建隧道结构的轴力值。

4. 弯矩分析

提取模型运算所得应力值，并计算隧道衬砌结构各监测点的弯矩汇于表 4.30 中。绘制衬砌结构各监测点弯矩折线图如图 4.34 所示。

表 4.30　隧道衬砌结构监测点弯矩表　单位：kN·m

断面编号	1 号 隧 道			2 号 隧 道		
	工况三	工况四	控制效果/%	工况三	工况四	控制效果/%
N1	−6.10	−1.44	76.43	−64.47	−44.05	31.68
N2	−6.04	−1.34	77.80	−59.33	−38.76	34.68
N3	−6.00	−1.22	79.61	−68.56	−49.24	28.18
N4	−5.74	−1.04	81.83	−56.47	−39.25	30.49
N5	−5.97	−1.01	83.12	−80.85	−67.31	16.75
N6	−6.77	−1.98	70.71	−56.19	−44.54	20.74
N7	−5.60	−0.98	82.52	−66.69	−56.83	14.79
N8	−5.17	−0.94	81.78	−65.05	−49.51	23.89
N9	−4.92	−0.88	82.08	−63.92	−49.66	22.31

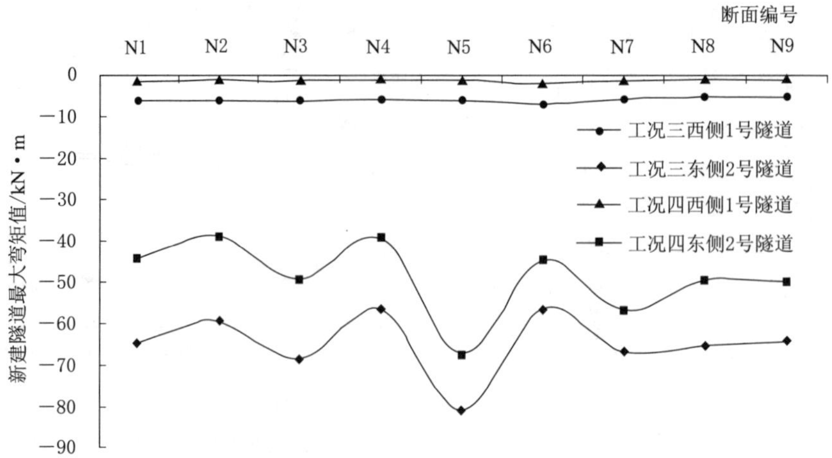

图 4.34　隧道衬砌结构监测点弯矩折线图

由图 4.34 可知，工况三和工况四下，两新建隧道各断面内弯矩极值分布趋势相似，其中 1 号隧道均在 N6 断面，即底部既有隧道顶处出现弯矩极值增大现象，2 号隧道均在 N5 断面，即底部既有隧道顶处出现弯矩极值激增现象，而两侧的 N4 和 N6 断面的弯矩绝对值较小。在同一工况下，2 号大隧道的弯矩绝对值极值均远大于 1 号小隧道，且采取上半环注浆施工后的工况四在各个监测断面的弯矩控制效果优于未注浆的工况三。其中，1 号隧道在两工况下的弯矩极值分别为－6.77kN·m、－1.98kN·m，最大控制效果达到 83.12％；2 号隧道在两工况下的弯矩极值分别为－80.85kN·m、－67.31kN·m，最大控制效果达到 34.68％。

提取两种工况中弯矩极值的监测断面，即底部既有线顶处的新建隧道监测断面，并绘制该断面各监测点的弯矩分布图，如图 4.35 所示。

由图 4.35 可知，两工况在监测断面处的弯矩分布规律相似，且采取上半环注浆施工的工况四的各个监测点弯矩绝对值普遍小于对应位置未注浆的工况三。其中 1 号隧道均在拱顶及仰拱位置的弯矩值较大，由于注浆后重力增大，使得工况四的两拱脚位置弯矩值有所增大，注浆后拱顶的弯矩控制效果最好；2 号隧道均在左侧仰拱位置出现弯矩最大值，由于底部近接既有隧道且左侧受到后施工的新建 1 号隧道扰动，使得其左拱脚、左拱肩和左边墙的弯矩绝对值较大。

由此可见，新建 1 号隧道在临近既有隧道处弯矩极值呈增大趋势，新建 2 号隧道在临近既有隧道处的弯矩极值呈现先减小后增大的现象，施工时采用上半环注浆的加固方式，能有效降低两新建隧道结构的弯矩。

5. 安全系数分析

提取两种工况中关键断面的最小安全系数，并绘制该断面各监测点的最小安全系数分

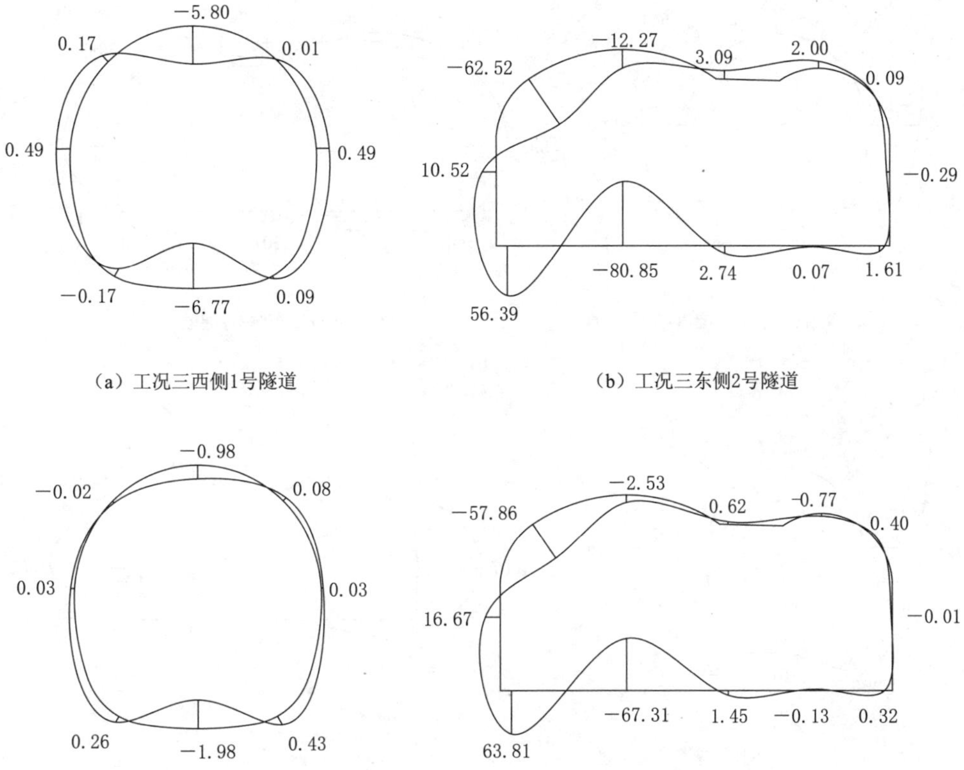

（a）工况三西侧1号隧道　（b）工况三东侧2号隧道

（c）工况四西侧1号隧道　（d）工况四东侧2号隧道

图 4.35　隧道衬砌结构监测点弯矩分布图（单位：kN·m）

布图，如图 4.36 所示。

由图 4.36 可知，两工况在监测断面处的最小安全系数分布规律相似，1 号隧道均在拱顶及仰拱位置的安全系数较小，2 号隧道在左侧拱顶及仰拱的安全系数较小；采取上半环注浆施工的工况四的各个监测点的安全系数普遍小于对应位置未注浆的工况三，在同一工况下，由于 2 号隧道的埋深更浅、断面更大，使得其安全系数较1 号隧道更小。

其中，新建 1 号隧道在注浆前的工况三的最小安全系数出现在拱顶位置，最小值为 48，由于上半环注浆，使得工况四的上部测点安全系数显著提升，而仰拱位置出现安全系数最小值，最小值为 161；2 号隧道在工况三中的最小安全系数出现在埋深更浅的左侧拱顶位置，最小值为 26，注浆后工况四的顶部安全系数明显增大，而左侧仰拱位置出现安全系数最小值，最小值为 72。

由此可见，施工时采用上半环注浆的加固方式，能有显著提高两新建隧道结构的安全系数。

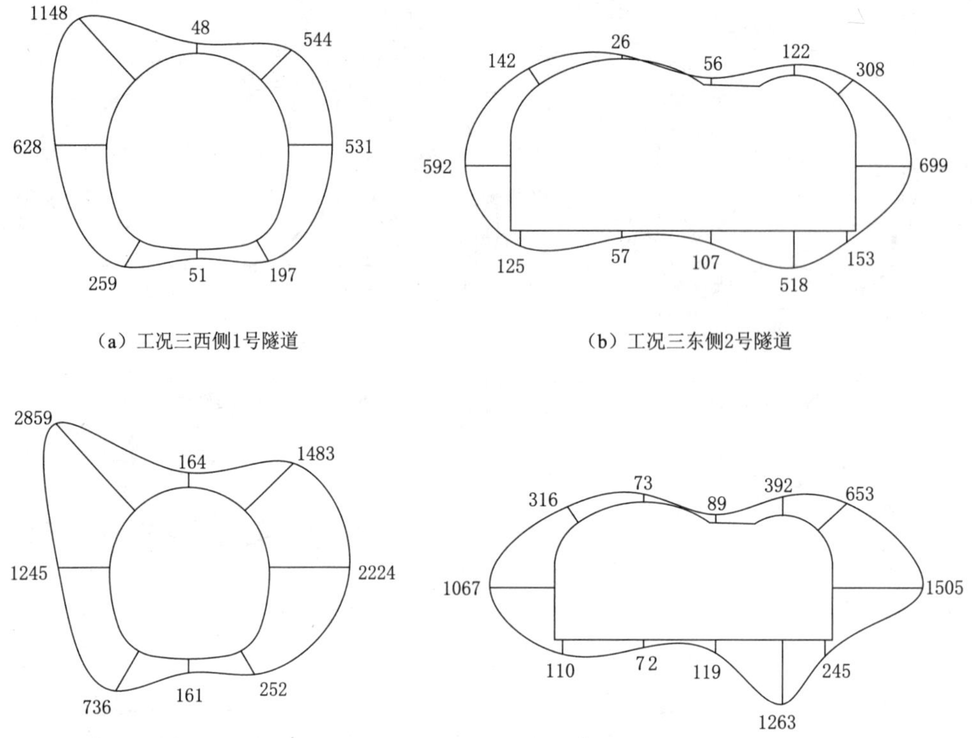

（a）工况三西侧1号隧道　（b）工况三东侧2号隧道

（c）工况四西侧1号隧道　（d）工况四东侧2号隧道

图 4.36　隧道衬砌结构监测点最小安全系数分布图

4.5　本　章　小　结

（1）新建小净距隧道在近接隧道群施工过程中，施加管棚和管幕的防护措施可明显降低路面沉降和既有、新建结构变形，且先开挖东侧大洞后开挖西侧小洞可使路面沉降较为平缓，既有线和新建隧道结构变形值更小，但路面沉降最大值和新建隧道结构变形极值仍在 2mm 以上；故在最佳开挖工序的基础上采取上半环注浆施工的方式控制结构变形，将施工过程中路面沉降和新建隧道的最大沉降和变形值均控制在 2mm 以内，底部和西侧既有线隧道受浆液挤压作用，使得其结构变形略有增大，但均未超过 2mm，则加固后各结构均满足施工段的变形控制标准。

（2）施加管棚和管幕防护后，底部、西侧既有线隧道和两新建隧道对其衬砌结构各内力的控制效果均被显著提高；防护后 2 号大隧道先开挖时底部交叉的既有线的最大主应力较 1 号小隧道先开挖时其最大主应力更小，最小主应力和最大剪切应力相差不大；而西侧平行分布的既有线隧道由于与两新建隧道的距离较远，使新建隧道的不同开挖顺序对其影响较小。

(3) 施加防护后，新建 1 号隧道在工况三的最大主应力和最大剪切应力较工况二更小，而最小主应力较大，新建 2 号隧道在工况三仅最大主应力相对工况 2 更小，即 2 号先开挖的施工顺序可有效降低新建 1 号隧道的最大主应力和最大剪切应力、新建 2 号隧道的最大主应力。

(4) 在工况三的基础上采取上半环注浆后，底部既有线隧道的最大、最小主应力均被有效控制，最大控制效果为 6.7%，西侧既有线隧道各向内力均得到一定程度减小，但最大减小量仅为 0.006MPa，新建隧道施工对其影响较小。

(5) 在工况三和工况四下，两新建隧道各监测断面内的最大和最小主应力的纵向变化规律相似，均在底部既有线顶的断面出现应力极值；新建 2 号隧道由于断面更大、埋深较浅，在同一工况下，2 号隧道的主应力均远大于 1 号隧道；在注浆加固后，新建 1 号隧道的最大、最小主应力均被有效降低，而新建 2 号隧道仅最大主应力被有效降低。

(6) 在工况三和工况四下，沿两新建隧道纵向，在各监测断面上的轴力、弯矩极值均在临近底部既有线处出现先减小后增大的现象；提取两隧道的内力最大的关键断面可以看出，1 号隧道的拱顶、仰拱处轴力、弯矩值较大，安全系数较小，2 号隧道的左拱顶、左仰拱处的轴力、弯矩值较大，安全系数较小；1 号隧道的内力分布较为对称，2 号隧道左侧内力较大，由于两新建隧道净距较小，故两隧道之间的监测点安全系数较其两侧测点的安全系数更低。

由此可见，新建小净距隧道施加管棚和管幕的防护措施，以先 2 后 1 的开挖顺序、上半环注浆的施工方式，能有效控制路面沉降、既有线隧道和两新建隧道的结构变形，满足变形控制标准，有效降低既有线隧道和新建隧道的各内力值，提高结构安全系数，使得小净距隧道在近接隧道群施工中更为安全稳定、高效经济。

第 5 章　基于随机介质理论的地表沉降预测方法研究

5.1　概　　述

对于城市地下隧道的施工，其带来的地表沉降预测的方法主要可分为三大类，包括实测数据分析类、模型试验类和理论分析类。其中，实测数据分析是建立在大量施工现场数据的基础上，对未施工的地表进行类比预测；模型试验则指针对一特定工况通过等比例缩放而进行的开挖模拟，从而得到现场沉降的预测；而理论分析类则种类繁多，主要有由 Peck 提出的地表沉降正态分布公式法、数值模型模拟法和随机介质法等。本章将通过随机介质理论，对北京地铁新机场线暗挖区间隧道施工后的地表沉降进行预测方法的探究，并结合实际已完成的现场量测数据进行理论验证，从而为类似城市地下隧道施工的地表沉降预测提供有力的技术支持。

5.2　隧道开挖诱发地表沉降预测方法

由于城市地下岩土体的复杂性，使得暗挖隧道施工时，岩土体发生大量的运动，且各个岩土块体的运动轨迹极其复杂。然而根据现场量测表明，在整个岩土体和地表变形上有一定的规律性，但正是岩土体如此的力学特性，很难将其单一特定为弹性体或塑性体进行分析。因此，通过概率统计，将隧道围岩看作无限多个小岩块，隧道开挖后各个岩块均出现不同方向的运动，而这些岩块的运动结果的总和就等于地表的变形，进而达到对施工诱发的地表沉降准确预测的效果。

在隧道开挖过程中，将无限小的开挖单元定义为单元开挖量 $\mathrm{d}\varepsilon\mathrm{d}\zeta\mathrm{d}\eta$，该单元位于深度 $Z=H$ 的平面上，其开挖后，上部任意一水平面 $Z(Z\leqslant H)$发生下沉的位移量，在坐标系用 $W_e(X,Y,Z,t)$表示，示意图如图 5.1 所示。

通过概率论的思想，我们认为隧道单元开挖后，其围岩的水平高度 Z 的微单元 $\mathrm{d}X\mathrm{d}Y$ 发生竖向位移是以某一概率发生的随机事件[58-59]。微单元 $\mathrm{d}X\mathrm{d}Y$ 在垂直剖面内位于坐标轴 X 处，该单元的下沉概率分布密度应为 X 的连续函数。所以，单元开挖完成后，围岩内某一小块微面 $\mathrm{d}S=\mathrm{d}X\mathrm{d}Y$ 发生下沉这一事件，等价于在水平方向 X 处微段 $\mathrm{d}X$ 下沉和相同高度上 Y 处微段 $\mathrm{d}Y$ 下沉这两个事件同时发生[60-62]，其示意图如图 5.2 所示，两事件分别为 $f(X^2)\mathrm{d}X$ 和 $f(Y^2)\mathrm{d}Y$，其中 f 为分布密度函数。

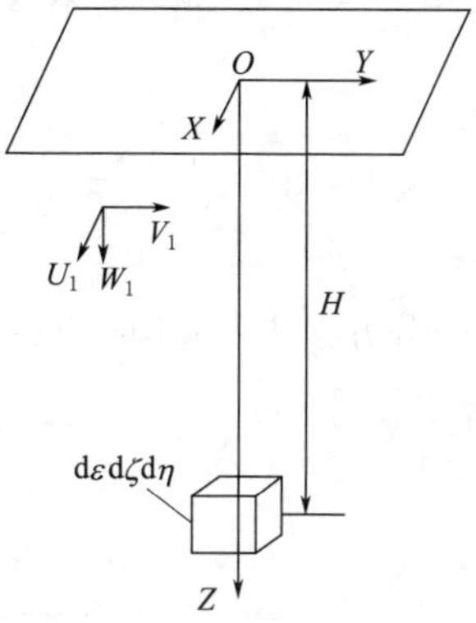

图 5.1 单元开挖示意图

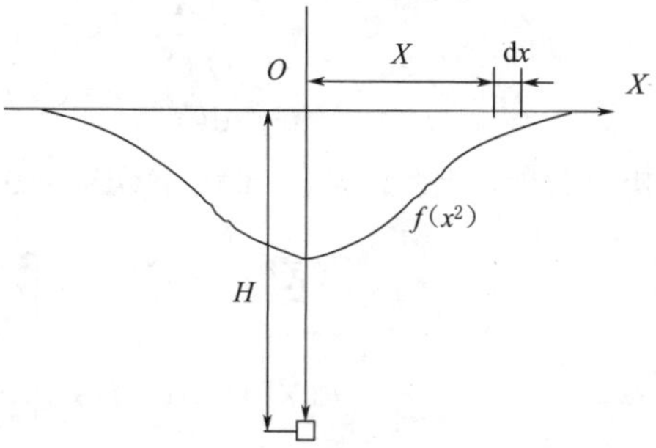

图 5.2 垂直剖面单元开挖沉降示意图

由此可知，微面发生竖向位移的概率 $P(\mathrm{d}S)$ 为

$$P(\mathrm{d}S)=f(X^2)\mathrm{d}Xf(Y^2)\mathrm{d}Y=f(X^2)f(Y^2)\mathrm{d}X\mathrm{d}Y \tag{5.1}$$

从物理意义角度出发，若微面 $\mathrm{d}S=\mathrm{d}X\mathrm{d}Y$ 及某点的位置不变，则某一既定微面因单元开挖而诱发的下沉概率与坐标选择无关。通过原坐标系原点 O，选用新坐标系（X'，O，Y'），则原 A 点的坐标可重新记为（X_1，Y_1，Z）。采用新的坐标系（X'，O，Y'）后，则该单元面 $\mathrm{d}S=\mathrm{d}X_1\mathrm{d}Y_1$ 产生变形这一事件发生的概率为

$$P(\mathrm{d}S_1)=f(X_1^2)\mathrm{d}X_1f(Y_1^2)\mathrm{d}Y_1=f(X_1)f(Y_1^2)\mathrm{d}X_1\mathrm{d}Y_1 \tag{5.2}$$

微面下沉概率 $P(\mathrm{d}S)$ 不受所建立的坐标系的定义影响，当隧道开挖微单元体积一定，且 $\mathrm{d}S=\mathrm{d}S_1$、对应 A 点相对位置一定时，便可以得到 $P(\mathrm{d}S)=P(\mathrm{d}S_1)$，即

$$f(X^2)f(Y^2)=f(X_1^2)f(Y_1^2) \tag{5.3}$$

若选择坐标轴，使 OX' 轴通过 A 点，则

$$X_1^2=X^2+Y^2 \tag{5.4}$$

将式（5.4）代入式（5.3）中，得到

$$f(X^2)f(Y^2)=f(X^2+Y^2)f(0)=C_1f(0)=C_1f(X^2+Y^2) \tag{5.5}$$

式（5.5）中 $f(0)$ 为不依赖于 X 和 Y 的常量，则可用系数 C_1 表示。将式（5.5）的左右两式分别对 X^2 和 Y^2 进行偏微分，则有

$$f(Y^2)\frac{\mathrm{d}f(X^2)}{\mathrm{d}(X^2)}=C1\frac{\partial f(X^2+Y^2)}{\partial(X^2+Y^2)}\cdot\frac{\partial(X^2+Y^2)}{\partial X^2}=C1\frac{\partial f(X^2+Y^2)}{\partial(X^2+Y^2)} \tag{5.6}$$

$$f(X^2)\frac{\mathrm{d}f(Y^2)}{\mathrm{d}(Y^2)}=C1\frac{\partial f(X^2+Y^2)}{\partial(X^2+Y^2)}\cdot\frac{\partial(X^2+Y^2)}{\partial Y^2}=C1\frac{\partial f(X^2+Y^2)}{\partial(X^2+Y^2)} \tag{5.7}$$

则可将式（5.6）与式（5.7）合并为

$$f(Y^2)\frac{\mathrm{d}f(X^2)}{\mathrm{d}(X^2)}=f(X^2)\frac{\mathrm{d}f(Y^2)}{\mathrm{d}(Y^2)} \tag{5.8}$$

移项整理后得

$$\frac{1}{f(X^2)}\frac{\mathrm{d}f(X^2)}{\mathrm{d}(X^2)}=\frac{1}{f(Y^2)}\frac{\mathrm{d}f(Y^2)}{\mathrm{d}(Y^2)} \tag{5.9}$$

式（5.9）的左边仅为 X^2 的函数，而右边仅为 Y^2 的函数，则该式成立的条件是左边

与右边均不依赖于变量 X^2 和 Y^2，所以可令式（5.9）等于某常数 C_2，则移项得到

$$\frac{\mathrm{d}f(X^2)}{\mathrm{d}(X^2)}=C_2 f(X^2) \tag{5.10}$$

$$\frac{\mathrm{d}f(Y^2)}{\mathrm{d}(Y^2)}=C_2 f(Y^2) \tag{5.11}$$

并考虑边界条件：X、$Y\to\pm\infty$时，$P(\mathrm{d}S)=0$，解微分方程式（5.10）和式（5.11)得

$$f(X^2)=q(Z)\exp\left[-\frac{\pi}{r^2(Z)}X^2\right] \tag{5.12}$$

$$f(Y^2)=q(Z)\exp\left[-\frac{\pi}{r^2(Z)}Y^2\right] \tag{5.13}$$

从而得到发生下沉的概率为

$$P(\mathrm{d}S)=q^2(Z)\exp\left[-\frac{\pi}{r^2(Z)}(X^2+Y^2)\right]\mathrm{d}X\mathrm{d}Y \tag{5.14}$$

则三维密度函数为

$$f(X,Y,Z)=q^2(Z)\exp\left[-\frac{\pi}{r^2(Z)}(X^2+Y^2)\right] \tag{5.15}$$

式（5.15）中，$q(Z)$和 $r(Z)$为取决于高度 Z 的两个函数。

隧道的挖掘必定会诱发其围岩的位移变化。将隧道的微小单元开挖导致的围岩变形概率 $P(\mathrm{d}S)$ 与该微小单元体积 $\mathrm{d}S$ 之积视为单元开挖引起的下沉组分。那么，将隧道微单元开挖的瞬间作为初始时间点，经历了 t 后，该位置的下沉量为

$$W_e(X,Y,Z,t)=q^2(Z)\exp\left[-\frac{\pi}{r^2(Z)}(X^2+Y^2)\right]\mathrm{d}\varepsilon\mathrm{d}\zeta\mathrm{d}\eta \tag{5.16}$$

将隧道单元开挖视为某一时刻的瞬时事件，且其围岩的收缩同样是在此时刻完成的，那么随之发生的隧道顶部的地表变形也是如此。所以，可将地表沉降视为时间函数，在 t 时刻，单元下沉的体积 $V(t)$ 为

$$V(t)=\int_{-\infty}^{+\infty}q^2(Z)\exp\left[-\frac{\pi}{r^2(Z)}(X^2+Y^2)\right]\mathrm{d}\varepsilon\mathrm{d}\zeta\mathrm{d}\eta\mathrm{d}X\mathrm{d}Y \tag{5.17}$$

这里根据岩土体的不可压缩性的假定[63]，地表单元沉降槽的体积可视为等于隧道施工过程断面收缩体积，即 $\mathrm{d}\varepsilon\mathrm{d}\zeta\mathrm{d}\eta$。基于此理论，可认为地表单元位移形成沉降槽的速度 $\mathrm{d}V(t)/\mathrm{d}t$ 和地表单元最终变形体积与某一时刻的单元变形体积 $V(t)$ 之差成正比关系，则可表示为

$$\frac{\mathrm{d}V(t)}{\mathrm{d}t}=C[\mathrm{d}\varepsilon\mathrm{d}\zeta\mathrm{d}\eta-V(t)] \tag{5.18}$$

式中　C——地表下沉速度系数。

显然，当 $t=0$ 时，$V(0)=0$；$t\to\infty$时，$V(\infty)=\mathrm{d}\varepsilon\mathrm{d}\zeta\mathrm{d}\eta$，则代入式（5.18），解方程组可得

$$V(t)=[1-\exp(-Ct)]\mathrm{d}\varepsilon\mathrm{d}\zeta\mathrm{d}\eta \tag{5.19}$$

将式（5.17）代入式（5.19）可得

$$q^2(Z)=\frac{1}{r^2(Z)}[1-\exp(-Ct)] \tag{5.20}$$

将式（5.20）代入式（5.16），便得到围岩块体在 Z 水平面上单元下沉为

$$W_e(X,Y,Z,t)=\frac{1}{r^2(Z)}[1-\exp(-Ct)]\exp\left[-\frac{\pi}{r^2(Z)}(X^2+Y^2)\right]\mathrm{d}\varepsilon\,\mathrm{d}\zeta\,\mathrm{d}\eta \tag{5.21}$$

由于仅考虑 XOZ 内的平面应变，所以体系沿另一水平轴 Y 向为正负无穷，则可将式（5.21）积分为

$$\begin{aligned}W_e(X,Z,t)&=\int_{-\infty}^{+\infty}\frac{1}{r^2(Z)}[1-\exp(-Ct)]\exp\left\{-\frac{\pi}{r^2(Z)}[X^2+(Y-\zeta)^2]\right\}\mathrm{d}\varepsilon\,\mathrm{d}\zeta\,\mathrm{d}\eta\\&=\frac{1}{r(Z)}[1-\exp(-Ct)]\exp\left[-\frac{\pi}{r^2(Z)}X^2\right]\mathrm{d}\varepsilon\,\mathrm{d}\zeta\,\mathrm{d}\eta\end{aligned} \tag{5.22}$$

其中 $r(Z)$ 可表示为隧道某一 Z 深度的开挖单元在地表的影响范围，并可与这一深度 Z 成某一函数关系。那么便可以引入另一参量 β——地层主要影响角，并将二者关系表达为

$$r(Z)=\frac{Z}{\tan\beta} \tag{5.23}$$

式中的 $\tan\beta$ 值同 $r(Z)$，均取决于新建隧道所处的围岩环境，针对浅埋隧道，其顶部地面的主要影响范围 $r(Z)=H/\tan\beta$。

隧道开挖后经历了一定的变形积累，地表沉降值趋于稳定，现仅在某一平面内对其进行应力-应变的研究，因此，将式（5.23）代入式（5.22），且令 $t\to\infty$，则得到最终单元沉降量为

$$W_e(X)=\frac{\tan\beta}{Z}\exp\left(-\frac{\pi\tan^2\beta}{Z^2}X^2\right)\mathrm{d}\varepsilon\,\mathrm{d}\zeta\,\mathrm{d}\eta \tag{5.24}$$

把地面下开挖隧道从平面应变角度进行分析。将地表面采用 XOX 坐标系，将隧道的开挖单元土体采用 $\varepsilon O\eta$ 坐标系，隧道中心距地面 $H(m)$，如图 5.3 所示。当隧道断面开挖即为无限多个 $\mathrm{d}\varepsilon\,\mathrm{d}\eta$ 单元开挖，使得地表面产生沉降 $W_e(X)$。设隧道施工开挖的初始断面为 Ω，完工后开挖断面缩小变为 ω，那么，最终地表沉降应等于两断面产生的地表沉降之差。于是，将开挖单元代入式（5.24），则得到

$$W(X)=\iint\limits_{\Omega-\omega}\frac{\tan\beta}{\eta}\exp\left[-\frac{\pi\tan^2\beta}{\eta^2}(X-\varepsilon)^2\right]\mathrm{d}\varepsilon\,\mathrm{d}\eta \tag{5.25}$$

令

$$\omega_1(X,\varepsilon,\eta)=\frac{\tan\beta}{\eta}\exp\left[-\frac{\pi\tan^2\beta}{\eta^2}(X-\varepsilon)^2\right] \tag{5.26}$$

则式（5.25）可以简记为

$$W(X)=\iint\limits_{\Omega-\omega}(X,\varepsilon,\eta)\mathrm{d}\varepsilon\,\mathrm{d}\eta \tag{5.27}$$

由于隧道拱顶轮廓线多由圆弧组成，为便于计算，可将直角坐标系转换为极坐标系进行积分计算，极坐标下开挖示意图如图 5.4 所示，令

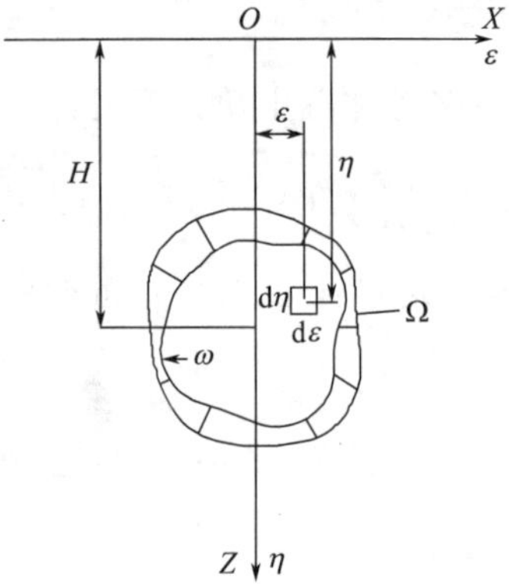

图 5.3　隧道开挖示意图

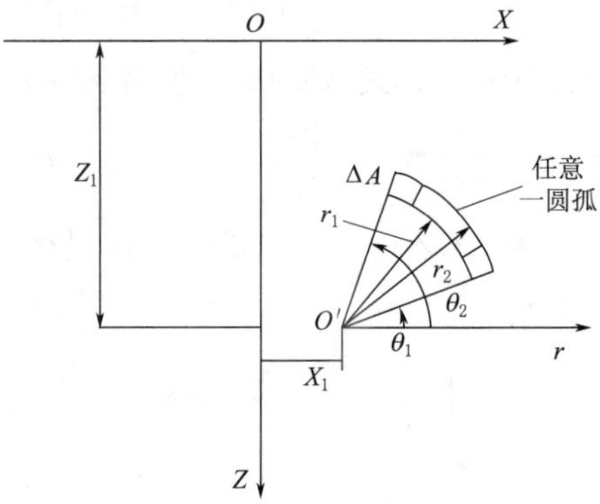

图 5.4　极坐标系隧道顶任意圆弧示意图

$$\varepsilon=X_1+r\cos\theta \tag{5.28}$$

$$\eta=Z_1-r\sin\theta \tag{5.29}$$

根据二重积分的换元公式得

$$\iint_D f(\varepsilon,\eta)\mathrm{d}\varepsilon\mathrm{d}\eta=\iint_D f[\varepsilon(r,\theta),\eta(r,\theta)]\mid J(r,\theta)\mid \mathrm{d}r\mathrm{d}\theta \tag{5.30}$$

在变换为 $\varepsilon=X_1+r\cos\theta$、$\eta=Z_1-r\sin\theta$ 的情况下，将雅克比式 JJ 改写为

$$JJ=\begin{vmatrix}\dfrac{\partial\varepsilon}{\partial r} & \dfrac{\partial\varepsilon}{\partial\theta}\\ \dfrac{\partial\eta}{\partial r} & \dfrac{\partial\eta}{\partial\theta}\end{vmatrix}=\begin{vmatrix}\cos\theta-r\sin\theta\\ \sin\theta-r\cos\theta\end{vmatrix}=r \tag{5.31}$$

所以，有

$$\iint_D f(\varepsilon,\eta)\mathrm{d}\varepsilon\mathrm{d}\eta=\iint_D f[X_1+r\cos\theta,Z_1-r\sin\theta]r\mathrm{d}r\mathrm{d}\theta \tag{5.32}$$

对于隧道断面开挖，假定其施工完成后的任意圆弧轮廓线为均匀收缩，即开挖断面由初始的 Ω 均匀收缩到最终的 ω，其圆弧半径由起始的 r_2 收缩到 r_1，半径均匀收缩了 ΔA，起始角度由 θ_1 变为 θ_2。

将隧道开挖诱发的地表下沉 $W(X)$ 代入极坐标中，为

$$\begin{aligned}W(X)&=\iint_{\Omega-\omega}\frac{\tan\beta}{Z_1-r\sin\theta}\exp\left\{-\frac{\pi\tan^2\beta}{(Z_1-r\sin\theta)^2}[X-(X_1+r\mathrm{cis}\theta)]^2\right\}r\mathrm{d}r\mathrm{d}\theta\\&=\int_{r_1}^{r_2}\int_{\theta_1}^{\theta_2}\frac{\tan\beta}{Z_1-r\sin\theta}\exp\left\{-\frac{\pi\tan^2\beta}{(Z_1-r\sin\theta)^2}[X-(X_1+r\cos\theta)]^2\right\}r\mathrm{d}r\mathrm{d}\theta\end{aligned} \tag{5.33}$$

式中　X——地表测点距隧道轴线距离，m；
X_1——隧道中心横坐标，m；
Z_1——隧道中心纵坐标，m；
r_1——隧道开挖断面收缩后圆弧段半径，m；
r_2——隧道开挖断面圆弧段初始半径，m；

θ_1——圆弧段在局部极坐标系下起始角，rad；

θ_2——圆弧段在局部极坐标系下终止角，rad。

令

$$\omega_2(X,r,\theta)=\frac{\tan\beta}{Z_1-r\sin\theta}\exp\left\{-\frac{\pi\tan^2\beta}{(Z_1-r\sin\theta)^2}[X-(X_1+r\cos\theta)]^2\right\}r \tag{5.34}$$

则式（5.33）可以简记为

$$W(X)=\int_{r_1}^{r_2}\int_{\theta_1}^{\theta_2}\omega_2(X,r,\theta)\mathrm{d}r\mathrm{d}\theta \tag{5.35}$$

那么，对于任意圆弧或线段组成的隧道断面，根据叠加原理，其施工后的地表沉降为

$$W_{总}(X)=\sum_{i=1}^{n}W_i(X)=W_1(X)+W_2(X)+\cdots+W_n(X) \tag{5.36}$$

5.3 工 程 验 证

对于本书研究的北京地铁新机场线隧道，其埋深及开挖半径均为确定值，则需要根据工程类比法对其开挖主影响角正切 $\tan\beta$ 和隧道半径收缩值 ΔA 进行参数验证。根据现场变形控制标准，假定隧道变形达到控制值，即断面半径均匀收缩 $\Delta A=2$mm；而主影响角正切 $\tan\beta$ 目前常用 Knothe[64] 来计算，即 $\tan\beta=\tan(45°-\varphi/2)$，其中 φ 为围岩的内摩擦角，由表 2.2 中的隧道围岩参数，按比例计算得到 $\varphi=33.03°$，则 $\tan\beta=0.543$。由于推导的地表沉降曲线函数不可积，即不能求得原函数，所以可利用 MATLAB 进行微积分计算，求得施工完成后地表对应位置的最终沉降值。

根据图 2.3 的测点布置位置，将预测的计算结果与现场量测结果汇于表 5.1 中，并将预测值与现场实测值绘于地表沉降曲线图，如图 5.5 所示。

表 5.1　　地表沉降预测及观测值表　　单位：mm

测点编号	L1	L2	L3	L4	L5	L6	L7	L8	L9	L10
预测值	−0.12	−0.32	−10.28	−25.36	−39.46	−39.46	−25.36	−10.28	−0.32	−0.12
实测值	3.62	1.59	−7.58	−17.96	−37.88	−33.02	−21.47	−4.60	2.66	2.42
基准值	42.91	42.89	42.91	42.99	42.99	42.95	42.91	42.84	42.77	42.74
绝对误差	3.74	1.91	2.7	7.4	1.58	6.44	3.89	5.68	2.98	2.54
相对误差	103.31%	120.13%	35.62%	41.20%	4.17%	19.50%	18.12%	123.48%	112.03%	104.96%

由表 5.1 及图 5.5 可知，根据随机介质理论，计算求得的新机场线施工完成后的地表沉降最大值出现在隧道中轴线位置；在记录的测点中，预测的沉降极值为 L5、L6 测点的 −39.46mm，而现场监控量测得的地表最大沉降出现在西侧距隧道中线 2.2m 的 L5 测点位置，沉降极值达到了 −37.88mm。

由于随机介质理论未考虑管棚和管幕的预加固导致的围岩参数变化，且理想化较为复杂的水文条件、不同土层厚度变化等多方不确定因素，使得理论预测值较现场实际测量值更大，但由图像可以看出预测曲线与实测曲线的变化规律相近，均呈现由中线向两侧沉降

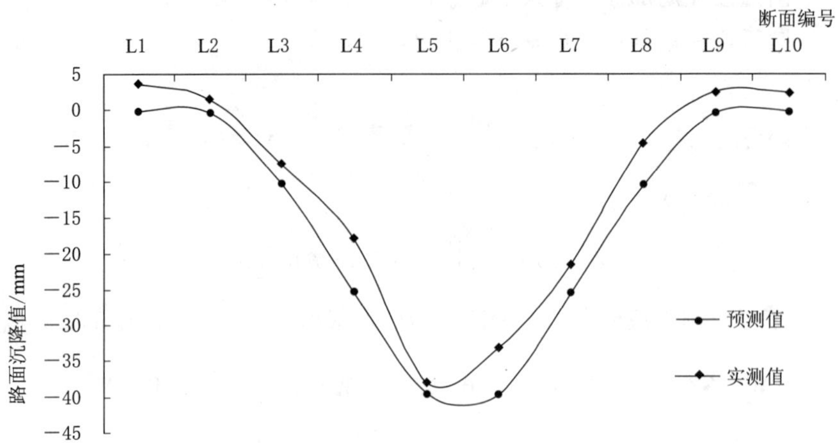

图 5.5　预测及实测地表沉降曲线

值逐渐减小的变化趋势，且两远端有轻微的隆起现象。其中随机介质法的地表沉降预测值与实测值的绝对误差未超过 6.44mm，最小相对误差仅为 4.17%，较第 3 章中数值模拟值更接近真实施工量测值，能更准确地预测隧道施工诱发的地表沉降。

、

5.4　本　章　小　结

（1）由随机介质理论得到的地表沉降预测曲线与现场监控量测的沉降曲线变化趋势相似，理论预测值较实测值更大；且预测值与实测值的最大沉降均出现在 L5 测点位置，其中预测值相对实测值的最小相对误差仅为 4.17%。

（2）理论预测值与现场实际监控值拟合的沉降曲线变化趋势基本吻合，能较好地预测出隧道施工诱发的地表沉降，故本章研究的随机介质理论可应用于城市地下隧道施工诱发的地表沉降预测工作中，为任意洞形的城市浅埋暗挖隧道建设时的地表沉降预测提供有力技术支持。

第6章 结论与创新点

本书依托北京地铁新机场线及19号线暗挖隧道区间，运用有限差分数值模拟软件，对浅埋暗挖隧道的PBA工法进行了预加固方案、正逆作施工和小导洞开挖顺序的优化研究；依托现场工况对在不同开挖洞径、不同近接距离下的交叉隧道近接施工力学行为进行分析，进而对新建的大断面新机场线隧道上跨既有运营10号线区间隧道进行了施工加固方案的探究；结合新建地铁19号线，对隧道群施工顺序进行结构变形控制分析，从而根据优选工序进行合理加固方案的优化。综上研究情况得出以下结论。

（1）浅埋暗挖隧道使用洞桩法施工时，在拱顶配合施加管棚、仰拱下施加管幕预加固后，路面沉降和底部既有线隧道的变形得到有效控制；PBA工法在小导洞开挖完成后，运用逆作法的方式施作整体衬砌结构，能有效降低结构变形和衬砌结构内力；在小导洞较多的19号线隧道，选用先开挖中间（3）号小导洞，开挖完成后进行（3）号小导洞的桩基和冠梁施作，再开挖两侧（1）、（5）号小导洞，开挖完成后进行（1）、（5）号小导洞的桩基和冠梁施作的施工顺序，能有效降低路面沉降、小导洞初支结构的变形和内力，提高安全系数。

（2）在浅埋地铁上跨双线既有线隧道的近接施工中，底部两既有线隧道均在中间交叉位置处有上浮现象，其拱顶处的向上位移值最大，由交叉位置向两侧位移值逐渐减小，远端部分出现下沉现象；且受新建隧道掘进方向影响，既有线隧道北线对近接施工的扰动较南线更为敏感，使其结构变形现象更严重。

（3）上跨近接施工时，既有线的结构变形值随新建隧道开挖洞径的增大而增大，随新建隧道近接距离的减小而增大；既有线的结构内力随新建隧道开挖洞径的减小而增大，随近接距离的减小而增大。

（4）基于新机场线的暗挖区间，模拟研究其施工时在未注浆、上半环注浆、下半环注浆和全环注浆的4种工况中，有上半环注浆施工的工况二和工况四能显著降低路面沉降和新建隧道上部结构的变形和内力，而有下半环注浆的工况三、工况四则能有效控制底部既有线隧道的结构变形及内力。故建议在大断面隧道浅埋暗挖上跨既有线时采用全环注浆的加固方式，以确保施工安全和工程高质量完成。

（5）提取已完工的新机场线隧道的现场监控量测数据，对比数值模拟值发现，现场地表沉降和既有线变形曲线与模拟结果变化趋势相似；其中地表沉降由于现场施工的复杂性，使得其实际沉降量远超预期，未能满足工程控制值；而对于特级风险的底部既有10号线，施工方对其结构的变形控制效果优异，竖向位移值普遍较模拟值更小，且满足变形控制标准。

（6）在依托19号线小净距隧道的开挖模拟中，对新建隧道施加管棚和管幕的预加固措施可明显降低路面沉降，且施加预加固后，底部既有线隧道的竖向位移由向上变为向下，但变形值较小；预加固后，新建2号大断面隧道先开挖的方案较1号小断面隧道先开挖的方案位移控制效果更好，该方案的路面沉降曲线更为平缓，对既有线隧道的影响更小，但仍未满足路面和新建结构的变形控制标准，需对优选的工况作进一步加固方案的研究。

（7）依据前文新机场线的加固研究，在保证施工安全性的同时降低工程投资，对19号线拟选用上半环注浆的加固方案，采用该方案后，路面沉降、各个隧道结构变形均得到有效控制，各变形值均满足控制标准。其中路面在2号隧道左拱顶处的沉降值最大，向两侧沉降值逐渐减小；注浆后，受拱顶处浆液挤压，路面被稍有顶起；底部既有线隧道在与2号隧道交叉位置竖向位移最大；西侧既有线隧道的变形值均未超过0.1mm，影响较小。

（8）两新建隧道沿纵向均在与底部既有线隧道交叉位置出现应力极值、轴力、弯矩最大值，故提取交叉位置的监测断面；发现注浆施工后，1号隧道在拱顶位置出现轴力、弯矩极值，2号隧道在左仰拱位置出现轴力、弯矩极值，而两新建隧道的最小安全系数均由未注浆前的拱顶位置转移到仰拱位置，且两隧道之间的测点内力较两侧更大、安全系数较两侧更小。注浆施工后既有线隧道和新建隧道的结构内力均被有效降低，安全系数得到提高。故在19号线小净距隧道近接隧道群施工时，建议采用管棚和管幕预加固、2号大断面隧道先开挖配合上半环注浆的施工方案，以确保该工程的安全、高效完成。

（9）通过概率论思想引入随机介质理论，提出了城市地下隧道施工的地表沉降预测方法，得到复杂地层下隧道开挖诱发的地表沉降曲线函数，将地表测点坐标代入可以准确预测沉降理论值；并结合新机场线现场量测数据，对比发现理论预测值较实测值稍大，但沉降曲线变化趋势基本吻合，均呈现隧道中线位置沉降最大、两端稍有隆起的现象，理论预测值的相对误差较模拟值更小，能更准确地预测施工诱发的地表沉降，为今后的浅埋暗挖隧道建设时的地表沉降预测提供可靠技术支持。

参 考 文 献

[1] 何永成．两隧道平行近接施工的影响分区研究［D］．成都：西南交通大学，2018.

[2] 王宁．既有隧道两侧新建近接隧道施工力学行为及影响分区研究［D］．成都：西南交通大学，2017.

[3] 仇文革．地下工程近接施工力学原理与对策的研究［D］．成都：西南交通大学，2003.

[4] YUN H B，PARK S H，MEHDAWI N，et al. Monitoring for Close Proximity Tunneling Effects on An Existing Tunnel Using Principal Component Analysis Technique with Limited Sensor Data［J］. Tunnelling and Underground Space Technology，2014，(43)：398-412.

[5] Hae-Bum Yun，Si-Hyun Park，Nader Mehdawi，et al. Monitoring for close proximity tunneling effects on an existing tunnel using principal component analysis technique with limited sensor data［J］. Tunnelling and Underground Space Technology incorporating Trenchless Technology Research，2014，(43)：398-412.

[6] 崔光耀，王明年，喻波．地铁车站隧道群施工相互影响范围及应用研究［J］．工程勘察，2011，39 (11)：5-10.

[7] PREISIG G，De matteis A，et al. Modelling discharge rates and ground settle ment induced by tunnel excavation［J］. Rock Mechanics and Rock Engineering，2014 (7)：869-884.

[8] Muir Wood A M. The circular tunnel in elastic ground［J］. Geotechnique，1975，25 (1)：124-129.

[9] Carter J P，Booker J R，Yeung S K. Cavity expression in cohesive fractional soils［J］. Geotechnique，1986，36 (3)：215-218.

[10] Sagaseta C. Analysis of untrained soil deformation due to ground loss［J］. Geotechnique，1987，37 (3)：137-139.

[11] 仇文革，雷劲．上软下硬地层地铁隧道与近接桥梁桩基的相互影响分区研究［J］．隧道建设，2017，37 (8)：917-925.

[12] 崔光耀，王明年，喻波．广州地铁西村站近接桩基沉降现场监测方法及其应用［J］．防灾减灾工程学报，2012，32 (5)：643-648.

[13] 张自光，仇文革．地铁区间隧道近接建筑施工工程影响分区研究［J］．现代隧道技术，2016，53 (1)：75-82.

[14] 崔光耀，王明年，路军富，等．客运专线机场路隧道下穿高架桥近接桩基施工位移控制技术［J］．中国铁道科学，2011，32 (3)：68-73.

[15] Verrujt A. Booker J R. Surface settlements due to deformation of a tunnel in an elastic half plane［J］. Geotechnique，1996，46 (4)：169-175.

[16] Ling Xu，Hongwei Huang. Time effects in rock-support interaction：a case study in the construction of two road tunnels［J］. International Journal of Rock Mechanics&Mining Sciences 41，2004：540.

[17] 王明年，张晓军，苟明中，等．盾构隧道掘进全过程三维模拟方法及重叠段近接分区研究［J］．岩土力学，2012，33 (1)：273-279.

[18] 卢岱岳，王士民，何川，等．新建盾构隧道近接施工对既有隧道纵向变形影响研究［J］．铁道学报，2016，38 (10)：108-116.

[19] 王明年，崔光耀，喻波．广州地铁西村站近接高架桥桩基影响分区及应用研究［J］．岩石力学与

工程学报，2009，28（7）：1396-1404.

[20] 李辉．基于桩锚技术的基坑近接既有地铁盾构隧道施工安全影响研究［D］．成都：西南交通大学，2014.

[21] 吉小明，龙兵，杨雪强．管幕预加固中近接顶管施工的三维模拟分析［J］．地下空间与工程学报，2016，12（S1）：267-274.

[22] 张志勇．地铁车站PBA工法导洞近接施工影响与分析［J］．现代隧道技术，2010，47（4）：94-100.

[23] 张晓清，张孟喜，吴应明，等．多线叠交盾构隧道近接施工模型试验［J］．上海交通大学学报，2015，49（7）：1040-1045.

[24] 郭宏博．上下交叉隧道近接施工影响分区研究［D］．成都：西南交通大学，2008.

[25] 刘新荣，王吉明，李栋梁，等．交错近接新建隧道围岩变形三维模型试验研究［J］．现代隧道技术，2017，54（5）：171-179.

[26] 任高峰，张卅卅，胡仲春，等．近接既有地铁线施工防护实时智能监测系统的应用研究［J］．昆明理工大学学报（自然科学版），2014，39（5）：30-34，53.

[27] 韩煊，刘赪炜，Jamie R Standing. 隧道下穿既有线的案例分析与沉降分析方法［J］．土木工程学报，2012，45（1）：134-141.

[28] PECK R B. Deep excavations and tunneling in soft ground [C]// Proceedings of the 7th International Conference of Soil Mechanics and Foundation Engineering. Mexico：[s. n]，1969：225-290.

[29] ATTEWELL P B，YEATES J，SELBY A R. Soil movements induced by tunnelling and their effects on pipelines and structure [M]. Glasgow：Blackie，1986.

[30] RANKIN W J. Ground movement resulting from urban tunnelling：predictions and effects. engineering geology of underground movements [C]// Proceedings of the 23rd Annual Conference on the Engineering Group of the Geological Society，UK. Nottingham：Nottingham University，1988：79-92.

[31] 王剑晨，张顶立，张成平，等．浅埋暗挖隧道近距施工引起的上覆地铁结构变形分析［J］．岩石力学与工程学报，2014，33（1）：90-97.

[32] 郑保才，程文斌，胡国伟．浅埋暗挖法施工近接交叉地铁隧道地表沉降监测分析［J］．铁道工程学报，2009（1）：72-76.

[33] 王剑晨，张顶立，张成平，等．近接施工上覆既有车站变形动态反分析及预测［J］．现代隧道技术，2014，51（4）：58-66.

[34] 郭海柱，张庆贺．地铁换乘站近接施工监测与数值模拟分析［J］．施工技术，2012，41（13）：62-66.

[35] 郭典塔，周翠英，谢琳．近接地铁隧道基坑开挖静动力学行为研究［J］．铁道科学与工程学报，2015，12（2）：393-401.

[36] 房倩，张顶立．浅埋暗挖地铁车站下穿既有线结构施工方法研究［J］．中国铁道科学，2007（5）：71-77.

[37] 常翔．地铁车站近接正交下穿既有地铁隧道的变形分析［J］．现代隧道技术，2011，48（3）：69-73.

[38] 刘辉喜，刘明高，黄始南，等．交叉隧道近接施工安全的数值分析研究［J］．中外公路，2011，31（3）：221-224.

[39] 赵旭峰，王春苗，孙景林，等．盾构近接隧道施工力学行为分析［J］．岩土力学，2007（2）：409-414.

[40] 田志宇，林国进．四川小净距隧道的发展与技术要点总结［J］．现代隧道技术，2012，49（1）：7-11.

［41］ Hefoy A M，Chua H C，Zhao J. Parametric studies on the interaction between existing and new bored tunnels［J］. Tunneling and Underground Space Technology，2004（4）：471.
［42］ Ng C W W，Lee K M，Tang D K W. Three－dimensional numerical investigations of new Austrian tunneling method（NATM）twin tunnel interactions［J］. Can. Geoteeh. J，2004，41：523－539.
［43］ 关宝树.21世纪的地下工程［J］. 学术动态报道，1996（3）：9－15.
［44］ 陈霞龄，韩伯鲤，梁壳渎.地下洞群围岩稳定的试验研究［J］. 武汉水利电力大学学报，1994，27（1）：17－23.
［45］ 黄拔洲，陈少华，秦峰.小净距隧道在京福高速公路上的实践［J］. 重庆大学学报（自然科学版），2003，26（10）：19－22.
［46］ 冯紫良.地下洞室应力分析中的荷载计算与初始地应力场［J］. 岩土工程学报，1991，13（3）：36－42.
［47］ 乔春江，朱光仪.超小净距隧道的设计与研究［J］. 公路，2006（7）：179－184.
［48］ 刘明高，高文学，张飞进.小净距隧道建设的关键技术及其应用研究［J］. 地下空间与工程学报，2005，1（6）：952－955.
［49］ 谭坤，杨其新，杨龙伟.偏压及非均质性地层对小净距隧道安全稳定性的影响［J］. 现代隧道技术，2010，47（4）：20－26.
［50］ 李学峰，杜守继，张顶锋.新建盾构隧道施工对近接平行隧道的影响分析［J］. 地下空间与工程学报，2012，8（5）：1065－1069，1074.
［51］ 胡元芳.小线间距城市双线隧道围岩稳定性分析［J］. 岩石力学与工程学报，2002，21（9）：1335－1338.
［52］ 王帅帅，高波，全晓娟，等.不同地质条件下浅埋偏压小净距隧道围岩稳定性研究［J］. 水文地质工程地质，2014，41（3）：60－65.
［53］ 祁寒，高波，王帅帅，等.不同地质条件浅埋偏压小净距隧道施工力学效应研究［J］. 现代隧道技术，2014，51（4）：108－112.
［54］ 赵东平，王明年，宋南涛.浅埋暗挖地铁重叠隧道近接分区［J］. 中国铁道科学，2007（6）：65－69.
［55］ 马程昊，白晨光.盾构近接隧道施工对既有隧道管片受力影响分析［J］. 建筑科学，2012，28（S1）：250－252.
［56］ 陈先国，王显军.近距离重叠隧道的二维和三维有限元分析［J］. 西南交通大学学报，2003，38（6）：643－646，702.
［57］ 毕继红，江志峰，常斌.近距离地铁施工的有限元数值模拟［J］. 岩土力学，2005，26（2）：277－281.
［58］ 李鑫.地表沉降随机介质预测模型的改进及其应用研究［D］. 北京：北京交通大学，2019.
［59］ 郭建宁.基于盾构地层损失理论的地表沉降分析及控制研究［D］. 成都：西南交通大学，2017.
［60］ 杨三资.暗挖隧道下穿既有地下结构的力学响应及过程控制［D］. 北京：北京交通大学，2016.
［61］ 严涛.地铁隧道开挖引起的地表沉降及地铁运行引起的环境振动研究［D］. 成都：西南交通大学，2010.
［62］ 陈党民.基于随机介质理论的公路黄土暗穴稳定性评价［D］. 西安：长安大学，2005.
［63］ 陈亮，周泽林.考虑盾构隧道壁后间隙与注浆分布模式的地表沉降随机预测方法［J］. 现代隧道技术，2017，54（4）：137－145.
［64］ KNOTHE S. Observations of surface movements under influence of mining and their theoretical interpretation［C］// Proc European Conf. on Ground Movement，1957：210－218.